Die neue Kommunalverwaltung
Band 6

Pook, Tebbe
Berichtswesen und Controlling

W0172156

Die neue Kommunalverwaltung
Band 6

Berichtswesen und Controlling

von

Manfred Pook

und

Günter Tebbe

1. Auflage 2002

::jehle

Die neue Kommunalverwaltung
Band 6

Herausgegeben von
Dr. Hansjürgen Bals, Dr. Hans Hack, Prof. Dr. Christoph Reichard

Die Deutsche Bibliothek – CIP-Einheitsaufnahme

Pook, Tebbe: Berichtswesen und Controlling – München ; Berlin :
Jehle, 2002
(Die neue Kommunalverwaltung; Bd. 6)
ISBN 3-7825-0432-1

Bei der Herstellung des Buches haben wir uns zukunftsbewusst für
umweltverträgliche und wieder verwertbare Materialien entschieden.
Der Inhalt ist auf elementar chlorfreiem Papier gedruckt.

ISBN 3-7825-0432-1
Verlagsgruppe Jehle Rehm GmbH
Emmy-Noether-Straße 2, 80992 München
und
Friedrichstraße 130 a, 10117 Berlin
Satz: TypoScript GmbH, München
Druck und Bindung: Danuvia, Neuburg/Donau

Inhaltsverzeichnis

Inhaltsverzeichnis

1 Problemanalyse

1.1 Kommunalpolitik und Kommunalverwaltung in der Reform

1.1.1 Rückblick: Die Experimentierfreude der 90er Jahre

Verwaltungsreform hat die Bürger erreicht: Eine Umfrage[1] zeigte jüngst, dass Bürger die Leistungen der Kommunalverwaltung besser beurteilen als sie dies in der Vergangenheit taten. Aufmerksam die Bürger-/Kundenwünsche zu registrieren, Möglichkeiten zur Erfüllung dieser Wünsche aktiv zu ermitteln und umzusetzen – dies sind Eigenschaften der Kommunalverwaltung, die auf einen Wandel im Leitbild öffentlicher Aufgabenerfüllung hinweisen. Dienstleistung ist das moderne Schlagwort. In den letzten ca. 10 Jahren ist in den Städten, Gemeinden und Kreisen viel geschehen. Bürger- und Serviceorientierung werden heute in den Kommunen mit zunehmender Tendenz groß geschrieben.

Im Vordergrund der Betrachtung steht dabei die individuelle Dienstleistung einer Kommune gegenüber einem Bürger/einer Bürgerin, der/die kommunale Leistungen entgegennimmt oder entgegennehmen muss. Beispiele sind die Antragstellung für Personalausweis oder Führerschein, der Antrag einer Baugenehmigung, der Besuch kommunaler Kulturstätten, z. B. Museen, Theater. Das Antwortverhalten der Verwaltung, die Zugänglichkeit, die Wartezeiten des Kunden, die Serviceorientierung insgesamt haben viele Kommunen überprüft und wo möglich verbessert. Bürger und Kunden werden befragt, die Verwaltung interessiert sich für die Meinung der Bürger und verbessert im Rahmen der Möglichkeiten ihre Leistungen und die Wirtschaftlichkeit der Leistungserstellung.

Dieser Prozess ist keineswegs abgeschlossen, sondern wird von den Kommunen weiter vorangetrieben. Erfahrungsberichte einzelner Kommunen, Konzepte, Erfolge und Lösungen auf dem Weg der Reform spielen in der Diskussion der kommunalen Fachwelt eine große Rolle[2]. Nur vereinzelt erreichen Berichte über kommunale Verwaltungsreform allerdings die allgemeine, unspezifische Öffentlichkeit.

---

1) Vgl. Köcher, Renate, Von der Behörde zum modernen Dienstleister. Erwartungen und Erfahrungen der Bürger in den Kommunen, Institut für Demoskopie Allensbach, Allensbacher Archiv, IfD-Umfragen 5057, 5080, 6094, August 2000.

2) Eine Lektüre der von der KGSt regelmäßig herausgegebenen KGSt Info (http://www.kgst.de) vermittelt einen Eindruck von dieser Diskussion. Ebenso die Internetseite des Bereiches Staat und Verwaltung der Bertelsmann Stiftung: http://www.bertelsmann-stiftung.de.

1 Problemanalyse

 TIPP!

Für den eiligen Leser/die eilige Leserin: Controlling und Berichtswesen gewinnen Profil, wenn die Situation von Kommunalpolitik, Kommunalverwaltung und die bisherigen Reformerfahrungen und Weiterentwicklungstendenzen reflektiert werden. Dazu enthält dieses erste Kapitel Ausführungen und Anregungen. Wer sich unmittelbar mit Controlling und Berichtswesen befassen will, sollte direkt das zweite Kapitel aufschlagen.

Die informationstechnische Unterstützung spielt bei der Verwaltungsreform eine wachsende Rolle. Interaktive Kommunikation mit dem Bürger bzw. Kunden nimmt reale Gestalt an, erleichtert dem Antragsteller die Arbeit und führt in der Verwaltung nicht nur dazu, Formulare in elektronischer Form zu bearbeiten, sondern vielmehr zu einem tief greifenden Prozess der Reorganisation und zu personellen Veränderungen.

Eine Umfrage des Deutschen Städtetages[1] ergab, dass die meisten Städte zurzeit Modernisierungsmaßnahmen ihrer Verwaltungen durchführen. Reformbedürftige Verwaltungsstrukturen nehmen dabei einen herausragenden Platz ein. Aber auch die angespannte finanzielle Situation kann als auslösender Faktor angesehen werden.

Bei dieser Betrachtung rücken allerdings die Leistungen, die auf die Allgemeinheit gerichtet sind, in den Hintergrund, während die auf individuelle Abnehmer zugeschnittenen Leistungen der Gemeinden, Städte und Kreise im Blickpunkt stehen. Kundenorientierung lässt sich leichter verbessern, wenn der Kunde/die Kundin reale Gestalt annimmt.

Die kommunale Gesamtentwicklung in der Perspektive mehrerer Jahre, die „politische Produktion" eines auch in der Zukunft leistungsfähigen Haushalts ist zweifellos eine wichtige Steuerungsleistung von Kommunalpolitik, Rat/Kreistag und Verwaltung, aber hinsichtlich des Erfolgs viel schwerer zu beurteilen als einzelne unmittelbar kundenorientierte Dienstleistungen.

Die auf langfristige Sicherung kommunaler Leistungsfähigkeit ausgerichteten Reformbestrebungen waren und sind Bestandteil der Reformidee, die seit Anfang der 90er Jahre die kommunale Diskussion beherrschte: das Neue Steuerungsmodell. Ausgangspunkt war damals eine Situationsanalyse. Zur Einschätzung der heutigen Situation der Kommunen in Deutschland macht es Sinn, sich diese damalige Situati-

---

1) Vgl. Grömig, Erko, Reform in Rathäusern. Ausgewählte Ergebnisse der 4. DST-Umfrage zum Stand der Verwaltungsmodernisierung in den Städten, Demokratische Gemeinde, Heft 8/2001, S. 17.

onsanalyse zu vergegenwärtigen. Vieles ist und bleibt aktuell. Gleich mehrere Entwicklungsbrüche[1] waren kennzeichnend für Kommunen in Deutschland:

▶ Die Strategielücke: Die Klärung mittel- und langfristiger Entwicklungsziele und die Ausrichtung der Kommunalpolitik daran ist in der Praxis von Kommunalpolitik und -verwaltung wenig verbreitet. Kurzfristige Zielorientierungen dominieren. Kommunale Selbstverwaltung manifestiert sich jedoch auch in langfristig gesicherten Haushaltsausgleichen. Vor dem Hintergrund der Entwicklungschancen und -risiken der Städte und Regionen im Kontext europäischen Standortwettbewerbs ist langfristig orientierte Zielsetzung geradezu zwingend, der Aufbau erforderlicher Potenziale ist in der Regel nicht kurzfristig zu haben und schon gar nicht einer hektischen Tagespolitik zugänglich.

▶ Die Managementlücke: Die Kommunalverwaltung wird nach dem Prinzip der Detailsteuerung geführt, kommunale Beteiligungen werden seitens der Trägerkörperschaft weder im Detail noch in wesentlichen Aspekten gesteuert. Mangelnde Präzision bei Zielbildung und Leistungsauftrag der Organisationseinheiten verbindet sich mit ausgeprägter Teilung der Verantwortung: Fachverantwortung tragen die fachlich zuständigen Organisationseinheiten, die Verantwortung für Finanzen und Ressourcen wie vor allem Personal und Inanspruchnahme kommunalen Vermögens ist zuvörderst Angelegenheit der Querschnittsdienststellen, die prüfen und zuweisen. Leistungs- und Finanzziele sind nicht integriert und werden zwangsläufig nicht oder nur bedingt verknüpft. Wirtschaftlichkeitsanreize werden nicht entwickelt. Die Anpassung des Leistungsangebots – und damit Flexibilität in der Führung von Organisationseinheiten – wird behindert. Managementfähigkeiten des kommunalen Führungspersonals werden nicht gefördert, strukturelle Barrieren behindern das häufig durchaus vorhandene persönliche Engagement der Führungskräfte und Mitarbeiter/innen. Kommunale Beteiligungen befinden sich in einer Nischensituation: Systematische Steuerungsinformationen, welche die Blickrichtung der kommunalen Trägerkörperschaft einnehmen und über finanzielle Ziele hinausgehen, fehlen weithin. In der „Kernverwaltung" ist in der Regel keine Kapazität zur Bearbeitung und Pflege eines Zielsystems für kommunale Beteiligungen vorhanden.

---

1) Die Zusammenstellung erfolgte auf der Basis des KGSt-Berichts 5/1993, Das Neue Steuerungsmodell – Begründung – Konturen – Umsetzung, S. 9–12, und wurde um einige Aspekte erweitert.

1 Problemanalyse

▶ Die Attraktivitätslücke: Ein Wandel der Anforderungen von Menschen an ihre Arbeitsplätze im Verlauf der letzten Jahrzehnte ist von der Kommunalverwaltung nur unzureichend mitvollzogen worden. Höhere Qualifizierung geht mit dem Anspruch einher, Gestaltungsmöglichkeiten am Arbeitsplatz bzw. beim Arbeitgeber Kommunalverwaltung zu finden oder im Laufe eines Berufslebens realisieren zu können. Verwaltungsstrukturen fördern dies nicht; die noch in vielen Verwaltungen gelebte strikte Trennung der Ressourcen- von der Fachverantwortung spricht gerade diesen gestaltungswilligen und leistungsbereiten Personenkreis nicht an. Die demografische Entwicklung verschärft tendenziell die Attraktivitätslücke, wenn nicht gegengesteuert wird.

▶ Die Legitimitätslücke: Das Preis-/Leistungsverhältnis wird von Bürgern stärker als früher beobachtet und nicht selten kritisiert. Die Bürger erwarten außerdem stärker als in den vergangenen Jahrzehnten, dass die Verwaltung sie als gleichwertigen Partner behandelt und nicht lediglich aus behördlicher Sicht mit ihnen umgeht. Eine stärkere und systematische Information der Öffentlichkeit über Ziele, Leistungen, Kosten und – sofern relevant Preise – des kommunalen Angebots wird nicht selten vermisst. Der Haushaltsplan als zentrales kommunales Planungsinstrument ist in seiner herkömmlichen Form für diesen Zweck allerdings nicht geeignet. Bei manchen Leistungen geben Bundes- und Landesrecht den Kommunen Gebühren nach Art und Höhe vor. Freiräume zur selbständigen Gestaltung werden damit eingeschränkt, Anreize zur Optimierung oftmals damit auch.

 WICHTIG!

Erkennen Sie in dieser Beschreibung Ihre Kommune wieder? Wie beurteilen Sie die Situation der Kommunen heute? Was hat sich Ihrer Auffassung nach geändert? Welcher Meinung wird die Mehrheit der Bürger sein?

Ein Blick in die Geschichte der öffentlichen Verwaltung zeigt, dass die konstatierten Mängel nicht sonderlich überraschen. Verwaltung war über alle politischen Systeme hinweg wenig veränderungsbereit und bis in die Zeit nach dem Zweiten Weltkrieg im Wesentlichen Ordnungs- und Fiskalverwaltung. Der Schwerpunkt der Aufmerksamkeit lag bei Gesetzeserfüllung und -umsetzung. Politik hatte den Fokus weitgehend auf kurzfristig realisierbare Einzelprojekte gesetzt, d. h. umfassende und strategische, nachvollziehbare und transparente Zielvorgaben kamen von der Politik eher selten.

Die Veröffentlichungen der KGSt führten Anfang/Mitte der 90er Jahre zu einer intensiven Diskussion und in deren Folge zu zahlreichen örtlichen und überörtlichen Aktivitäten. Die kommunale Praxis griff besonders die Managementlücke auf.

Gleichzeitig erreichten Veränderungsansätze aus der Wirtschaft die Verwaltung, wie etwa das Business Reengineering. Neue Ideen, neue oder wieder entdeckte Begrifflichkeiten wie z. B. Konzern Stadt, Budgetierung, Controlling waren Wegbereiter für eine Aufbruchstimmung, die auch manch unfertiges mit sich brachte.

Controlling und Berichtswesen stellten bereits im Anfangsstadium der Reform positiv besetzte Begrifflichkeiten dar. Unabhängig von differierenden Auffassungen im Detail standen diese Begriffe für bessere Übersicht, mehr und vor allem zutreffende Informationen zu Bedarf, Leistung und Kosten. Die Hoffnung auf bessere Steuerung bekam eine neue, zudem in der privaten Wirtschaft bereits erprobte und bewährte Grundlage. „Der gesuchte Stelleninhaber berichtet direkt dem Vorstand ..." – eine solche Formulierung ist bislang fast ausschließlich aus der privaten Wirtschaft geläufig. Die knappe Formulierung sagt etwas über die Führungsstruktur in dem Unternehmen aus, das die Stelle ausschreibt. Berichterstattung hat offensichtlich etwas mit Verantwortlichkeiten und Unterstellungsverhältnissen zu tun. Die Reform trug dazu bei, dass sich die Kommunalverwaltungen verstärkt für Controlling und Berichtswesen interessierten und interessieren.

Mit diesen Hoffnungen verband sich auch der Glaube, erprobte Rezepte erwerbswirtschaftlicher Unternehmen ließen sich weitgehend und schnell auf politisch-administrative Institutionen übertragen. Nicht immer waren dabei Reformwille und die Kompetenz zur Umsetzung kompatibel. Dies gilt sowohl für die Innensicht der Verwaltung wie für externe Berater. Der Wunsch, die Leistungsfähigkeit zu optimieren, wurde von vielen Verwaltungsangehörigen geteilt. Rascher Umsetzungserfolg blieb jedoch nicht selten aus. An vielen Stellen fehlten Werkzeuge, ein kameraler Haushalt – um nur ein Beispiel zu nennen – bildet nun einmal nicht den kompletten Ressourcenverbrauch ab. Eine Finanzberichterstattung – aufbauend auf erprobten kameralen Grundlagen – erschien manchem betriebswirtschaftlich orientierten Reformer als magere Ausbeute der Reform. Die möglichst flächendeckende Kosten- und Leistungsrechnung musste es sein – und mit ihr kamen die Umsetzungsprobleme und der dementsprechende Aufwand.

Leitbilder wurden entwickelt und Mitarbeitergespräche eingeführt. Nicht selten wurde zunächst die Verantwortung auf die Fachbereiche übertragen, die Controllingwerkzeuge aber nicht oder nur zeitlich sehr versetzt. Folge waren oft beachtliche Eigeninitiativen der Fachbereiche, nicht immer im Einklang mit den Reformschwerpunkten der Gesamtverwaltung. Auch war der Übergang von einer zentralen Finanzsteuerung durch die Kämmereien zu einer dezentralen durch die Fachbereiche nicht unproblematisch, weil es gelegentlich an einer hinreichenden Vorbereitung fehlte wie auch an einer mentalen Akzeptanz, hier wiederum insbesondere bei den Zentraleinheiten.

Vielfalt beherrschte die kommunale Reformdiskussion. Heute kann im Rückblick auf ein knappes Jahrzehnt festgestellt werden, dass die Verwaltungsstrukturen und die Entscheidungsprozesse und -inhalte innerhalb der Verwaltung am stärksten verändert worden sind. Zusammenfassend kennzeichnen vor allem die folgenden Entwicklungen die eingetretenen Veränderungen:

▶ Für kostenbewusstes Verwaltungshandeln, Realisierung der Wirtschaftlichkeitsreserven, stärkere Orientierung an der geforderten Leistung und am Ergebnis, Transparenz für Rat/Kreistag und Verwaltungsführung durch Controlling und Berichtswesen, Steigerung der Effizienz durch Wettbewerb, Erhöhung des Leistungspotenzials durch höhere Motivation der Beschäftigten wurde in den Verwaltungen viel getan. Reformprojekte wurden ins Leben gerufen und zeigen inzwischen sichtbare Ergebnisse.

▶ Die Experimentierfreude der Kommunen wurde durch die prekäre finanzielle Gesamtsituation angefacht. Um Kosten zu senken, bekamen die eingeleiteten Maßnahmen eine zusätzliche Attraktivität.

Die derzeitige kommunale Praxis ist aber von einem auch nur vorläufigen Abschluss der eingeleiteten Reorganisationen und der sonstigen Maßnahmen deutlich entfernt. Das Zusammenspiel der verschiedenen Reformelemente und die konsequente Nutzung der bereits durchgeführten Reformmaßnahmen lässt zu wünschen übrig. Manches wirkt halbherzig. Budgetierung der Organisationseinheiten gilt mancherorts als eingeführt, wesentliche finanzwirksame Teile des Gesamtbudgets sind aber nicht involviert. Controllingstellen sind eingerichtet, eine zügige Verwirklichung von Controllingansätzen lässt aber auf sich warten. Berichterstattung steckt in den Anfängen, Berichtsgespräche sind äußerst selten. Die zunächst positive Wirkung der angespannten finanziellen Situation auf die Bereitschaft zur Reform zeigt ihre Schattenseite: Dezentrale Verantwortung wird nicht konsequent umgesetzt, weil die zentralen Instanzen der Auffassung sind, dass die finanzielle Situation nur über zentrale Steuerungselemente mit Einzelsteuerungscharakter im Gleichgewicht gehalten werden kann oder zumindest nicht noch problematischer wird.

Kommunalpolitik und Rat/Kreistag sind häufig zu wenig in die Reform und deren Ziele eingebunden, die Auswirkungen auf ihre Zusammenarbeit mit der Verwaltung werden nicht deutlich und vor allem nicht genutzt und die Politik gestaltet zu wenig mit. Kommunalpolitiker betrachten die Reformaktivitäten der Verwaltung mancherorts mit Skepsis und befürchten den Entzug von politischen Gestaltungsmöglichkeiten oder neue Intransparenz des Verwaltungshandelns.

Allerdings wird die begonnene Reform auch kaum grundsätzlich in Frage gestellt. Der eingeschlagene Weg

▶ strategische Grundorientierung zur Weiterentwicklung eines leistungsfähigen Gemeinwesens,

▶ Orientierung an Bürger-/Kundenwünschen,

▶ Ausbau des professionellen Managements mit Vereinbarungen und klarer Verantwortung bei gleichzeitig ausgeprägt dezentraler Komponente,

▶ Vereinbarung von (präzisen) Zielen, definierten Leistungen und Kosten,

▶ mit zunehmender Tendenz Vereinbarung angestrebter Wirkungen,

▶ Transparenz durch Controlling und Berichtswesen,

▶ Arbeitsplätze mit Gestaltungsspielraum und Entwicklungsmöglichkeiten

stellt nach wie vor eine Basis dar, die für viele nicht nur akzeptabel, sondern auch erstrebenswert ist.

1.1.2 Ausblick: Neue Anforderungen

Neue Anforderungen ergeben sich zunächst aus alten Problemen: Bereits in den 80er Jahren bot der massive Einzug der informationstechnischen Unterstützung (damals: Datenverarbeitung) in die Verwaltungen die Chance, Produktivitätsverbesserungen auszulösen. Erstaunlicherweise trat diese Wirkung zumindest in den ersten fünfzehn Jahren kaum bis gar nicht ein. Es hätte sich angeboten, die Situation zu einer Organisationsveränderung zu nutzen und den Aufbau der Verwaltungen sowie ihre Arbeitsabläufe neu zu strukturieren. Das geschah aber nur in geringem Maße.

1 Problemanalyse

Beispiel:

In Einwohnermeldeämtern waren Arbeitsplätze nach wie vor nach Buchstabengruppen sortiert, obwohl durch die EDV-Arbeitsplätze jeder Bürger an jedem Arbeitsplatz hätte bedient werden können. Computer wurden weitgehend nur in den Massenwesen wie Einwohnerwesen und Finanzen eingesetzt. Im Übrigen dienten sie als Schreibmaschinenersatz, wobei nicht einmal die Möglichkeiten von Serienbriefen und Textbausteinen hinreichend genutzt wurden.

Hier sind nunmehr große Erwartungen auf die Veränderungen zu setzen, die unter dem Begriff „E-Government" (andere in Diskussion befindliche Begriffe: „E-Kommune" oder „Digitale Verwaltung") zu verstehen sind. Es besteht die Chance, nicht nur die Kontakte zwischen Verwaltung und Bürger neu zu organisieren, sondern auch die gesamte Verwaltungsorganisation noch einmal auf den Prüfstand zu stellen.

Zu den geringen Produktivitätssteigerungen kam eine Reihe von Finanzkrisen hinzu. Deutsche Verwaltungen sind in hohem Maße von (meist indirekten) Steuern und Finanzzuweisungen abhängig. Krisen in der Wirtschaft schlugen somit auch auf die Kommunalverwaltungen durch. Der klassische kameralistische Haushaltsplan war kein geeignetes Mittel, diese Mangelsituationen rasch, einfach und wirkungsorientiert zu meistern. Politik und Verwaltungen zeigten große Probleme, sich auf diese Situation einzustellen. Es unterblieb häufig die Anpassung der mittelfristigen Finanz- und Investitionsplanung an geänderte Einnahmesituationen. In der Folge gerieten Einnahme- und Ausgabeseite des Haushaltes in vielen Kommunen aus dem Gleichgewicht.

Ein weiterer und wahrscheinlich noch wichtigerer Faktor ist ein sich änderndes Verhalten der Bürger. Über viele Jahrzehnte sahen Politik und Verwaltung die Bürger eher als eine Art Schutzbefohlene, nicht aber als gleichberechtigte Partner, die im gewissen Maße die Arbeitgeber der Beschäftigten der Verwaltungen sind. Die Bürger nahmen diese Verhaltensweise über lange Zeit auch erstaunlich klaglos hin. Das trifft heute so nicht mehr zu. Eine neue Generation von Bürgern fordert immer mehr ein, an der Gestaltung ihrer Stadt oder Gemeinde beteiligt zu werden. In einer Zeit, da die Belastungen der Bürger durch kommunale Abgaben steigen und manchmal als „zweite Miete" bezeichnet werden, achten die Bürger auch vermehrt darauf, was mit diesen Mitteln geschieht. Sie wollen deshalb, dass Rechenschaft abgelegt wird über das Handeln der Politik und der Verwaltung und die dafür eingesetzten Ressourcen. Die Praxis zeigt, wie schwer sich Verwaltungen und auch Kommunalvertretungen tun, mit diesem Anspruch umzugehen. Die Art und Weise der Informationen gegenüber den Bürgern verhindert oft das mit ihnen angestrebte Ziel. Genau wie in vielen anderen Bereichen hat auch die Verwaltung eine eigene Fachsprache entwickelt, nicht immer fühlt sich der Bürger/die Bürgerin damit angesprochen.

Eine weitere Herausforderung der Verwaltungen entwickelte sich aus der Privatisierungsdiskussion. Der vielschichtige Begriff „Privatisierung" gewann vor allem in einer seiner Ausprägungen die Aufmerksamkeit von Wirtschaft und Öffentlichkeit: als Beschreibung des Outsourcing von Verwaltungsleistungen an private Anbieter. Diese Auftragsvergabe über den Markt an externe Dritte spielte allerdings in den ersten Jahrzehnten nach dem zweiten Weltkrieg im kommunalen Raum keine herausragende Rolle, dies änderte sich ab Mitte der achtziger Jahre. Gleichzeitig wurden andere Varianten der Privatisierung forciert: Verwaltungseinheiten wurden in privatrechtliche Organisationsformen umgewandelt. Stadtwerke entwickelten sich vom Eigenbetrieb zur GmbH, Bäder wanderten von den Sportämtern in die Stadtwerke. Diese Entwicklung brachte für die angesprochenen Verwaltungsteile durchaus Verbesserungen mit sich. Arbeitsabläufe konnten sehr viel einfacher optimiert werden. Durch den Umstieg von der Kameralistik in das kaufmännische Rechnungswesen konnten Finanzentscheidungen einfacher und zutreffender getroffen werden. Festzustellen war aber auch ein Verlust an Steuerung. Die Geschäftsführungen der kommunalen GmbHs entwickelten ein intensives Eigenleben, ihre Aufsichtsräte sahen sich oft mehr als Vertreter der GmbH denn als vom Rat entsandte Personen, die auch die Pflicht hatten, die Gesamtsteuerung des „Unternehmens" Stadt A oder Kreis B sicherzustellen. Transparenz durch ein Beteiligungscontrolling oder zumindest Beteiligungsberichte wurde selten oder gar nicht praktiziert. Es war sogar festzustellen, dass Räte bzw. Kreistage gelegentlich ein ausgesprochen geringes Interesse an der Entwicklung der Beteiligungen hatten. Dies verwundert insbesondere dann, wenn man weiß, in welch hohem Umfang Leistungen der Verwaltung auf die Beteiligungen ausgelagert waren oder sind.

Beispiel:

Ein folgenreicher Privatisierungsschub wurde vor einigen Jahren im Bereich der Versorgungswirtschaft ausgelöst. Führten bislang die Energieversorgungsunternehmen ein relativ geschütztes Leben im Monopol, wo manche Sonderwünsche der Politik geräuschlos realisiert werden konnten, so kam es mit den erfolgreichen Übernahmeversuchen privater Versorgungsunternehmen gleichsam zu einem Paradigmenwechsel. Kommunale Unternehmen im überschaubaren Umfeld sollten plötzlich von heute auf morgen zu rentablen marktorientierten Unternehmen umgebaut werden. Das traf manchen Geschäftsführer, aber auch viele Mitarbeiter recht hart. Andererseits wurden nicht selten Verkaufsentscheidungen getroffen, ohne die Folgen abschließend zu würdigen. Es sei nur an die Querfinanzierung zwischen Energieversorgung und öffentlichem Personennahverkehr erinnert. Die Privatisierung im Energiebereich wird aller Voraussicht nach nur einen Beginn weiterer Privatisierungen darstellen. Bereits jetzt ist die Entsorgungswirtschaft in den Fokus international tätiger Unternehmen geraten. Auch der betreuende Bereich der Jugend- und Sozialverwaltungen wird sich für Dienstleistungsunternehmen als Betätigungsfeld anbieten. IT-Lösungen im Finanzbereich und im Internet lassen Möglichkeiten zu, die noch vor wenigen Jahren unerreichbar schienen.

Ein Blick in die kommunale Praxis zeigt: Die Reform ist nicht abgeschlossen. Für die Zukunft können viele der bisher formulierten Reformziele übernommen werden, es gilt, daran weiter zu arbeiten. Andererseits ist festzuhalten: Neben der hergebrachten Reformdiskussion scheinen neue Reformansätze die vorhandenen Ansätze zu überlagern. Als Beispiel sei nur die vielfach geäußerte Meinung genannt, wonach sich die Kommunen vom Dienstleister zum Gewährleister entwickeln müssten. Dieser an sich zu begrüßende Trend wirft aber auch kritische Fragen auf, denn eine nur noch gewährleistende Kommune erbringt ihre Leistungen nicht mehr, sondern stellt lediglich sicher, dass sie erbracht werden. Das kann zu einem Verlust an Kompetenz führen! Auch darf nicht übersehen werden, dass damit latent eine Einstellung der handelnden Personen entwickelt werden kann, welche ein verringertes Gefühl von Verantwortlichkeit zur Folge hat. Folgende Wirkfaktoren sind beachtenswert:

▶ Bürger haben ganz verschiedene Rollen in der Kommune. Sie sind nicht nur Kunden, sondern auch potenzielle Mitgestalter oder gar Leistungsersteller.

▶ Die auf der Ebene der Bundesländer begonnene Diskussion zur Vorbereitung eines neuen kommunalen Rechnungswesens lässt für die nächsten Jahre konkrete Umsetzungsschritte erwarten. Kommunale Leistungen und die ökonomische Gesamtposition der Kommune werden erstmals umfassend transparent. Dies kann zu einer tief greifenden Veränderung der kommunalpolitischen Diskussion und der Entscheidungsschwerpunkte führen.

▶ Eine zielorientierte Steuerung einschl. Transparenzgewinn durch Controlling und Berichtswesen ist dringend (weiter-)entwicklungsbedürftig. Bürgerorientierung kann damit gefördert werden, Effektivität und Effizienz sind damit in besonderer Weise beeinflussbar. Die Information darf nicht nur auf die Fachleute in Verwaltung und Rat/

Kreistag ausgerichtet sein, sie muss in angemessener Form die Bürgerschaft einbeziehen.

▶ Das europäische Recht setzt Wegmarken. Kommunale Leistungen bzw. Leistungen kommunaler Unternehmen finden sich zunehmend in einer Situation gewollten und rechtlich geschaffenen Wettbewerbs mit der privaten Wirtschaft wieder, stehen damit aber im Konflikt zum Gemeindewirtschaftsrecht, wenn sie den Wettbewerb aktiv aufgreifen wollen.

▶ Mängel der öffentlichen Leistungserstellung werden in der Öffentlichkeit diskutiert. Die Aufmerksamkeit der Öffentlichkeit für die öffentliche Armut und den Verfall kommunaler Infrastruktur nimmt zu, die mancherorts wahrgenommenen Leistungseinschränkungen, z. B. Sperrung von Straßenabschnitten, tut ein Übriges. Reformaktivitäten müssen aufzeigen, ob sie zur Lösung dieser Probleme einen Beitrag zu leisten in der Lage sind.

In diesem Buch wird es nur um einen kleinen Teil des kommunalen Reformpanoramas gehen, um die Einführung und Weiterentwicklung von Controlling und Berichtswesen. Dazu ist es hilfreich, zunächst die Grundgedanken des Neuen Steuerungsmodells und des New Public Management voranzustellen, um von dort Controlling und Berichtswesen in den konkreten Zusammenhang der kommunalen Reformpraxis zu stellen und Entwicklungsmöglichkeiten aufzuzeigen.

Wir bieten dem Leser folgenden Weg an: Nach kurzer Skizzierung der globalen Reformkonzepte kommen wir auf die für deutsche Kommunalverwaltungen maßgeblichen Reformansätze und -elemente zurück. Hier steht das Neue Steuerungsmodell zunächst im Blickpunkt. Alsdann betrachten wir die Informationsversorgung der wesentlichen Akteure bei einem besonders herausgehobenen Anlass: die jährliche Haushaltsplanung. Diese kann Ergebnis einer strategischen Bewertung und Entwicklung von Zielen sein, ist es aber häufig nicht. Diese Betrachtung endet mit einem Vorschlag zur Qualifizierung der Planung. Damit finden wir gleichzeitig einen grundlegenden Ansatzpunkt für Controlling und Berichtswesen. Diesen gilt es nun zu vertiefen: zunächst als betriebswirtschaftliches Konzept, alsdann im Blick auf die Anwendung in Kommunalverwaltungen. Auf dieser Basis entwickeln wir ein Konzept für das Berichtswesen. Es geht von Zielen aus. Die instrumentelle Umsetzung behandeln .wir gesondert. Organisatorische Hinweise und Anforderungen an die Beteiligten ergänzen das Spektrum.

1.2 Lösungsansätze: Verwaltungsreform mit NSM und NPM

New Public Management (NPM) steht für eine Vielzahl von Reformkonzepten für die öffentliche Verwaltung. Diese Reformkonzepte haben sich seit Ende der 70er Jahre in den westlichen Industriestaaten entwickelt. Namentlich zu nennen sind insbesondere Großbritannien, Niederlande, USA, Kanada, Neuseeland sowie die skandinavischen Länder. Zusammenfassend und global formuliert lag den Konzepten eine sich zunehmend verbreitende Unzufriedenheit mit den Leistungen des öffentlichen Sektors zugrunde.

Mangelnde Effizienz, mangelnde Flexibilität, ein als zu hoch angesehener Verbrauch von Finanzmitteln und Bürgerferne waren wesentliche Kritikpunkte, die zu politischer Reformaktivität und wissenschaftlicher Begleitforschung führten. Auf der Basis politischer Impulse haben sich vor allem in der Praxis öffentlicher Verwaltungen Reformvorhaben entwickelt, die wiederum Ausgangspunkt für pragmatische Weiterentwicklung einerseits und wissenschaftliche Reflexion andererseits wurden. Deutschland wurde von dieser Reformaktivität vergleichsweise spät – seit Beginn der 90er Jahre – erfasst, wobei vor allem und bis heute dominierend die kommunale Ebene grundlegende Fragen stellte und Veränderungen einleitete.

So heterogen wie derzeit das Fachgebiet New Public Management dem außen stehenden Betrachter erscheint, so heterogen waren auch die in der Praxis aufgegriffenen Aspekte und die daraus folgenden Lösungen. Einen Überblick zu gewinnen und eine Strukturierung zu erreichen ist daher nicht einfach. Die folgende Skizzierung wichtiger Merkmale beschränkt sich auf eine knappe Schilderung, die dem Leser eine Einordnung der Reformaktivitäten deutscher Kommunalverwaltungen erleichtern soll. Eine wissenschaftliche Auseinandersetzung mit New Public Management ist nicht vorgesehen. Auf einige ausführlichere Darstellungen wird im Literaturverzeichnis hingewiesen.

Welche Merkmale sind für die Diskussion im New Public Management wesentlich?

► Trennung zwischen Gewährleistung und Erstellung einer Leistung.

► Leistung ist zu spezifizieren und Leistungserbringung ist zu messen, nur dann ist die Angelegenheit verhandelbar.

► Nach Vereinbarung wird die Leistung vom Auftragnehmer erbracht, der Auftraggeber zahlt. Leistungsniveau und Entgelt sind verhandlungsbedürftig.

► Leistungsstandards werden mit Blick auf die Kunden der Leistung bzw. die Bürger erarbeitet und vereinbart.

▶ Der Erfolg des Auftragnehmers besteht in der vereinbarten Leistungs-erstellung und in der Budgetposition, die Frage nach dem „Wie" der Leistungserstellung ist interne Angelegenheit des Auftragnehmers.

▶ Damit wird der Steuerungsbedarf einer Zentrale bei der Zielentwick-lung und Planung verstärkt, aber bei der Produkterstellung und -um-setzung entfrachtet.

▶ Wettbewerb wird als nützliche Rahmenbedingung angesehen.

▶ Es ist nicht selbstverständlich, dass eine öffentliche Leistung auch von einer Organisation der öffentlichen Hand komplett erstellt wird. Con-tracting out ist Bestandteil der Reformaktivitäten, Fragen der Wirt-schaftlichkeit und Zweckmäßigkeit sind maßgebliche, allerdings nicht ausschließliche Entscheidungskriterien.

Eine Vielzahl von Maßnahmen kann diesen grundlegenden Merkmalen zugeordnet werden und soll die Verwaltungsreform im Detail unterstüt-zen. Dazu gehören z. B. Kunden- und Bürgerbefragungen, konsequent dezentrale Verantwortung der Organisationseinheiten einer Behörde, Ausbau und Professionalisierung des Rechnungswesens u. Ä.

Theoretischer Hintergrund für die im New Public Management hervorge-hobenen Reformelemente sind neben anderen vor allem die Public-Choice-Theorie und der Managerialismus. Beim Public-Choice-Ansatz geht es um die Schaffung von Wettbewerbsbedingungen, Ausbau der Wahlmöglichkeiten für Bürger bzw. Nutzer/Kunden öffentlicher Leistun-gen und ebenso um einen Ausbau der Finanzierungsanteile seitens der Nutzer.

Vergrößerte Handlungsspielräume der Manager, klare Ziele und Zielver-einbarungen und eine Berücksichtigung von Anspruchsgruppen wie vor allem Bürger/Kunden und Personal stellen eine Variante des Manageria-lismus-Konzepts dar. Teilweise wird der gedankliche Ansatz dieses Kon-zepts ausgeweitet. Dann wird der Fokus auf die Annahme gelegt, dass besseres Management ökonomische und soziale Probleme zu lösen in der Lage ist. Eine permanente Verbesserung der Produktivität scheint dabei ein wichtiger Faktor zu sein.

Das für die Reformentwicklung deutscher Kommunalverwaltungen seit Anfang der 90er Jahre prägende Neue Steuerungsmodell (NSM) kann wie folgt charakterisiert werden:

Es greift wesentliche Aspekte aus beiden Hauptrichtungen des NPM auf, ohne bereits eine vollständige und in sich geschlossene Abbildung des NPM für die Situation und die Entwicklung der deutschen Kommunalver-waltungen zu beanspruchen.

1 Problemanalyse

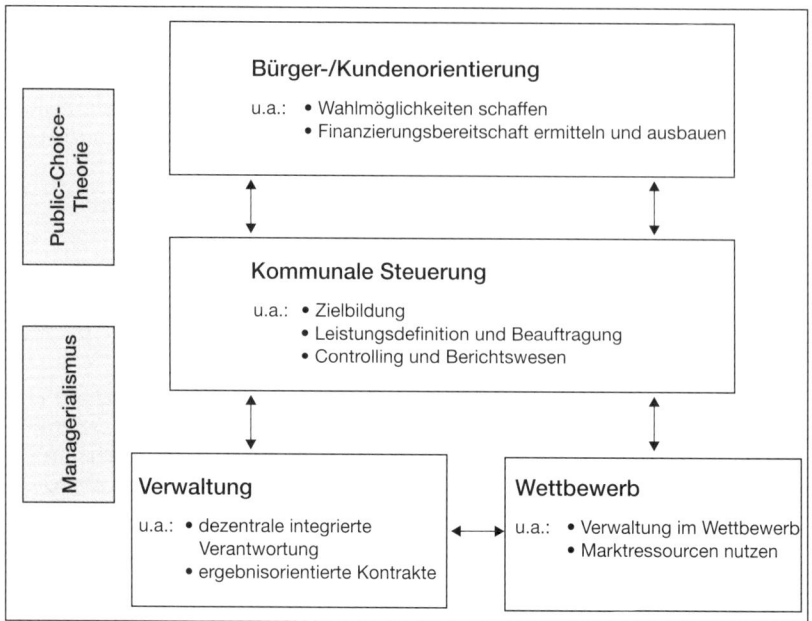

Abb. 1.1: Die wesentlichen Elemente von New Public Management

Wesentliche Elemente des Neuen Steuerungsmodells:

▶ Bürger-/Kundenorientierung in Verbindung mit der

▶ Ausrichtung der Steuerung an den Leistungen einer Kommune: Outputsteuerung und Produktorientierung.

▶ Weiterentwicklung von der Output- zur Outcomesteuerung, d. h. nicht nur die Ergebnisse, sondern die damit beabsichtigten Wirkungen werden in den Fokus genommen.

▶ Ausbau dezentraler integrierter Verantwortung innerhalb der Kommune bis hin zur Ebene der Mitarbeiter.

▶ Klare Vereinbarungen zu Zielen im Rahmen einer die gesamte Verwaltung erfassenden Budgetierung, Kontraktmanagement als Ausdruck einer auf Leistungsvereinbarungen und Rahmenbedingungen setzenden Steuerung.

▶ Schaffung von Transparenz durch Controlling auf allen Ebenen von Rat/Kreistag bis zu den Abteilungen und Produktverantwortlichen korrespondierend zu den Zielen.

▶ Personalentwicklung.

▶ Aktive Nutzung von Wettbewerb, Einführung von Wettbewerbselementen in die kommunalpolitische Steuerung.

Diese wesentlichen Merkmale ziehen eine Fülle von Einzelmaßnahmen nach sich. Dazu gehören z. B. Bürger-/Kundenbefragungen, die Einführung und der Ausbau von Kosten- und Leistungsrechnungen, interkommunale Leistungsvergleiche auf Kennzahlenbasis, die Einrichtung von Serviceeinheiten in den Verwaltungen, die im Auftraggeber-/Auftragnehmer-Verhältnis agieren, Personalentwicklung/Fortbildung und vieles mehr.

Der Vergleich mit dem Fachgebiet New Public Management macht auch deutlich, wo Klärungsbedarf für weiter gehende Konzepte liegen könnte:

Wahlmöglichkeiten für Nutzer sind heute in der kommunalen Praxis nicht besonders präsent, wenn der Kunde eine Leistung in Anspruch nehmen will oder muss.

Beispiel:

> Das Recht auf einen Kindergartenplatz räumt Eltern zwar die Möglichkeit der Wahrnehmung einer kommunalen Leistung ein, bei der Auswahl der Kindertagesstätte bestehen zurzeit jedoch eher eingegrenzte Wahlmöglichkeiten. Ein auf Elternwünsche abstellendes Leistungsangebot ist insoweit nicht entwickelt.

Unabhängig von diesen Weiterentwicklungsmöglichkeiten bietet der Ansatz des NSM allerdings für die nahe Zukunft zahlreiche Entwicklungsschwerpunkte, die in der kommunalen Praxis keineswegs bereits zur Routine geworden bzw. ausgereift sind. Die kommunalpolitischen Diskussions- und Gestaltungsmöglichkeiten einer konsequenten Outputsteuerung gehören an vorderster Stelle dazu. Dazu kommen die Steuerungsgewinne, wenn es gelingt, Wettbewerbselemente stärker als bisher in die kommunale Leistungserstellung zu integrieren.

Um unsere Aussagen zuzuspitzen und ein Ziel der Buchreihe – Mut machen – zu erreichen, ist es notwendig, einen theoretisch plausiblen, aber pragmatisch orientierten Weg einzuschlagen. Dieser Weg ist nicht ohne Widersprüche und Gefährdungen. Theoretisch wichtige und grundsätzlich notwendige Klärungen werden von uns nur angesprochen, eine ausführliche Diskussion würde den Rahmen unseres Vorhabens sprengen.

In Sonderheit sind es vor allem drei vertiefende Themenspektren, auf die wir nicht eingehen werden:

▶ Verwaltungsreform wirft zahlreiche grundlegende Fragen auf, die unter dem Dach eines in sich bereits heterogenen Fachgebiets New Public Management mit in den letzten Jahren wachsender Aufmerksamkeit bearbeitet wurden und werden. Inwieweit die in der deutschen kommunalen Praxis vorfindbaren wesentlichen Elemente der Reform in sich schlüssig und in ihrer Priorität tatsächlich vordringlich sind, mag intensiv diskutiert werden können.

▶ Dies gilt in gleicher Weise für die (politik-)wissenschaftliche Befassung mit den Phänomenen der Kommunalpolitik (mit Betonung auf -politik).

▶ Auch zahlreiche im ökonomischen und insbesondere betriebswirtschaftlichen Fachgebiet behandelte Fragen, die in die Tiefe des Rechnungswesens, der Organisation oder der informationstechnischen Unterstützung eindringen, werden nur gestreift.

Damit werden bewusst nicht alle controllingrelevanten Fragestellungen abgedeckt, gleichwohl wollen wir aber durch Hinweise Zusammenhänge verdeutlichen. Wir hoffen, dass das Buch hilfreich ist, Berichtswesen und Controlling im kommunalen Verwaltungsalltag, der zunehmend durch finanzielle und andere Zwänge, aber auch durch Reformaktivitäten geprägt ist, zu positionieren, Voraussetzungen, Anwendungsmöglichkeiten und -grenzen zu erkennen.

Bevor wir auf Einzelheiten von Verwaltungscontrolling und Berichtswesen eingehen, wollen wir zunächst den Blick auf grundlegende Reformkonzepte erweitern. Politikreform ist das Stichwort.

1.3 Politikreform – mehr Schein als Sein?

Von der Verwaltungsreform bleibt die Kommunalpolitik und vor allem die Arbeit der Räte/Kreistage nicht unberührt. Sie sollte auch nicht unberührt bleiben, letztlich ist eine verbesserte politische Steuerung ein Ziel des Neuen Steuerungsmodells. Allerdings haben viele Räte/Kreistage in der Vergangenheit nur zögerlich auf die neuen, reformerischen Ansätze der Verwaltungen reagiert. Ist eine Reform der kommunalen politischen Arbeit bis jetzt mehr Schein als Sein geblieben? Aus entfernterer Perspektive zeigen sich Auffälligkeiten, die zunächst irritieren, das Für und Wider einiger – durchaus nicht unumstrittener – Beispiele vermittelt einen Eindruck:

Beispiel:

Politik scheint nicht immer sehr begeistert zu sein, wenn es um die Reform der eigenen Arbeit geht. In Nordrhein-Westfalen war es vor einigen Jahren sehr spannend zu beobachten, wie mühsam die so genannte Doppelspitze in den Kommunen abgeschafft wurde. Diese Reform gelang erst nach mehreren Jahren und selbst dann nicht optimal. Eine klare Rollenzuordnung des hauptamtlichen Bürgermeisters würde nämlich nahe legen, z. B. seine Wahlzeit von der der Kommunalvertretung abzukoppeln.

Es ist schon auffallend, wie oft Mitglieder weniger Berufsgruppen immer wieder als politische Mandatsträger auftreten, während andere so gut wie gar nicht in Erscheinung treten. So sind nach wie vor Vertreter aus Berufen des öffentlichen Dienstes weit mehr in politischen Funktionen als Selbständige, Freiberufler oder Unternehmer. Woran liegt es? Sicher bringen Vertreter des öffentlichen Bereiches zahlreiche nutzbringende Vorinformationen für die Ausübung eines Mandats mit. Das Entscheidende scheint aber doch der Faktor Zeit zu sein. Das Arbeits- und Dienstrecht des öffentlichen Sektors erleichtert den Beschäftigten, für Mandatstätigkeiten freigestellt zu werden.

Hinzu kommt für viele Bürger der Eindruck, Entscheidungswege in politischen Gremien seien eher langwierig. Das trifft auch häufig zu, ist aber nicht unbedingt durch die handelnden Personen ausgelöst. Immer dann, wenn sich Menschen unterschiedlicher Herkunft und unterschiedlicher Interessen auf ein Ergebnis verständigen müssen, dauert das länger als in einem gut eingespielten Team eines Unternehmens. Es ist deshalb auch grundsätzlich zu akzeptieren.

Des Weiteren ist die „Personalauswahl" in den Parteien optimierungsbedürftig. Wieso bekommt man allzu oft nur dann einen sicheren Listenplatz, wenn man sich über lange Jahre in Parteigremien „hochgearbeitet" hat? Die süddeutschen Erfahrungen mit der Möglichkeit des Kumulierens und Panaschierens zeigen, dass es auch anders geht. Hier können die Wähler sehr viel mehr bestimmen, welche Personen in den Rat kommen. Auch spielt sich ihre Wertung durch die Bürger deutlich wieder. Das könnte anderswo auch zu einer Politikverbesserung führen, würde aber die Macht etlicher Parteigranden einschränken.

Politische Gremien sind in Deutschland verglichen mit vielen anderen Ländern überdurchschnittlich groß. Zwar muss man nicht von vornherein die Praxis einzelner US-Städte nachahmenswert finden, bei denen ein zehnköpfiges Gremium eine Millionenstadt steuert; der Gedanke liegt dennoch nicht fern, dass mit Verringerung der Gremiengröße schnelleres politisches Handeln ermöglicht wird, ohne Einbußen demokratischer Grundorientierung zu erleiden.

Interessantes förderte eine kommunalpolitische Recherche zu tage, mit der anhand von Fallbeispielen in einigen Städten untersucht wurde, „… auf welchem Stand sich derzeit Politik und Verwaltung auf dem Weg von einer Verwaltungs- zu einer Politikreform befinden"[1]:

▶ 60 % der befragten Mandatsträger sehen kaum Veränderungen in der Zusammenarbeit zwischen Rat/Kreistag und Verwaltung durch das Neue Steuerungsmodell.

▶ Die Anpassung von Ausschussstrukturen des Rats/Kreistags einerseits und Fachbereichsstrukturen der Verwaltung andererseits unterbleibt häufig oder wird nur zögerlich aufgegriffen.

---

1) Brandel, Rolf, Reichert, Jürgen, Auswertung der kommunalpolitischen Recherche, in: Bertelsmann Stiftung, Qualitätsfaktor Politische Steuerung, Gütersloh 2001, S. 16–24, hier S. 16–19. Befragt wurden Fraktionsvorsitzende und Rats-/Kreistagsmitglieder in acht Städten und in einem Landkreis.

1 Problemanalyse

▶ Neue Arbeitsformen zwischen Rat/Kreistag und Verwaltung werden in einigen Fällen erprobt, z. B. gemeinsame Arbeitsgruppen aus Rat/Kreistag und Verwaltung bei bestimmten kommunalpolitischen Problemen.

▶ Sehr große Übereinstimmung besteht in der Meinung, dass das politische Tagesgeschäft eigenständige strategische Planungen der Fraktionen dominiert.

▶ Sehr große Übereinstimmung besteht auch darin, dass sich der Arbeitsaufwand der Rats- und Fraktionsarbeit in den letzten Jahren deutlich erhöht hat.

Einige der Schlussfolgerungen, die die Ergebnisse der Recherche nahe legen, betreffen Controlling und Berichtswesen unmittelbar[1]:

▶ Die Erarbeitung und Umsetzung von Zielen muss mehr Aufmerksamkeit gewinnen.

▶ Die Anwendung neuer Steuerungsinstrumente wie z. B. Zielvereinbarungen und Berichtswesen sollte forciert werden.

Andere Weiterentwicklungserfordernisse gehen zwar über den unmittelbaren fachlichen Diskussionsrahmen von Controlling und Berichtswesen hinaus[2], sind aber im weiteren Sinne für Politikreform bedeutsam:

▶ Die Qualifizierung der Aktiven ist hier besonders zu nennen.

Beispiel:

Gerade moderne Führungssysteme verlangen einen gewissen Grad von Kompetenz der handelnden Personen. Und diese Kompetenz muss vielfach erst entwickelt werden. Es ist verständlich, aber bedauerlich, wenn Rats-/Kreistagsmitglieder in ihrer Funktion als Aufsichtsratsmitglied bei kommunalen Beteiligungen nur eingeschränkt Bilanzen und Wirtschaftspläne interpretieren können. Hier zeigt sich Fortbildungsbedarf bei der Ausübung eines Mandats. Erst dann wäre der Rat/Kreistag gleichberechtigt gegenüber Verwaltung bzw. Fachpersonal der Beteiligungen, wobei allerdings fairerweise gesagt werden muss, dass die betriebswirtschaftliche Kompetenz in der Verwaltung auch keine lange Tradition und auch sicher noch keine Breitenwirkung hat.

Weitere Aspekte notwendiger Entwicklung zeigen sich vor allem bei

▶ der Auswahl der Kandidaten für Mandate,

▶ der Bürgerbeteiligung.

Als Fazit der referierten Befragung kann festgehalten werden: Die Politik „bewegt sich" auf die Reform zu, weil sie den Handlungsbedarf deutlicher als noch vor einigen Jahren erkannt hat. Sie bewegt sich aber nur sehr, sehr vorsichtig! Weitere Reformschritte sind dringend erforderlich. An Konzepten mangelt es nicht. Über die mit New Public Management

---

1) Vgl. Brandel, Rolf, Reichert, Jürgen, a. a. O., S. 20.
2) Vgl. ebenda, S. 21 ff.

und dem Neuen Steuerungsmodell einhergehenden Reformaktivitäten hinaus werden von der Wissenschaft ergänzende Konzepte ins Gespräch gebracht. Good Governance gehört zu diesen Konzeptvorstellungen, darauf wollen wir zum Schluss dieses einleitenden Kapitels eingehen.

Zuvor aber eine Frage, die uns eine Rückkopplung mit unserem Thema erlaubt:

Was hat das alles mit Berichtswesen und Controlling zu tun? Mehr als man sich auf den ersten Blick vorstellen mag.

 WICHTIG!

Dem Gedankengut von Controlling und vor allem einer aussagefähigen Berichterstattung wohnt Zielbewusstsein, Zielklarheit und Konzentration auf Wesentliches inne. Jeder präsentierte Bericht soll in knapper Form wichtige Entwicklungen „auf den Punkt" bringen und eine Rundumsicht erlauben, bei der Details (zunächst) keine Rolle spielen. Der Bericht legt Fragen nahe, veranlasst Reflektion, stellt dem Fachausschuss bzw. Rat/Kreistag immer wieder die Frage: „Sind wir auf dem richtigen Weg?" und gibt dazu Informationen. Je mehr sich ein Bericht über die in der kommunalen Praxis bereits existierende Budget- oder Finanzberichterstattung[1] hinaus bewegt und eine an Zielgruppen, Kunden, Leistungen und Kosten orientierte Information bietet, desto stärker fordert der Berichtsinhalt auch die politische Seite der Rats-/Kreistagsarbeit heraus. Dieses (Informations-)Angebot von Controlling und Berichtswesen muss auf Empfängerseite auch gewollt sein. Anderenfalls bleibt ein noch so gutes, aussagefähiges Berichtswesen ein „Ereignis am Rande des Tagesgeschehens".

1.4 „Good Governance" – gute/bessere Steuerung?

Während die Reformbemühungen, welche sich aus dem Ansatz des Neuen Steuerungsmodells der KGSt entwickelten, anfänglich eine starke Binnenorientierung der Verwaltung hatten, sich also auf die Reform der Kommunalverwaltung beschränkten, hat sich in den letzten Jahren ein auf die ganzheitliche Reform des öffentlichen Sektors ausgerichteter Lösungsansatz entwickelt. Im Zusammenhang mit den Überlegungen, auch strategische Steuerungsprozesse zu optimieren, hat zunehmend der Begriff „Good Governance" eine wesentliche Bedeutung erlangt. Er zielt nicht so sehr auf Output, sondern auf Outcome, also auf die Wirkungen des öffentlichen Sek-

---

1) Dass Controlling und Berichtswesen in Kommunalpolitik und -verwaltung deutlich über Finanzinformationen bzw. Informationsquellen des Rechnungswesens oder gar der Kosten- und Leistungsrechnung hinausgehen müssen, ist ein wesentliches Anliegen dieses Buches.

tors. Damit bezieht er sich nicht nur auf die Verwaltung und Politik als klassische Akteure in den Kommunen, sondern Good Governance bezieht alle, die am gesellschaftlichen Leben einer Kommune teilhaben, mit ein. Also ebenso die Bürger, gesellschaftliche Gruppen, die Wirtschaft usw. Good Governance „.... stellt ein ganzheitliches Modell zur Beurteilung der Qualität der Regulierung und Steuerung, der Problemlösung und der Gestaltung des staatlichen Handlungsfeldes dar"[1].

Good Governance hat das Ziel, die Lebensqualität der Bürger zu verbessern. Das kann aber im Ergebnis ein hochgradig komplexes Steuerungssystem bedeuten. Es bedarf vielfältiger miteinander vernetzter Veränderungsagenten, um alle relevanten Gruppen zu beteiligen und zu gemeinschaftlich akzeptierten Wirkungen zu gelangen. In Deutschland werden mit Modellversuchen wie dem Projekt „Kompass" der Bertelsmann-Stiftung und den das Neue Steuerungsmodell fortentwickelnden KGSt-Empfehlungen zum kommunalen Management Lösungsansätze für Good Governance entwickelt.

Good Governance

- Demokratie und Lebensqualität in einer kommunalen Verantwortungsgemeinschaft
- Zukunftsfähigkeit + gemeinsame politische Ziele
- Partnerschaften + Bürgermitwirkung
- Leistungsfähige Verwaltung + Kooperationsfähigkeit
- Politisch-strategisches Management + Transparenz
- Kommunaler Haushalt + Ressourcenbündelung
- Innovation + gemeinsames Lernen

Abb. 1.2: Good Governance: Schwerpunkte und Schlagworte

---

1) Hill, Hermann, Klages, Helmut, Good Governance und Qualitätsmanagement – Europäische und internationale Entwicklungen, Speyerer Arbeitshefte 132, Speyer 2000, S. 8.

Zu fragen ist, was Berichtswesen und Controlling mit Modellen zu tun haben, welche die Lebensqualität der Bürger verbessern sollen. Auf den ersten Blick mag es scheinen, als seien betriebswirtschaftliche Ansätze eher störend, wenn es um das Große und Ganze geht. Das ist aber in der Tat nur auf den ersten Blick so.

▶ Zwar ist zu konstatieren, dass in vielen Verwaltungen Begriffe wie Kosten- und Leistungsrechnung oder produktbezogener Haushalt großzügig benutzt werden, in der Verwaltungswirklichkeit aber noch keine große Rolle spielen, sogar teilweise stillschweigend zurückgenommen werden.

▶ Auch die Verwaltungswissenschaft, welche sich aus betriebswirtschaftlichen, juristischen und sozialwissenschaftlichen Elementen zusammensetzt, hat die betriebswirtschaftliche Binnenmodernisierung der Verwaltung deutlich aus dem Blick genommen, nachdem sie Good Governance entdeckt hat.

▶ Dennoch muss man sich über eines klar sein: Die Entwicklungen strategischer Steuerung und ganzheitlicher Ansätze im öffentlichen Bereich werden nur (Anwendungs-)Erfolg haben, wenn auch die Instrumente für eine optimale Verwaltungsarbeit vorhanden sind und genutzt werden. Jemand, der eine Weltreise plant, tut sicher gut daran, sich intensiv mit seinen Zielen und Wegen zu beschäftigen. Wenn das Fahrzeug, mit dem er die Reise bestreiten will, nicht gut funktioniert, weil er sich nicht um seine Wartung gekümmert hat, sind diese Gedanken überflüssig. Er wird bereits sein erstes Zwischenziel nicht oder nur unter großem Aufwand erreichen.

Genau so verhält es sich mit Berichtswesen und Controlling. Sie sind notwendige Werkzeuge und Hilfsmittel nicht nur für eine gute Verwaltungs- und Ratsarbeit, sondern selbstverständlich auch für einen umfassenden Managementansatz auf kommunaler Ebene.

Nur wer weiß, wo er sich gerade befindet, kann seine Ziele erreichen. Darum werden Berichtswesen und Controlling durch die richtigen und notwendigen Veränderungen, die sich durch Good Governance und strategisches Management abzeichnen, nicht überflüssig, sondern notwendiger denn je.

2 Information – gefragt, bezweifelt und (un)beachtet

2.1 Die kommunalen Akteure und deren grundsätzliches Informationsinteresse

2.1.1 Rat/Kreistag und Fachausschüsse

Rat bzw. Kreistag bestimmen Ziele und Grundsätze des kommunalen Leistungsangebots und sind für deren Erreichung und Einhaltung politisch verantwortlich. „Was ist aus unseren Beschlüssen geworden?" – diese Frage beschäftigt jedes Rats-/ Kreistagsmitglied. Hieraus lässt sich leicht der Informationsbedarf der Entscheider und Mitglieder der kommunalpolitischen Gremien ableiten. Genau genommen taucht aber der Informationsbedarf schon früher auf: Wie kommt man zu Beschlüssen? Bereits dazu sind Informationen erforderlich.

 TIPP!

Überprüfen Sie als Mitglied eines Rats oder Kreistags einmal, ob Sie die Informationen, die Sie im Laufe der letzten 12 Monate zur Vorbereitung von Beschlüssen/Entscheidungen erhalten haben, im Großen und Ganzen als auskömmlich betrachten. Beziehen Sie in die gleiche Frage das gesamte Leistungsspektrum Ihrer Verwaltung ein. Gewinnen Sie bei der Betrachtung Ihrer einzelnen Antworten den Eindruck, dass Handlungsbedarf besteht, der nicht nur fallweise und punktuell erledigt werden kann (gewissermaßen auf Zuruf im Einzelfall)?

Was meinen Sie: Würde die Verwaltungsführung mit Ihrer Antwort auf die o. g. Fragen übereinstimmen?

Die praktische Relevanz dieser zunächst selbstverständlich anmutenden Forderung, bereits bei Beschlussfassung über ausreichende Informationen zu verfügen, kann anhand der Entscheidungen über den kommunalen Haushaltsplan veranschaulicht werden: Die (noch weit verbreitete) kommunale Praxis besteht darin, dass der finanzielle Input vom Rat/ Kreistag im Haushaltsplan und in der Haushaltssatzung genau vorgegeben wird, die zu erstellenden Leistungen und die mit den Leistungen verbundenen Ziele jedoch lediglich global benannt werden (und im Haushaltsplan – jedenfalls bisher – gar nicht auftauchen). Ziele bleiben unklar, Schwerpunkte werden nur bedingt gesetzt.

Die Differenz zwischen vergleichsweise exakter Finanzvorgabe und globaler Leistungsvorgabe führt zu einer Unbestimmtheit der Leistungsseite. Ein Wesensmerkmal von Kommunalpolitik ist jedoch das Erreichen von politischen Sachzielen, nicht von finanziellen Ergebniszielen. Letztere sind Rahmenbedingungen politischen Handelns und können –

in Grenzen – aktiv von der kommunalen politischen Ebene selbst gestaltet werden.

Die Problematik wird nochmals deutlicher, wenn über die von der Verwaltung zu erbringenden Leistungen hinaus die beabsichtigte Wirkung in die Betrachtung einbezogen wird: Hierüber gibt der Haushaltsplan keine Auskunft. Systematische Erfassung und Abbildung von Wirkungen ist bisher kaum ein Thema kommunalpolitischer Planungs- und darauf aufbauender Informationssysteme gewesen. Sind Wirkungen das „eigentlich Politische"? Kommunale Daseinsvorsorge und die Verwirklichung kommunalpolitischer Ziele kann sich nicht darin erschöpfen, ein Produkt anzubieten. Was soll mit diesem Produkt erreicht werden und was wird tatsächlich erreicht?

Beispiel:

> Kommunale Erziehungsberatung kann ein Set von Beratungsstunden unter Einschluss einer fachlich fundierten Methodik anbieten (Leistung), die beabsichtigte Wirkung erschöpft sich nicht in der Wahrnehmung von Beratungsstunden. Die Verbesserung der Situation beim Klienten ist das „eigentliche Ziel". Dieses Ziel spielt zweifellos im Bewusstsein der diese Leistung anbietenden Fachkräfte eine Rolle, geht aber bisher nicht systematisch in eine den politisch Verantwortlichen zugängliche Darstellung ein.

Ausnahmen gibt es. Für sie ist meist charakteristisch, dass die notwendigen Informationen fallweise und in der Regel mit beträchtlichem Aufwand zusammengestellt werden. Notwendig ist demgegenüber eine systematische und kontinuierliche Information, bei der Wirkungen, Leistungen und Finanzen miteinander verknüpft in einer für Rat/Kreistag oder Fachausschuss geeigneten Weise dargestellt werden.

Der traditionelle Haushaltsplan und der gesamte bisher übliche Planungsprozess unterstützen diese einseitige Perspektive auf das politische Gesamtgeschehen in einer Kommune: Die dominierenden Kategorien Einnahmen und Ausgaben erlauben in Planung und im Vollzug lediglich einen mehr oder weniger systematischen Überblick über Finanzen und erlauben die Beantwortung der Frage, für welche Ressourcen Geld ausgegeben wird. Die Leistungsseite bleibt global, Einzelpläne, Abschnitte und Unterabschnitte teilen dem Mitglied der Vertretung mit, dass es um Schule, Abfallentsorgungseinrichtung „Deponie xy" o. Ä. geht. Dies ist besser als gar nichts, lässt aber präzise Leistungsziele außer Betracht. Es gibt sie fallweise und mit unterschiedlichem Präzisionsgrad – in Fachplanungen und Arbeitsplanungen der Organisationseinheiten. Eine geschlossene Darbietung für die Ebene Rat/Kreistag ist noch selten.

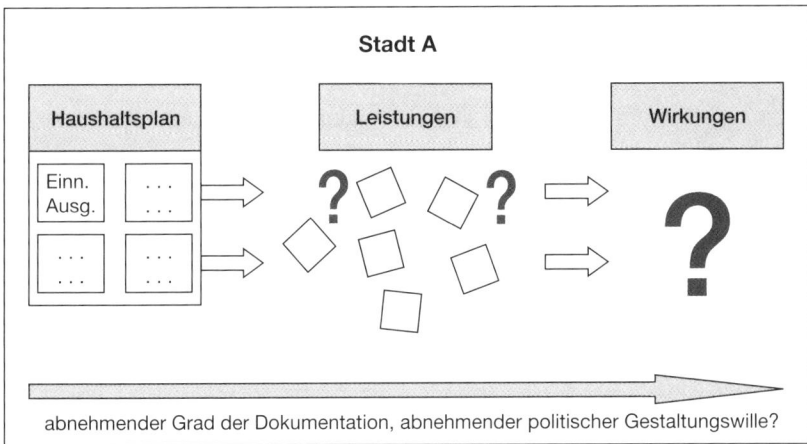

Abb. 2.1: Transparenz und Dokumentation kommunalpolitischer Gestaltung: Systematische Grundlagen

In der kommunalen Praxis hat sich eine Routine im Umgang mit dieser unausgewogenen Informationspräsenz entwickelt. In einer Vielzahl von Verwaltungsvorlagen und Beschlüssen werden im Einzelnen Leistungen beschlossen, Kosten und Finanzierung behandelt. Nicht die Abwesenheit von fachpolitischen Zielen ist besonders auffällig, sondern deren isolierte Betrachtung. Anfragen der Fraktionen bzw. einzelner Rats-/Kreistagsmitglieder zeigen den Informationsbedarf der Politik, manchmal listen sie den Informationsbedarf detailliert auf. Die Verwaltung „stöhnt" – schon wieder eine Zeit raubende Anfrage mit aus der Sicht der Verwaltung manchmal fraglichen (unbrauchbaren?) Informationskategorien.

Beispiel:

Es kommt sogar vor, dass die Verwaltung auf Abhilfe sinnt: Sie teilt dem Rat/ Kreistag/Fachausschuss mit, wie viel die Beantwortung der Anfrage gekostet hat. Dies mag im Einzelfall verständlich und sinnvoll sein. Bei näherer Analyse muss aber die Frage gestellt werden, ob die Anfrage in der jeweiligen Form überhaupt gestellt worden wäre, wenn eine systematische Information seitens der Verwaltung vorgelegen hätte. Systematisch heißt auch: über die Art der Information, über die Informationskategorien muss Einigkeit hergestellt werden.

Die von der Verwaltung aufgrund der Anfrage zusammengestellte Information löst nicht selten weiteren Klärungsbedarf aus. Zweifel an der Information können vom Rats-/Kreistagsmitglied zwar geäußert, aber manchmal nicht systematisch positioniert werden. Der Gesamtzusammenhang der Information bleibt allzu häufig ungeklärt. Unzufriedenheit auf Rats-/Kreistagsseite ist die Folge. Gefragte Information hat doch nicht zufrieden stellende Ergebnisse erbracht.

Wenn man sich auch darüber klar sein muss, dass Politik – und nicht nur Politik – nicht ausschließlich nach ökonomisch-rationalen Kriterien handeln kann oder will, dürfte doch unstreitig sein, dass die Rats-/Kreistagsmitglieder ihre Entscheidungen auf der Grundlage gesicherter Erkenntnisse treffen wollen und nachvollziehen möchten, ob die Entscheidung richtig war oder ob nachgesteuert werden muss. Der Anspruch an die Aussagefähigkeit und Nutzbarkeit der notwendigen Informationen ist dementsprechend hoch.

Es nutzt keinem etwas, wenn Rats-/Kreistagsmitgliedern, die für das Gemeinwohl ihre Freizeit opfern und im Übrigen an anderer Stelle von einer Vielzahl von Daten überflutet werden, als Entscheidungsgrundlage endlose Tabellen in möglichst kleiner Schrift- und Zahlengröße zur Verfügung gestellt werden. Politiker dürfen erwarten, dass die an sie gerichteten Informationsunterlagen so aufbereitet sind, dass sie überschaubar sind, das Wesentliche enthalten und wirkungsorientiert sind. Nur dann werden sie die Informationen nutzen. Eine Erkenntnis, die im Übrigen durchaus nicht nur für Politiker gilt.

Andererseits darf eine Besonderheit nicht verkannt werden, die Politiker in Räten und Kreistagen von Entscheidungsträgern zum Beispiel in Aufsichtsräten von Unternehmen unterscheidet: Alle Mitglieder eines Rates haben zwar das Gemeinwohl im Auge, sehen es aber aus einer unterschiedlichen Warte. Zunächst einmal haben politische Parteien eine unterschiedliche Auffassung von dem, was für eine Kommune gut und richtig ist. Zum anderen ist die Sicht der Dinge oft eine völlig andere, je nach dem, ob man der Ratsmehrheit angehört oder nicht. Es gibt insoweit nicht den einheitlichen Rat. Das bedeutet aber: Transparenz der Verwaltungsleistungen ist „gut" für die Mehrheit im Rat, wenn dadurch dokumentiert wird, dass die von der Mehrheit getroffenen Beschlüsse inhaltlich greifen und im kalkulierten Ressourcenrahmen bleiben. Ist das aber nicht der Fall, liefert eine aussagefähige Information der „Opposition" eine Steilflanke. Das könnte für den die Mehrheit stellenden Teil des Rates, der in der Regel ausschlaggebend für die Beschlussfassung ist, nicht gerade motivierend für ein Engagement zum Aufbau von Controlling und Berichtswesens sein. Transparenz hat für diejenigen, welche in einer politischen Welt von abgeschlossenen Wissenskreisen groß geworden sind, auch Schattenseiten.

Eine solche, Transparenz eher vermeidende Betrachtungsweise würde allerdings nur kurzfristig von Erfolg gekrönt sein. Letztlich wird sich kein Entscheidungsträger auf Dauer wegen der oben genannten Argumente einer verbesserten Informationstransparenz entziehen können, denn wer

Erfolg haben will, braucht aussagefähige Informationen. Also sollte der gesamte Rat/Kreistag ein Interesse an einem qualifizierten Berichtswesen haben. Es erleichtert die Entscheidungen und kann dazu beitragen, dass Entscheidungen zielgerichteter werden.

Im Übrigen ist seit längerem ein Paradigmenwechsel auch in öffentlichen Verwaltungen festzustellen. Lange Zeit galt es als ausgemacht, dass der systematische Aufbau eines Informationssystems, das über die übliche Praxis der mit dem Haushaltsplan und den Beschlussvorlagen verbundenen Informationen hinausgeht, überflüssig sei. Man könne wenig bis gar nichts gestalten, weil alle Aufgaben durch Gesetze geregelt seien, so eine gängige Meinung. Gleiches gelte für die Ressourcen. Immer mehr setzt sich die Erkenntnis durch, dass diese Sicht wahrscheinlich nie richtig war, zumindest aber heute nicht mehr ist. „Nur was man messen kann, kann man auch steuern"[1].

Von den Versuchungen, Transparenz des politischen Handelns eher zu vermeiden, unterscheidet sich gänzlich eine andere Tendenz, die in der kommunalen Praxis häufig beklagt wird: Die Informationsflut ist oftmals erdrückend – so klagen Rats-/ Kreistagsmitglieder.

Fraglich ist aber, ob und wie die Informationen genutzt werden. Ist es nicht sogar gelegentlich eine beliebte Taktik, Räte/Kreistage mit einer Flut von Daten zu ersticken, damit sie „den Wald vor lauter Bäumen nicht mehr sehen können", um sie von einer Problemstellung abzulenken? Andererseits: Haben Politiker wirklich immer ein Interesse an harten Fakten? Ist es nicht oftmals bequemer, aus dem Gefühl oder einer politischen Interessenlage heraus zu entscheiden? So unterschiedlich die Standpunkte sind, so unterschiedlich sind die Perspektiven. Fest steht: Die in der Informationsflut untergehende Information über vielleicht wichtige einzelne Tatbestände und Entwicklungen bleibt unbeachtet – ebenfalls ein Zustand, der nicht befriedigt. Letztlich ist die Informationserarbeitung und -bereitstellung nicht kostenlos.

Nicht immer muss die Beschreibung der Situation, in der sich Rats-/ Kreistagsmitglieder befinden, solch ungelöste Probleme aufzeigen. Mangelnde Informationsqualität gehört aber zum überkommenen kommunalen Steuerungssystem. Insgesamt kann festgestellt werden:

 WICHTIG!

Es fehlen präzise Ziele. Es fehlt ein auf der Basis präziser Ziele aufgebautes systematisches, kontinuierliches und zwischen den Beteiligten vereinbartes System der Informationsaufbereitung. Es fehlt ein Berichtswesen.

Dies führt gelegentlich zu interessanten Konstellationen, die im Allgemeinen mit dem sog. „Kanaldeckel-Syndrom" beschrieben werden. Weil Politik

---

1) Dieser Satz des Gründers der Bertelsmann Stiftung, Reinhard Mohn, gilt heute mehr denn je, auch und gerade im Verwaltungsbereich.

keine Ziele formuliert oder formulieren mag, konzentriert sie sich im Maß-
nahmenbereich. Dieser wird aber üblicherweise bereits durch die Mitarbeiter der Verwaltung besetzt. Die Folge ist eine Überschneidung der Zugriffe
auf die Maßnahmenebene zwischen hauptamtlich tätigen Verwaltungsmitar-
beitern und ehrenamtlich tätigen Politikern. Wenn auch die Aussage: „Der
Rat bestimmt, was gemacht wird, und die Verwaltung entscheidet, wie es
gemacht wird" in dieser Deutlichkeit nie zutraf und auch nie zutreffen wird,
so muss es doch das Ziel sein, dass die Ratsmitglieder eher die strategischen Zielsetzungen der Kommune im Blick haben müssen, während die
Kompetenzen der Verwaltung neben strategischer Orientierung besonders
in der operativen Umsetzung liegen sollten.

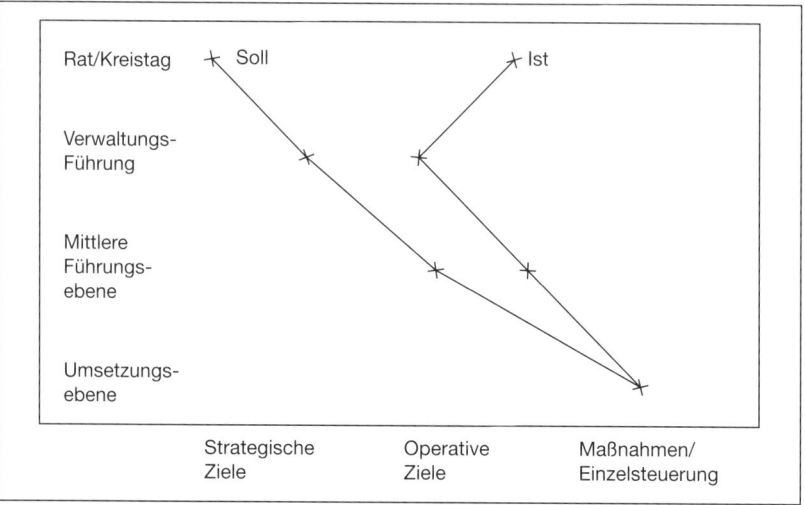

*Abb. 2.2: Schwerpunktinteressen der Akteure auf den unterschiedlichen Ebenen der
Verantwortung im Soll und Ist.*

**Überprüfen Sie einmal, ob Sie der in Abb. 2.2 zum Ausdruck kom-
menden Differenz zwischen der Soll- und der Ist-Situation zustim-
men können. Entspricht diese Wertung auch Ihren Erfahrungen?**

An dieser Problematik setzt das Neue Steuerungsmodell[1] an. Ein wesentlicher – bei weitem nicht der einzige – Bestandteil des Neuen Steuerungsmodells ist die systematisch-kontinuierliche Information von Rat/Kreistag über
die Entwicklung und den Stand des kommunalen Leistungsangebots im
Rahmen des Planungszeitraums, in der Regel im Rahmen des Haushaltsjah-

---

1) Vgl. Erläuterungen in Kap. 1.

res, und für die dem jeweiligen Planjahr folgenden Jahre der mittelfristigen Finanz- und Investitionsplanung. Wir gehen hierbei von einem Haushaltsplan aus, der im Kontext des Neuen Steuerungsmodells bereits nach der Verwaltungsorganisation gegliedert ist (organischer Haushalt), Produktinformationen enthält und mit den strategischen und operativen Zielen der Kommune verknüpft ist. Der Information über die laufende Leistung im Vollzugszeitraum und über deren Besonderheiten und über neue Entwicklungen muss deshalb eine Planung der Leistungen und schließlich der politische Beschluss zur Leistungserstellung und damit zum Haushaltsplan vorausgehen. Abb. 2.3 greift die Situation am Beginn einer Haushaltsplanung auf: Zahlreiche Wünsche, Vorstellungen, Zwänge, Ansprüche beherrschen die Diskussion. In dieser Situation ist eine Klärung der zu verfolgenden Ziele besonders wichtig.

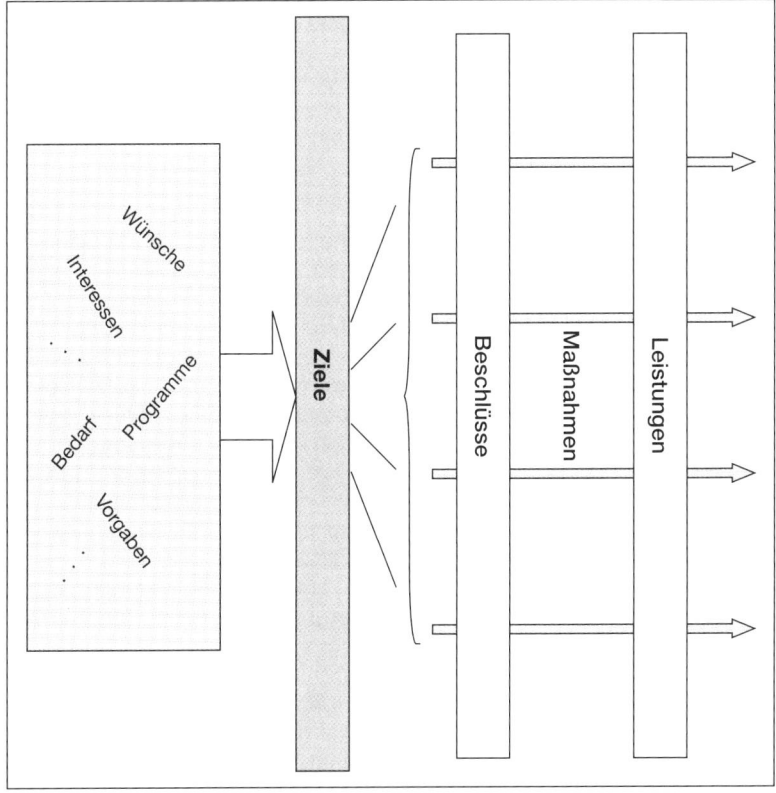

Abb. 2.3: Bedeutung der Ziele für eine wirtschaftliche und wirksame Verwaltungsleistung: Ziele übernehmen eine Filter-Funktion.

Die Vielzahl von Wünschen, Interessen, Programmen und der damit verbundene Zugriffswunsch auf öffentliche Finanzmittel erfordert, der Zielklärung besondere und herausgehobene Bedeutung beizumessen. Dies gilt für das Bewusstsein der Akteure, die Methodik der Problemlösung (Klärung der Ziele) und den Platz, den eine Zielklärung im Beschlussfassungs- und Entscheidungssystem hat bzw. haben muss.

Ziele müssen erarbeitet werden und hinreichend konkret sein, um das politisch Beabsichtigte auch durchzusetzen. Die Zielgruppen der kommunalen Leistungen, die Leistungsmenge, -qualität, Zeit und Kosten sind wichtige Steuerungsgrößen, deren Operationalisierung präzise Zielvorgaben und -vereinbarungen ermöglichen.

Die Präzisierung von Zielen kann gleichzeitig genutzt werden, um die Strategielücke zu mindern. Der Ansatzpunkt dafür liegt wiederum bei Planung und Aufstellung des Haushaltsplans. Erfolgsfaktor ist die Durchgängigkeit der Planung von zunächst vagen Vorstellungen über die programmatisch-strategische Festlegung von Leitzielen, die in der Regel eine mehrjährige Perspektive aufweisen, bis hin zu operativen Zielen, die der Umsetzung und der konkreten Gestaltung des Haushaltsplans voranstehen. Dieses Verfahren kann wie folgt skizziert werden:

Die Fachbereiche bzw. Organisationseinheiten der Verwaltung legen dem jeweiligen Fachausschuss und der Verwaltungsführung ein Strategiepapier vor, das Informationen zu der zu erwartenden zukünftigen Entwicklung, zu erforderlichen Leistungen und deren Finanzbedarf enthält, Alternativen erörtert und eine Strategie vorschlägt. Die Verwaltungsführung fasst die Strategiepapiere der Fachbereiche zusammen, setzt Schwerpunkte und schlägt dem Rat/Kreistag einen Eckwertebeschluss[1] vor. Der Eckwertebeschluss enthält die Vorgaben des Rats/Kreistags für die Haushaltsplanung der Verwaltung. Er deckt Schwerpunkte ab und zeigt die Richtung auf, wobei wichtig ist, dass der Eckwertebeschluss nicht nur Finanzziele enthält. Viel bedeutsamer sind die inhaltlichen Ziele, zu deren Erfüllung die Finanzziele dienen. Ein wesentlicher Schritt zur inhaltlichen Qualifizierung der Planung, zur strategischen Ausrichtung der kommunalen Aktivitäten und zur Präzisierung der Ziele ist damit erfolgt.

Zusammenfassend:

Ausgehend von einer Skizze der bisher üblichen Praxis der Informationsnachfrage von Rat/Kreistag und der Praxis der Informationsbereitstellung haben wir als wesentliche Abhilfe eine strikt zielorientierte Steuerung und eine dementsprechende Aufbereitung der erforderlichen Informationen

---

1) Zum Begriff vgl. Bals, Hansjürgen und Hack, Hans, a. a. O., S. 135 f.

dargestellt. Strategiefragen als Grundlage für ein zunehmend verdichtetes, aussagefähiges Zielbild sind zu stellen und zu lösen, die Haushaltsplanung mit dem vorangestellten Eckwertebeschluss bietet sich nicht nur als Anlass für diesen Reformweg an, sondern erfordert sogar zuallererst Beschäftigung mit und Festlegung von Leitzielen. So vorzugehen bedeutet: Eine aus strategischer Perspektive entwickelte, Leistungen und Finanzen verbindende Planung des Haushalts wird möglich. Sinnvoll und zweckmäßig ist es natürlich, bei der Zielformulierung eines Haushaltsplanentwurfes das letzte Jahresergebnis und – so weit schon vorhanden – die unterjährigen Berichte aus dem laufenden Jahr mit zu berücksichtigen.

 WICHTIG!

Das Informationsinteresse des Rats/Kreistags im Laufe des Haushaltsjahrs kann mit diesen Überlegungen eine erste grundsätzliche Antwort erhalten: Information zum Vollzug des geltenden Haushaltsplans, Hinweise (Prognosen) über die zu erwartende Zielerreichung zum (zukünftigen) Zeitpunkt des Abschlusses des Haushaltsjahrs, vertiefende Informationen zu den festgelegten strategischen Schwerpunkten. Es ergibt sich von selbst, dass dieses Informationsinteresse nicht erst nach Abschluss eines Haushaltsjahrs erwacht, sondern laufend – während des Haushaltsjahrs.

Möglicherweise wird die Leserin/der Leser feststellen, dass eine strategische Planung und die Entwicklung von Leitzielen, die der detaillierten Haushaltsplanung vorangestellt werden, nicht üblich ist und auch nicht rasch umgesetzt werden kann. Es geht an dieser Stelle zunächst darum, unabhängig von den sehr unterschiedlichen Entwicklungsständen der Verwaltungsreform in den Kommunen Grundgedanken für die Bestimmung des Informationsbedarfs darzulegen. Diese veranlassen uns, die Bedeutung der Zielbildung besonders herauszustellen. Zielbildung braucht Anlässe. Ein wichtiger Anlass – der wichtigste vielleicht – ist die Haushaltsplanung sowie eine richtig verstandene mittelfristige Finanzplanung, d. h. eine solche, die von Rat bzw. Kreistag und Verwaltung auch ernst genommen und nicht beim geringsten Gegenwind zur Disposition gestellt wird. Die Haushaltsplanung zwingt zu einem Blick auf das nächste Jahr – und darüber hinaus – und erlaubt eine Perspektive, die nicht nur Vergangenes tradiert, sondern Zukünftiges antizipiert. Dieses erkennbar und deutlich professioneller umzusetzen als die bisherige Praxis oftmals zuließ, ist möglicherweise neu und erfordert den Willen zur Umsetzung. Der Rest ist Methodik.

Der Übergang von der Haushaltsplanung „klassischer Art", die mit der Mittelanmeldung der Ämter beginnt, auf ein integriertes Planungssystem, in dessen Mittelpunkt Ziele und strategische Schwerpunkte stehen, wird kaum „auf einen Schlag" erreicht werden können. Kap. 5 enthält Hinweise zum Umstieg.

2.1.2 Verwaltungsführung und Führungskräfte

Der Nutzen einer systematischen Führungsinformation für die Verwaltungsführung ist bedeutend einfacher nachzuvollziehen. Die Verwaltungsführung ist den Politikern und den Bürgern gegenüber verantwortlich für die von ihnen gewünschte Umsetzung ihrer Politik. Diese Verantwortlichkeit kann nur dann wirksam wahrgenommen werden, wenn die Verwaltungsführung weiß, „wo sie steht" und was auf sie zukommt. Dazu reicht aber beispielsweise die Jahresrechnung einer Kommune nicht aus. Zum einen mangelt es ihr jedenfalls zurzeit noch völlig an einer zeitnahen Erstellung. Zum anderen ist ihr Aussagewert begrenzt. Drittens erlaubt sie nur einen Blick in die Vergangenheit. Eine zeitnahe Steuerung längerfristiger Prozesse ist nur bedingt möglich.

Was für die Verwaltungsführung gilt, gilt auch für sämtliche anderen Führungskräfte. Auch sie müssen ein Interesse an einem funktionierenden Berichtswesen haben, um ihren Auftrag erfüllen zu können und damit übrigens auch die Entwicklung ihres Verantwortungsbereichs positiv steuern zu können.

Das alles führt zu einem Bedarf von zeitnahen Informationen nicht nur im Finanzwesen, sondern selbstverständlich auch hinsichtlich der Produkte, welche von den Fachbereichen und Organisationseinheiten hergestellt werden – und hinsichtlich aller anderen Einflussfaktoren, die den Daseinszweck von Kommunen berühren und zugleich besonders wichtig sind. Nur mit solchen Berichten kann sich eine Verwaltungsführung sicher sein, dass sie noch auf dem richtigen Weg ist – anderenfalls muss sie umsteuern, und zwar rechtzeitig!

Eine bruchlose Systematik der Steuerungsaktivitäten zwischen der Ebene Rat/Kreistag und der Ebene Verwaltung mit Verwaltungsführung und Führungskräften in den Organisationseinheiten wird erreicht, wenn Verwaltungsführung und Führungskräfte in die Strategieentwicklung einbezogen sind, die Zielbildung aktiv für ihren Verantwortungsbereich wahrnehmen und die notwendigen Abstimmungen herbeiführen. Das Mittel dazu schließt an die Empfehlungen für Rat/Kreistag an, wiederholt sie gewissermaßen: Im Rahmen der Haushaltsplanung werden die Leitziele der Detailplanung vorangestellt. Dazu entwickelt jeder Fachbereich Vorschläge für die übergeordneten Instanzen Verwaltungsführung, Fachausschuss und Rat/Kreistag. Nach Beratung und Beschlussfassung liegen der Detailplanung Leitziele zugrunde. Auf dieser Basis werden die für den Fachbereich geltenden operativen Ziele entwickelt.

Das grundsätzliche Informationsinteresse von Verwaltungsführung und Führungskräften korrespondiert mit diesem Planungs- und mit dem späteren Vollzugsprozess:

Bei der Strategieentwicklung geht es zunächst darum, grundlegend zu klären, welche Entwicklung die Kommune in ihrer Gesamtheit in den nächsten Jahren nehmen wird. Dies betrifft sowohl die überkommenen, bereits vorhandenen Handlungsfelder der Verwaltung und zuallererst die bereits derzeit erstellten Leistungen, z. B. in den Bereichen Soziales, Jugend, Verkehr, Kultur etc., als auch neue Anforderungen, die bisher noch nicht mit Leistungen im kommunalen Handlungsspektrum verankert sind. Fachplanungen müssen ausgewertet und aktualisiert, Informationen miteinander verknüpft werden. Positive und problematische Entwicklungsverläufe werden analysiert, Chancen und Risiken der Kommune und ihrer Entwicklung werden erkannt. Auf dieser Basis werden Handlungsmöglichkeiten der Kommune entwickelt, Stärken und Schwächen berücksichtigt und Leitziele formuliert.

Operative Ziele vertiefen die Strategie und steuern die Umsetzung. Nicht zuletzt geht es dabei um einzelne Leistungen, Geschäftsprozesse und den Ressourceneinsatz.

Beispiel:

Die Erteilung einer Baugenehmigung ist mit Wartezeiten verbunden, deren Verkürzung kann ein wichtiges strategisches Ziel sein. Davon zu unterscheiden – und in einem Berichtswesen anders zu positionieren – sind die einzelnen Prozessschritte, die zu analysieren und mit Detailzielen zu versehen sind, z. B. Weitergabe von einer Bearbeitungsstation zur anderen innerhalb xx Tagen, Parallelbearbeitung bei einem Teil des Bearbeitungsgangs usw. Bei allem darf nicht aus dem Blick geraten, dass für den Kunden nur entscheidend ist, wann er mit der Genehmigung rechnen kann, d. h., wie viel Tage das Genehmigungsverfahren insgesamt in Anspruch nimmt. Es ist deshalb insbesondere für das Führungspersonal von Verwaltungen wichtig, nur mit den Informationen versorgt zu werden, welche einen wichtigen Erfolgsfaktor darstellen. Die Maßnahmen, die erforderlich sind, um diesen Erfolg zu erreichen, gehören grundsätzlich auf die Ebene der Produktverantwortlichen. Berichte sind deshalb je nach Adressatenkreis und Wichtigkeit der Informationen abzuschichten.

Die wichtigen, weil für den Erfolg entscheidenden Ziele ragen aus der Vielzahl der im Planungsprozess zu verarbeitenden Informationen heraus. Die Verwaltungsführung und die Führungskräfte wählen im Rahmen dieses Zielbildungs- und Planungsprozesses die Ziele aus, die im späteren Vollzug mit erhöhter Aufmerksamkeit beobachtet werden sollen. Es handelt sich um die Erfolgsfaktoren. Sie unterscheiden sich je nach Führungsebene.

Beispiel:

Die Bürgermeisterin einer 60 000-Einwohner-Stadt könnte regelmäßige Informationen auf der Basis aller Produkte der Stadt (im konkreten Fall 110) bereits im Hinblick auf die zu erwartende Informationsmenge nicht verarbeiten. Produktgruppen- oder Produktbereichsinformationen reichen, da dezentrale Verantwortung keine Verantwortungslücke aufkommen lässt. Informationen müssen dazu komprimiert und selektiert werden. Einzelheiten enthält Kap. 3.

2.1.3 Mitarbeiter/innen

Die Analyse des Informationsinteresses der Führungskräfte drängt die Frage geradezu auf, welches Informationsinteresse im Hinblick auf aktuelle Leistungen, Arbeitsbedingungen und zukünftige Herausforderungen Mitarbeiterinnen und Mitarbeiter haben.

Verwaltungsmitarbeiter/innen kennen im Allgemeinen ihren Arbeitsplatz und ihre Aufgabenstellung gut. Man könnte deshalb meinen, für sie seien Informationen entbehrlich, da sie durch ihre tägliche Arbeit sowohl über den qualitativen und quantitativen Stand ihrer Auftragserfüllung wie auch über den Mitteleinsatz informiert sind. Dies wird auch grundsätzlich so sein. Diese Information schließt aber nicht automatisch die fortlaufende Kenntnis der sich verändernden Umfeldbedingungen ein. Das Umfeld beginnt bereits innerhalb der eigenen Organisationseinheit. Strategische Schwerpunkte, operative Ziele und insbesondere Besonderheiten bei der Umsetzung, der Stand der Leistung der Organisationseinheit beim Vollzug des beschlossenen Haushalts sind Informationen, die für Mitarbeiter/innen wichtig sind.

Mitarbeiterinformation unterscheidet sich sicher von einer Berichterstattung für eine Führungskraft, die Berichterstattung sollte aber der Führungskraft Anlass geben, interessierende und relevante Informationen bzw. Fragestellungen an die Mitarbeiter zurückzuspiegeln. Im Übrigen braucht der Mitarbeiter/die Mitarbeiterin für die Steuerung der von ihm/ihr verantworteten Leistungen bzw. Produkte detaillierte Informationen, die sich zumindest in ihrer Quantität von denen der Führungskräfte deutlich unterscheiden. Das bedeutet auch eine zeitnähere Information als es bei einem Vorgesetzten erforderlich ist. Bereits derzeit verfügen viele Mitarbeiter über eine Fülle von Daten, was die Quantität der Produkte und ihre Kosten betrifft. Es fehlt aber häufig noch an verwertbaren Daten hinsichtlich der Qualität der Produkte sowie ihrer Akzeptanz durch die Bürger.

Eine Mitarbeiterin, die in der Touristeninformation für Planung, Auftragsvergabe usw. von Stadtplänen und sonstigem Informationsmaterial zuständig ist, benötigt von den zahlreichen dezentralen Verkaufsstellen Informationen über den Absatz, um rechtzeitig nachbestellen zu können, über Bürgeranregungen und -beschwerden, um Verbesserungen vornehmen zu können usw.

2.1.4 Bürgerschaft, Öffentlichkeit, Medien und Verbände

Die Bürger haben einen Anspruch auf Informationen über kommunale Leistungen, deren Kosten und damit über den Verbleib ihrer Abgaben. Dieser Anspruch wird von den Bürgern auch zunehmend eingefordert. Die Bildung strategischer Schwerpunkte und klarer operativer Ziele bietet eine Grundlage für die Information gegenüber Bürgerschaft, Öffentlichkeit, Medien und Verbände. Akzeptanz kann eingeworben, politische Schwerpunktsetzungen können vermittelt werden. Darüber hinaus können die Leistungen der Kommune/der Kommunalverwaltung dargestellt und zur Diskussion gestellt werden. Einzelne Kommunen experimentieren mit sog. Bürgerhaushalten. Bürger werden im Haushaltsplanungsverfahren unmittelbar beteiligt. Klar sein muss jedoch: Wenn Politik und Verwaltung die Öffentlichkeit über wesentliche Ziele informieren, dann handelt es sich nicht um Berichte im klassischen Sinne – sonst wäre jede Information ein Bericht –, sondern um eine wichtige Leistung gegenüber den Bürgern, die in einer Demokratie Anspruch darauf haben, nachvollziehbar über wesentliche Ziele und Maßnahmen der in der Kommune politisch verantwortlich Handelnden unterrichtet zu werden. Dazu gehört auch eine entsprechend aufbereitete Information über den Haushaltsplan(entwurf)[1], denn es dürfte klar sein, eine bloße Wiedergabe des kameralen Haushalts stellt für die Bürger eher das Gegenteil einer inhaltlichen Information dar.

An dieser Stelle sei auch darauf verwiesen, dass es eine Fülle weiterer Berichte gibt, die teilweise rechtlich vorgeschrieben sind, wie z. B. der Beteiligungsbericht nach § 112 Abs. 3 GO NRW[2]. Dieser dient ausdrücklich auch der Information der Einwohner, erreicht sie regelmäßig aber nicht. Der Grund liegt in seiner Verknüpfung mit dem Haushaltsplan(entwurf). Wenn selbst Kommunalpolitikern häufig nicht klar ist, in welchem

---

1) Als gutes Beispiel einer gelungenen Bürgerinformation zum Haushalt ist die Haushaltsbroschüre der Stadt Hamm zu nennen.

2) Gemeindeordnung für das Land Nordrhein-Westfalen i. d. F. der Bekanntmachung vom 14. 7. 1994 (GV NRW S. 666), zuletzt geändert am 28. 3. 2000 (GV NRW S. 245).

Umfang Kommunalpolitik über Beteiligungen gesteuert wird[1] – mit zunehmender Tendenz, dann gilt dies um so mehr für die Bürger, zumal ein großer Teil der Entgelte, die die Bürger gegenüber der Kommune erbringen, in die Beteiligungen insbesondere im Ver- und Entsorgungsbereich fließen. Von daher böte es sich an, Beteiligungsberichte genau wie die an die Bürgerschaft gerichteten Informationen über den Haushalt zielgruppenorientiert aufzubereiten.

Besonderheiten öffentlicher, in der Regel medienvermittelter politischer Kommunikation müssen bei dieser auf Schwerpunkte, Leistungen und Dialog setzenden Information nicht unbeachtet bleiben: z. B. Heterogenität der Beteiligten, der Themen und der Meinungen, rasch wechselnde Aufmerksamkeiten oder Einseitigkeit des Informationsinteresses. Es geht darum, ein Informationsangebot in einer für Bürgerschaft und Öffentlichkeit verständlichen Form bereitzustellen. Der Bürger ist frei, davon Gebrauch zu machen.

Als Beispiel kann hier wieder der Bürgerhaushalt genannt werden. Darunter ist nicht etwa ein Übergang der Entscheidungskompetenz über den Haushaltsplan auf die Bürgerschaft zu verstehen. Selbstverständlich ist der Rat/ Kreistag für die Beschlüsse zuständig und verantwortlich. Die Besonderheit liegt darin, die Bürgerschaft bei der Erstellung der Haushaltsplanentwürfe zu beteiligen. Die Beteiligung besteht in der Information über die Ziele des Entwurfs und in der Diskussion über die Inhalte und möglicherweise die Aufnahme ihrer Anregungen für den Haushaltsplanentwurf[2]. Die Bürger sind somit gleichermaßen „Berater" der Politiker und gleichzeitig wird ihr Informationsbedürfnis gestillt. Entscheider des kommunalen Haushalts bleibt selbstverständlich die Politik.

2.2 Gesucht: Die richtige Information zum richtigen Zeitpunkt

Gelegentlich liest man: „Traue keiner Statistik, die du nicht selbst gefälscht hast!" Dieser Satz ist so natürlich unzutreffend. Dahinter steht allerdings die zutreffende Aussage, dass Art, Umfang und Aufbereitung von Daten den Betrachter in eine bestimmte Richtung drängen können. Weiterhin ist beinahe jede Zahl für sich allein wenig aussagefähig, d. h. sie muss in einen Kontext gestellt werden. Die Adressaten von Berichten benötigen eine überschaubare Menge an Informationen, die für ihre Auf-

---

1) Eine 70 000-Einwohner-Stadt stellte vor einigen Jahren bei der erstmaligen Erstellung eines Beteiligungsberichts fest, dass – bei einem Volumen des Verwaltungshaushalts von 220 Mio. DM – das Umsatzvolumen aller kommunalen Beteiligungen der Stadt zusammen 150 Mio. DM pro Jahr beträgt.
2) Siehe: www.buergerhaushalt.de.

gabenstellung und ihren Verantwortungsbereich relevant sein müssen und einen Vergleich ermöglichen. Nur dann werden sie Nutzen aus den Informationen ziehen.

Die richtige Information zum richtigen Zeitpunkt – vielen gilt dieser Anspruch als Wunschvorstellung mit Langlebigkeitsgarantie.

 WICHTIG!

Es ist zu unterscheiden zwischen

dem Empfänger/Adressaten der Information,

der Art der Information und

dem Zeitpunkt der Information.

Ein punktuelles, kurzfristiges und situationsgebundenes Informationsinteresse sollte von einem kontinuierlichen, vereinbarte Standards und Inhalte voraussetzenden Informationsinteresse unterschieden werden.

Das Letztere gilt es konzeptionell und instrumentell zu unterstützen. Dabei wird dem Gedanken gefolgt, dass insbesondere die Mitglieder der Kommunalvertretung und die Führungskräfte (Empfänger) ein kontinuierliches und gut beschreibbares (Art der Information), auf Dauer (Zeitpunkt der Information) angelegtes Interesse an Informationen haben, die zeigen, wo die Kommune bzw. ihr jeweiliger Verantwortungsbereich steht und welche Entwicklung zu erwarten ist. Ein solches Informationsinteresse wird durch Berichterstattung erfüllt. Berichtswesen gibt der Informationsbereitstellung Kontinuität, Form und Professionalität.

Der Haushaltsplan einschl. Planungsprozess stellt einen besonders herausgehobenen Anlass dar, Informationen zu verarbeiten, Entwicklungen, Anforderungen und Ansprüche zu analysieren, zu entscheiden und zu planen. Eine inhaltliche Qualifizierung des Planungsprozesses führt zur Schwerpunktsetzung. Das kann dazu beitragen, Kräfte zu bündeln und Chancen zu erkennen und wahrzunehmen.

Zum Zeitpunkt der Haushaltsplanung sind Informationen für die Entwicklung von Leitzielen und von operativen Zielen notwendig, im Zeitraum der Realisierung des Haushaltsplans stellt sich die Frage, was erreicht wurde. Diese Frage ist gleichzeitig verwoben mit der neuen Haushaltsplanung des Folgejahres. Rat/Kreistag und Verwaltungsführung einschl. Führungskräfte der Organisationseinheiten sind ihrem Verantwortungsbereich entsprechend an Strategiebildung und Umsetzung beteiligt. Mitarbeiter/innen haben in jeder dieser Phasen ein Informationsinteresse, Bürgerschaft und Öffentlichkeit auch.

Die inhaltliche Ausgestaltung und Qualifizierung des Planungsprozesses und des späteren Vollzugs/der Realisierung der Leistungen bieten die Ansatzpunkte zur Beantwortung der Frage nach der richtigen Information zum richtigen Zeitpunkt. Der Weg zu Leitzielen und darüber hinaus zu präzisen umsetzungsorientierten Zielen, der aus der (späteren) Umsetzung resultierende Informationsbedarf und die Beteiligten an diesem (Ziel-)Entwicklungs- und Realisierungsprozess – dies sind die klärungsbedürftigen Faktoren beim Aufbau eines Berichtswesens.

2.3 Das Angebot der BWL: Controlling und Berichtswesen

Die Betriebswirtschaftslehre stellt mit Controlling ein Konzept bereit, das in der erwerbswirtschaftlichen Praxis eine beträchtliche Resonanz und Umsetzung erfahren hat und mit dem Neuen Steuerungsmodell auch in der Kommunalverwaltung zu einem integralen Bestandteil der Steuerung geworden ist.

Was ist Controlling (funktionale Betrachtung)?

 WICHTIG!

Controlling koordiniert die Planung und Kontrolle mit der Informationsversorgung unter Berücksichtigung der Ziele. Damit ist Controlling zunächst Teilaufgabe der Führung. Die Führung ist mit Controlling in der Lage, die Organisation (Unternehmung, Verwaltung usw.) zielorientiert an Veränderungen der Rahmenbedingungen, z. B. Veränderungen bei Abnehmern oder Lieferanten, Veränderungen der Marktposition insgesamt, anzupassen und die dafür notwendigen Steuerungsimpulse zu geben.

Anders ausgedrückt: Die Führung wird mit Controlling in die Lage versetzt, zweckentsprechend agieren und reagieren zu können.

 WICHTIG!

Controlling besteht aus zwei Komponenten, die sehr gut unterschieden werden können:

▶ *Planungs-, Kontroll- und Informationsversorgungssysteme müssen eingerichtet, aufgebaut, weiterentwickelt werden.*

▶ *Die laufende Koordination muss sichergestellt, die erforderliche laufende Informationsversorgung gewährleistet werden.*

Wer leistet Controlling/führt Controlling durch (institutionelle Betrachtung)?

WICHTIG!

Führungskräfte betreiben Controlling,
m. a. W.: Controlling geht in der Aufgabe der Führungskraft auf, es
stellt einen besonderen Teil der von der Führungskraft zu erbringen-
den Leistung dar. Dieser Grundsatz ist von eminenter Bedeutung: Er
bedeutet zunächst: keine Arbeitsteilung und keine sich daraus evtl.
ergebenden Probleme.

Allerdings hat es sich in der Unternehmens- und Verwaltungspraxis häufig als notwendig herausgestellt, die Vorteile einer Arbeitsteilung wahrzunehmen: Die umfangreichen mit Controlling verbundenen Aufgaben, Zeit raubende Analyse von Informationen u. v. m. haben dazu geführt, dass die Führungskraft Unterstützung durch eine zusätzliche Arbeitskraft – die Controllerin/den Controller – erhält. Controlling bleibt funktional aber Teil der Führung. Konsequent handelt die Controllerin/der Controller als Führungsunterstützung. Dies bedeutet auch, dass ein unmittelbarer Zugang zur Führungskraft möglich sein muss. Eine Stabsstelle bietet sich dafür an.

In größeren Unternehmen und Verwaltungen ist eine Controllingorganisation mit zentralen und dezentral angesiedelten Controllingstellen zweckmäßig. Die Ausdifferenzierung der Führungsfunktionen erfordert eine Ausdifferenzierung des unterstützenden Controllings.

Zum besseren Verständnis: In den weiteren Ausführungen verstehen wir unter Controlling nicht die institutionale Seite, also die Frage, wer übernimmt die Controllingtätigkeit, sondern wir zielen auf die funktionale Seite ab. Mit dieser Betrachtungsweise lässt sich unabhängig von konkreten Einsatzbedingungen Controlling beschreiben. Die institutionale Seite von Controlling wird in Kap. 6 dargestellt.

Traditionelle Grundlage für Controlling ist in den Unternehmen das Finanz- und Rechnungswesen. Hier finden sich die der erwerbswirtschaftlichen Zielsetzung entsprechenden Informationen über Kosten, Aufwand, Ertrag, Bilanzpositionen und sonstige relevante Steuerungsgrößen. Daneben treten allerdings zunehmend Informationsbedarfe, die sich beispielsweise auf Kunden/Kundensegmente und auf die Analyse zukünftiger Trends beziehen. Controlling befindet sich insoweit in einem Wandlungs- und ständigen Anpassungsprozess vor dem Hintergrund der Unternehmens- und Umfeldbedingungen. Die Fachdiskussion, die Controlling zurzeit anhand der erwerbswirtschaftlichen Praxis erfährt, zeigt, dass Rahmenbedingungen aufgenommen werden, die im öffentlichen Bereich schon immer maßgeblich waren: heterogene Zielbilder und verschiedenartige Ansprüche.

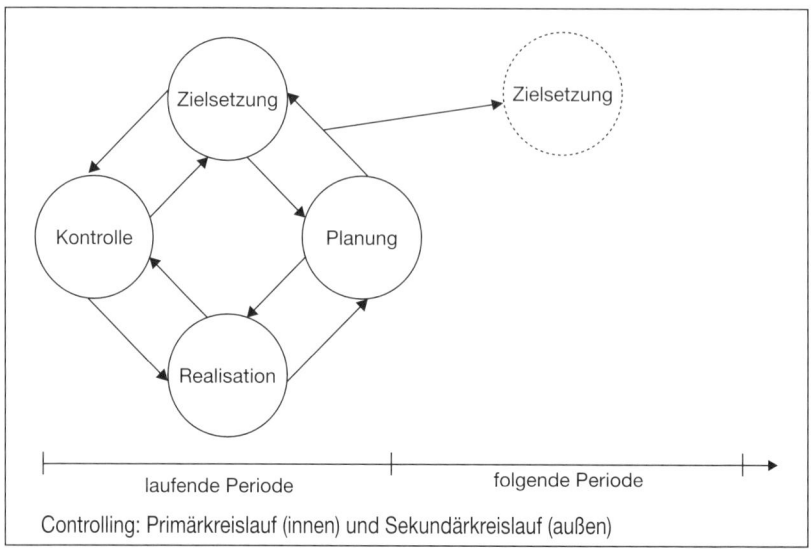

Controlling: Primärkreislauf (innen) und Sekundärkreislauf (außen)

Abb. 2.4: Management und Controlling: Controlling unterstützt den Primärkreislauf des Managements, indem im Gegenstromprinzip Informationen bereitgestellt werden; gleichzeitig werden damit Informationen für die Zielbildung für die folgende Periode gewonnen.

Implementierung und Gestaltung eines Berichtswesens gehören zu den vordringlichen Aufgaben von Controlling. Ein Bericht löst ein Informationsproblem. Berichte gehören zu den wichtigsten Instrumenten der Informationsversorgung für Führungskräfte. Der Informationsbedarf einer Führungskraft wird durch Fragen systematisch ermittelt, mit der Beantwortung dieser Fragen nimmt der Bericht (für eine genau bezeichnete Führungsfunktion) konkrete Gestalt an:

 WICHTIG!

Wer berichtet wem?
Was soll berichtet werden?
Wann soll berichtet werden?

Nach Klärung dieser Anforderungen wird das Berichtswesen und der jeweilige Bericht gestaltet. Controlling stimmt Art, Inhalt und Gestaltung des Berichts mit dem Berichtsempfänger und dem Berichterstatter ab. Im laufenden Betrieb des Berichtswesens sorgt Controlling für Einhaltung der Vorlagetermine, Analyse der Berichtsinhalte und koordiniert evtl. erforderliche Maßnahmen im Auftrag des Berichtsempfängers.

WICHTIG!

Im Ergebnis wird damit systematisch-kontinuierliche, komprimierte und aktuelle Führungsinformation sichergestellt.

Controlling und Berichtswesen setzen zunächst einmal Planung voraus. Das erfordert messbare und klar formulierte Unternehmens- bzw. Verwaltungsziele. Controlling besteht darin, zu ermitteln, ob die Ziele erfüllt wurden oder ob zu erwarten ist, dass sie zum vorgesehenen Zeitpunkt in der Zukunft (i. d. R. Ende des Planungszeitraums) erfüllt werden. Im Abweichungsfall sind sodann zwei Möglichkeiten denkbar: Entweder das Ziel ist generell nicht (mehr) erreichbar oder aber die eingesetzten Mittel und Techniken sind zur Zielerreichung nicht ausreichend bzw. nicht geeignet. Im ersten Fall kommt es darauf an, rechtzeitig zu erkennen, wann ein Planungsziel nicht mehr erreichbar ist. Es bedarf keiner weiteren Begründung, dass ein Unternehmen in erheblichen Maße den Ressourcenverbrauch vermindern kann, wenn unerreichbare Ziele rechtzeitig gekappt werden. Controlling bedeutet in diesem Falle aber nicht nur, auf die Nichterreichbarkeit von Zielen hinzuweisen, sondern mit den Verantwortlichen Alternativen zu entwickeln, die eine gleiche oder ähnliche Wirkung erzielen, wenn das möglich ist. Im zweiten Fall geht es darum, die Maßnahmen zu verändern, Mittel zur Zielerreichung einzusetzen, schlicht formuliert: steuernd einzugreifen.

Ein Bericht, der aufzeigt, dass beispielsweise der Mitteleinsatz oder die angewandten Prozesse nicht optimal sind, muss Folgen haben. Berichterstatter und Berichtsempfänger beraten gemeinsam mit Controlling, welche Verbesserungen oder Veränderungen zweckmäßig sind. Dabei ist es durchaus Aufgabe von Controlling, Vorschläge für Verbesserungsmaßnahmen einzubringen.

Damit kommt dem Controller/der Controllerin eine verantwortungsvolle, aber auch schwierige Aufgabe zu. Er/sie ist damit bei den Kollegen in der Linie nicht immer und von vornherein ein willkommener Partner. Deshalb kommt es wesentlich darauf an, wie er/sie seine/ihre Tätigkeit wahrnimmt. Controller müssen nicht nur eine hohe fachliche Kompetenz haben, sondern auch über ausgeprägte Fähigkeiten verfügen, ihre Botschaft an den Mann und an die Frau zu bringen.

2.4 Controlling in der Kommunalverwaltung

Im Bereich der Wirtschaft ist Controlling etabliert. Es gibt gut entwickelte Instrumente, um die Zielerreichung zu gewährleisten oder aber zu modifizieren. Dominierendes Ziel von Wirtschaftsunternehmen ist es letztlich, den Eigentümern eine möglichst hohe Rendite des eingesetzten Kapitals zu gewährleisten. Fehlentscheidungen werden über die Reaktion des Marktes sichtbar und lösen damit unternehmensinterne Reaktionen aus. Controlling sorgt für den Informationsfluss.

Kommunalverwaltungen sind Non-Profit-Organisationen. Ihr Ziel ist nicht Gewinnmaximierung, sondern Daseinsfürsorge, Gesetzesvollzug, Verwirklichung gesellschaftspolitischer Ziele über Mehrheitsentscheidungen – Förderung des Wohls der Einwohner, wie von der Gemeindeordnung gefordert[1]. Da kein Markt vorhanden ist, müssen Fehler auch nicht sofort sichtbar werden. Das hat auch Auswirkungen auf das Controlling. In Wirtschaftsunternehmen kann sich das Controlling im Wesentlichen auf eine dem Rechnungswesen folgende Informationsbearbeitung und -verdichtung beschränken, da ansonsten der Markt untrügliches Feed-back gibt, ob man die richtigen Dinge tut und ob man die Dinge richtig tut. Erst allmählich wird diese überkommene Sichtweise (auch) in der Wirtschaft durch neue Perspektiven ergänzt, z. B. durch die Einbeziehung von Auswirkungen auf die Umwelt oder die lokale Beschäftigungssituation. Demgegenüber muss ein Verwaltungscontrolling auch – ja sogar in besonderer Weise – die sachliche Erfolgskontrolle mit im Blick haben, die Frage, ob die materiellen Leistungsziele und die Wirkungsziele erreicht werden. Ansonsten besteht die Gefahr, zwar den Ressourceneinsatz und -verbrauch zu steuern, aber möglicherweise völlig desolate Ergebnisse zu produzieren.

 WICHTIG!

Verwaltungscontrolling bedeutet demnach, Wirkungen, Zielgruppen und Leistungen neben Geschäftsprozessen, Finanzen, Kosten und Ressourcen in den Blick zu nehmen und systematisch Transparenz über geplante, realisierte und prognostizierte Entwicklungen dieser Steuerungsgrößen herzustellen.

Controlling ist in deutschen Kommunalverwaltungen erkennbar erst seit Mitte der 80er Jahre in die Diskussion gekommen. Vereinzelt wurden damals erste Controllingstellen eingerichtet, teilweise handelte es sich um spezielle Controllinganwendungen mit begrenztem Umfang, z. B. Bauinvestitionscontrolling. Erst seit Mitte der 90er Jahre hat die Controllingidee im Zuge der kommunalen Verwaltungsreform rasch Verbreitung und erste praktische Umsetzungen erfahren.

Der Arbeitskreis „Controlling in der Kommunalverwaltung" der Schmalenbach Gesellschaft hat bereits 1987 definiert:

---

1) Vgl. z. B. § 1 (1) Gemeindeordnung für das Land Nordrhein-Westfalen i. d. F. d. Bek. vom 14. 7. 1994 (GV NRW S. 666), zuletzt geändert am 28. 3. 2000 (GV NRW S. 245).

WICHTIG!

„Controlling ist Informationsversorgung und Koordination zur Unterstützung der Führung bei der Entscheidungsfindung in komplexen Systemen"[1].

Die KGSt fasst den Ansatz für Controlling wie folgt zusammen:

„Zielsetzung, Planung, Realisation und Kontrolle sind vordringliche Aufgaben der Führung (auf allen Leitungsebenen). Die besondere Leistung von Controlling besteht darin, die Phasen dieses Management-Prozesses durch Bereitstellung von Rückkopplungsinformationen zu unterstützen und insofern zukunftsorientiert Führungsunterstützung zu gewährleisten.

Dies geschieht dadurch, dass Controlling

► die Art der erforderlichen Führungsinformationen klärt
► Informationsgrundlagen klärt: Wird kontrolliert, was geplant und realisiert wurde? Wie geschieht dies?
► Informationsgrundlagen verbessert bzw. dazu Anregungen gibt
► Planung, Kontrolle und Informationsversorgung koordiniert
► aussagefähige Sollgrößen (Zielinhalte) ermitteln lässt
► Soll-/Ist-Vergleiche bzw. Plan-/Ist-Vergleiche und Prognosen kommentiert
► Entscheidungsbedarfe feststellt
► alternative Lösungsmöglichkeiten aufzeigt
► Erkenntnisse rechtzeitig in den Entscheidungsprozess einbringt
► die Adressatenorientierung, Relevanz und Zukunftsbezogenheit bei der Informationsversorgung streng beachtet
► selbständig, aber abgestimmt, Initiativen ergreift"[2].

 WICHTIG!

Controlling stellt den konzeptionellen Rahmen für eine Führungsunterstützung jeder Verantwortungsebene dar. Deren wesentlicher Inhalt ist Koordination und Informationsversorgung, um die (zukunftsorientierte) Entscheidungsfindung zu erleichtern. Geformt wird Controlling durch das Informations- und Koordinationsinteresse der Führungskraft. Das

---

1) Schmalenbach-Gesellschaft, Controlling in der Kommunalverwaltung. Ein Instrument zur Verbesserung der Verwaltungsführung bei der Entscheidungsfindung, in: Mann, Rudolf, Mayer, Elmar, Der Controlling-Berater. Mehr Sicherheit. Mehr Erfolg. Mehr Gewinn. Loseblatthandbuch, Freiburg 1987, Gruppe 10, S. 224.
2) KGSt-Bericht 15/1994, Verwaltungscontrolling im Neuen Steuerungsmodell, S. 16.

impliziert aber verschiedene Berichtsebenen mit einem unterschiedlichen Verdichtungsgrad und einer unterschiedlichen Berichtsperiode.

Tendenzaussagen zum spezifischen Informationsinteresse der verschiedenen Verantwortungsebenen sollen wie folgt zusammengefasst werden:

Die Produktverantwortlichen in den einzelnen Fachbereichen müssen auf eine Vielzahl von Informationen zugreifen können, um ihr Produkt steuern zu können. Dazu gehören nicht nur Finanzdaten, sondern genauso Daten, welche die Qualität ihrer Produkte belegen und andere Informationen. Ebenso ist es wichtig, die Berichtsintervalle so zu legen, dass bei einer relevanten Abweichung vom gesetzten Ziel eine rechtzeitige Korrektur noch möglich ist. Das spricht im Regelfall für 2 bis 3 unterjährige Berichte (siehe im Einzelnen unter Kap. 3). Bei kritischen Entwicklungen kann der Berichtszeitraum aber auch durchaus noch kürzer gefasst sein.

Für die mittlere Führungsebene müssen relevante Berichtsinformationen nicht nur aus der Produktebene selektiert und verdichtet werden, sondern auch der spezifischen Verantwortung dieser Führungsfunktion gerecht werden, z. B. für das Personal und dessen Entwicklung.

Für die Verwaltungsführung und den Rat/Kreistag sind Informationen wichtig, die die gesamte Entwicklung der Kommune betreffen.

 WICHTIG!

Unabhängig von der Führungsebene gilt immer:

Controlling übernimmt die Transparenzverantwortung (und nur die), die Führung hat die Ergebnisverantwortung.

Dies bedeutet: Controlling sorgt für Aufbau und Gestaltung eines Berichtswesens, klärt die Inhalte des Berichts im Hinblick auf die berichtenswerten Informationskategorien, die Darbietung des Inhalts, Gestaltung des Berichts und leichte Lesbarkeit, sorgt dafür, dass vereinbarte Termine eingehalten werden. Die im Bericht enthaltenen Informationen, Kennzahlenwerte, Aussagen sind nicht von Controlling zu verantworten, sondern vom Berichterstatter. Controlling stellt die „Schienen" bereit, die „Waggons" sind Angelegenheit der Führungskräfte als Berichtspflichtige.

Diese Arbeitsteilung hat Folgen, die bei Einführung von Controlling zu berücksichtigen sind.

 WICHTIG!

Das Rollenverständnis von Controllerinnen und Controllern einerseits und Entscheidungsträgern andererseits muss geklärt werden.

Schon in erwerbswirtschaftlichen Unternehmen ist die Zuordnung der beiden Rollen nicht ganz einfach, da ein guter Controller viel eher als seine Vorgesetzten über Informationen verfügt, wie sich das Unternehmen entwickelt. Hinzu kommt, da Controlling häufig eine Stabsfunktion ist, eine fehlende Handlungsverantwortung des Controllers. Er empfiehlt, verantwortlich hinsichtlich der Umsetzung sind aber andere. Diese Problematik kann sich in einem Non-Profit-Unternehmen bzw. in einer Kommunalverwaltung leicht verstärken. Zum anderen sind viele Ziele und deren erfolgreiche Realisierung nicht ganz einfach an bereits erprobten und routiniert ermittelten Kennzahlen festzumachen. Des Weiteren findet man häufig eine diffuse Verantwortungs- und Entscheidungskultur vor. Jeder Controller muss wissen, an wen er berichtet.

Controlling kann diesen Anspruch an seine Leistungsfähigkeit nur in einem in der Regel mehrjährigen Entwicklungsprozess einlösen. Handlungsleitend für diesen Entwicklungsprozess ist die Umsetzung des Neuen Steuerungsmodells. Sie gibt die Schrittfolge für eine Vervollkommnung von Verwaltungscontrolling vor. Anfänge von Reform liegen häufig in der Budgetierung[1], hiermit hat die Verwaltungsreform oft ihren Ausgangspunkt genommen oder nimmt sie in vielen Kommunen derzeit. Diese Anfangssituation von Reform bietet sich an, um zu verdeutlichen, wie die gegenseitigen Erwartungen von Controller/innen und Führungskräften von Beginn an abgestimmt werden müssen: Leistungen und Produkte sind in diesem Reformstadium noch nicht beschrieben, eine Verknüpfung von Leistungsplanung und Finanzplanung aus Anlass der Haushaltsplanung erfolgt nur indirekt mit Hilfe der bisher gebräuchlichen Art der Aufstellung des Haushaltsplans. In diesem Stadium der Reform kann Controlling nicht outputorientierte Steuerungsinformationen verarbeiten und liefern, wohl aber Budgetinformationen. Diese sind bei dezentraler Verantwortung für die Budgets besonders wichtig. Da Budgetierung flexible Mittelverwendung der budgetierten dezentralen Organisationseinheit bedeutet, ist es sowohl für die Führung dieser Organisationseinheit als auch für die Verwaltungsführung zwingend, unterjährig Informationen über Stand und Prognose der Budgetentwicklung zu erhalten. Eine konsequente Umsetzung dieses Controllingansatzes ist sowohl für die sichere Steuerung des Budgets als auch für die weitere Entwicklung von Controlling wichtig: Von vornherein bei Beginn der Verwaltungsreform wird dezentrale Verantwortung umgesetzt, im Gegenzug aber eine kontinuierlich-systematische Information zwischen Organisationseinheit und Verwaltungsführung vereinbart. Die budgetierte Organisationseinheit berichtet unterjährig, z. B.

---

1) Zum Begriff vgl. Bals, Hansjürgen, Hack, Hans, a. a. O., S. 125, und KGSt Bericht 9/1997, Steuerung kommunaler Haushalte: Budgetierung und Finanzcontrolling in der Praxis, S. 27.

im Halbjahres- oder Vierteljahresrhythmus gegenüber der Verwaltungsführung über Stand der Abwicklung des Budgets: geplante Werte werden den Ist-Werten gegenübergestellt, eine Prognose bzgl. Einhaltung des Budgets zum Ende des Haushaltsjahrs ist zwingend (besonders wichtige neue Komponente der Information).

Keineswegs werden Details im Bericht aufgeführt, einzelne Haushaltsstellen sind nur dann berichtenswert, wenn Abweichungen (bei Ist-Stand und/oder Prognose) vorliegen, die nicht mehr korrigiert bzw. im Budget sonst nicht aufgefangen werden können. Auch in diesem Fall ist die Information nur berichtenswert, wenn die Größenordnung wesentlich ist; hier sollte bei Beginn des Budgetierungsverfahrens eine Regelung getroffen werden.

 TIPP!

Praktizieren Sie Budgetierung in Ihrer Kommune/Verwaltung? Welcher Informationsbedarf erwächst daraus für Sie als Verwaltungschef/in, Dezernent/in, Fachbereichsleiter/in, Mitglied eines Fachausschusses usw.? Überprüfen Sie Ihr Berichtswesen: Ist es unterjährig angelegt? Enthält es konsequent Soll-/Ist-Vergleiche zum jeweiligen unterjährigen Berichtszeitpunkt und Prognosen zum Jahresende? Können Sie den Berichtsinhalt entfrachten, z. B. stärkere Einführung einer nur auf Abweichungen ausgerichteten Berichterstattung?

Im folgenden Kapitel geht es um die Umsetzung der bisher aufgezeigten Grundgedanken und Ansatzpunkte für einen Informationsgewinn durch Controlling und Berichtswesen. Wir begrenzen unsere Aussagen auf die Verantwortungsebenen Rat/Kreistag, Verwaltungsführung und Führungskräfte, weil sie am kommunalen Planungs- und Vollzugsprozess in besonders ausgeprägter Weise beteiligt sind. Es geht darum, systematisch einen Ansatz für die Gestaltung eines Berichtswesens herauszuarbeiten. Wir konzentrieren uns mit diesem Ansatz für ein Berichtswesen im Rahmen eines allgemeinen Verwaltungscontrolling auf einen wichtigen, im Kontext der Verwaltungsreform zu entwickelnden Controlling-Schwerpunkt. Zuvor jedoch einige Anmerkungen zu angrenzenden Bereichen, die im weiteren nicht vertieft werden:

2.5 Verwaltungscontrolling im Kontext verwandter Steuerungsansätze

In der kommunalen Praxis hat sich vereinzelt in der Zeit seit ca. 1985 mit Bauinvestitionscontrolling ein spezieller Typ von Controlling entwickelt, der ein eng begrenztes, gleichwohl wichtiges Anwendungsgebiet hat. Erfahrungen haben gezeigt, dass das Planungs-, Entscheidungs- und Realisie-rungsverfahren bei Bauinvestitionen der Kommunen durch Transparenz, klare, abgestufte Entscheidungsstationen und konsequente Verfolgung von Programmanforderungen und deren Realisierung, von Terminen und von Kosten verbessert werden kann. Termintreue und Kostensicherheit können verbessert werden. Der Begriff Bauinvestitionscontrolling hat sich für dieses Verfahren, mit dessen Hilfe die Verantwortlichen in Abhängigkeit vom Planungs- und Realisierungszeitpunkt zielgerichtet, regelmäßig und komprimiert informiert werden und Entscheidungsunterstützung erhalten, etabliert. In jüngster Zeit ist artverwandt zum Bauinvestitionscontrolling ein auf Projekte bezogenes Controlling hinzugekommen, das verstärkt in die kommunale Praxis eindringt.

Der Grundgedanke von Controlling, der Überschaubarkeit, Rechtzeitig-keit und Zielgerichtetheit der Informationen beinhaltet, hat mit der Vari-ante „Bauinvestitionscontrolling" in der Praxis zu einer sehr speziellen, aber nutzbringender Anwendung geführt.

Etwas anders sieht die Beurteilung aus, wenn man die Diskussion und die vereinzelten Erfahrungen mit Rats- und Kreistagsinformationssyste-men betrachtet und einen Vergleich mit Verwaltungscontrolling anstellt. So wenig Routine bisher mit Rats- bzw. Kreistagsinformationssystemen auch bestehen mag, so können doch wichtige und notwendige Unter-schiede herausgearbeitet werden: Ein Rats- und Kreistagsinformations-system muss dem Nutzer den Zugriff auf eine von ihm gewünschte Infor-mation ermöglichen und (wesentlich) erleichtern, wobei diese Information eine Auswahl aus dem gesamten kommunalen Handlungsfeld darstellt. Dies beinhaltet z. B. den erleichterten Zugriff auf den Haushaltsplan, Sat-zungen, Beschlüsse, Fachinformationen, Entwicklungsplanungen etc. Eine Recherchierfunktion gehört insoweit notwendigerweise zum Ange-bot des Systems, der Nutzer greift anlassbezogen und fallweise darauf zu.

Das standardisierte Berichtswesen erbringt demgegenüber einen Infor-mationsgewinn dadurch, dass in der Regel stark komprimierte Informa-tionen in vorstrukturierter Weise auf der Basis einer vorab inhaltlich und zeitlich vereinbarten Form bereitgestellt werden. Diese Form der Infor-mationsbereitstellung „zwingt" den Berichtsempfänger vorab, die ihm für einen bestimmten Zeitraum, in der Regel das Haushaltsjahr, beson-ders wichtigen Beobachtungsbereiche und -größen mitzuteilen. Die lau-fende Berichterstattung stellt Aktualität der Informationen sicher und unterstützt unmittelbar evtl. notwendige steuernde Eingriffe. In einem Kontext, der von Informationsflut und wechselnden Aufmerksamkeiten gekennzeichnet ist, kann durch Berichtswesen Kontinuität, Konzentration und Aktualität hergestellt werden. Dies ist ein wesentlicher Vorteil, den Controlling und Berichtswesen bereitstellen. Trotzdem weist das Berichtswesen keinen unkorrigierbaren Nachteil der Starrheit auf, da es auch im laufenden Vollzugszeitraum bei zunächst bereits vorab vereinbarten Berichtsinhalten und Zeittakten Veränderungsmöglichkeiten gibt. Aus einer regelmäßigen Berichterstattung kann z. B. schnell eine Abweichungsberichterstattung werden, wenn der Berichtsempfänger eine entsprechende Vereinbarung mit dem Berichterstatter trifft. Oder es können durchaus ergänzende Steuerungsgrößen in die Berichterstattung mit aufgenommen werden, wenn dies notwendig erscheint und die Informationen ermittelbar sind.

 WICHTIG!

Eine aussagefähige Berichterstattung kann der Führungskraft Kontinuität verschaffen und gleichzeitig Synergieeffekte erbringen, da die komprimierten, auf besonders wichtige Steuerungsgrößen (Ziele) konzentrierten Informationen bei verschiedenen Anlässen genutzt werden können, z. B. im Rahmen einer Information an die Bürgerschaft. Der Kontext der Verwendung der Information ändert sich, die komprimierte Information selbst bleibt gleich.

Manchmal wird die Frage gestellt, wie sich Verwaltungscontrolling zur etablierten Rechnungsprüfung in den Kommunen verhält. Handelt es sich nicht um identische Ansätze, so wird gefragt. Verwaltungscontrolling leistet Führungsunterstützung und muss führungsnah arbeiten, ist in den Zielsetzungs-, Planungs-, Realisierungs- und Kontrollkreislauf des Managements involviert und stellt Rückkopplungsinformationen bereit.

Rechnungsprüfung ist in diesen Managementkreislauf nicht integriert, es muss – will es die vorgegebene Funktion erfüllen – unabhängig vom Management agieren. Daraus resultiert ein Schwerpunkt der Tätigkeit, der in einer nachgehenden Prüfung besteht. Auch wenn agierende und prospektive Elemente der Rechnungsprüfung in den letzten Jahren mehr Aufmerksamkeit gefunden haben, bleibt die grundsätzlich notwendige Unabhängigkeit der Rechnungsprüfung ein wichtiges und unverzichtbares Unterscheidungsmerkmal zum Verwaltungscontrolling und zu dessen Akteuren. Diese unterschiedlichen Zielsetzungen beider hindern nicht daran, teilweise die gleichen Analysemethoden zu verwenden: z. B. über Kennzahlenvergleiche zu verdichteten Aussagen zu kommen, die Ergebnisse betriebswirtschaftlicher Instrumente auszuwerten oder Wirtschaftlichkeitsuntersuchungen durchzuführen.

3 Berichtswesen zur Politik- und Führungsunterstützung

3.1 „Wer fragt, der führt" – Berichtswesen beginnt mit Fragen

3.1.1 Der pragmatische Ansatz zur Entwicklung eines Berichtswesens

Beispiel:

Die Controllerin im Schul- und Kulturdezernat einer 80 000-Einwohner-Stadt hat die Aufgabe, ein Berichtswesen aufzubauen. Die Vorbereitungen waren umfangreich. Die Amts- und Betriebsleiter der Ämter und Betriebe des Dezernats hatten sich als Verantwortliche für die Berichterstattung intensiv der Mitwirkung der Controllerin bedient, da ihnen das Gedankengut von Controlling noch ungewohnt schien. Nun liegen die ersten Berichte – Halbjahresberichte – dem Empfänger, dem Schul- und Kulturdezernenten, vor. Nach Tagen wundert sich die Controllerin, dass keine Reaktion erfolgt. Offensichtlich ist der Berichtsinhalt nicht besonders wichtig. Eine entsprechende Erkundigung bestätigt diese Vermutung. Was war geschehen?

Die Controllerin hatte den Inhalt des Berichts global vorabgestimmt. Der Dezernent hatte ihr nach einem kurzen Gespräch mitgeteilt, sie solle sich mit den Amts- und Betriebsleitern abstimmen und „etwas vorlegen". Wie sich später zeigte, enthielt der Bericht zwar wichtige Detailinformationen. Diese waren aber aus Dezernentensicht zu kleinteilig, zahlenmäßig zu umfangreich dargestellt, andererseits fehlten Informationen, die der Dezernent als wichtig ansah, z. B. Prognoseinformationen zur Entwicklung der Schülerzahlen der verschiedenen Schularten.

Was ist aus der Sicht des Berichtsempfängers wichtig und berichtenswert?

Oder mit Blick auf das Beispiel: Was hätte das Interesse des Empfängers gesichert?

Der Dezernent hätte die Vorbereitung des Berichtswesens unterstützen können, indem er sein eigenes Informations- bzw. Berichtsinteresse zu Beginn der Arbeit der Controllerin formuliert hätte. Häufig können Führungskräfte aus Zeitgründen oder aus sonstigen Gründen allerdings keine vollständig-systematische Übersicht über die sie interessierenden Tatbestände und Entwicklungen formulieren. Viele Controller/innen machen die Erfahrung, dass sie ihre Arbeit zum Aufbau eines Berichtswesens ohne konkretisierende Anforderungen der zu unterstützenden Führungskraft beginnen müssen.

Hier bietet sich ein Mittelweg an: Statt zu Beginn der Einführung eines Berichtswesens vollständig auf konkretisierende Anforderungen zu verzichten, sollte die Führungskraft – der/die Berichtsempfänger/in – Fragen formulieren. Dabei darf die Hürde nicht zu hoch gelegt werden, die Fragen müssen im ersten Ansatz nicht vollständig-systematisch sein, können und sollten aber eine Systematisierung und einen Klärungsprozess einleiten, der über mehrere Stufen zu einer systematisch befriedigenden Bestimmung der relevanten Berichtsinhalte führt. Darauf gehen wir im nächsten Unterkapitel ein.

Zunächst noch einmal ein Rückgriff auf das obige Beispiel: Der Dezernent nennt in einem Gespräch mit der Controllerin Fragen, diese werden von Controlling in weiteren Arbeitsschritten vertieft, Controlling unterbreitet dabei auch selbst Vorschläge, Zusammenhänge werden verdeutlicht, evtl. Lücken offen gelegt. Der Dezernent überprüft das zunächst gefundene Ergebnis, und die Arbeit zum Aufbau eines Berichtswesens und zur Gestaltung eines Berichts kann fortgesetzt werden. Es schließt sich ein Abstimmungsprozess an: Erprobung und Verbesserung im laufenden Betrieb unter Einbeziehung derjenigen, die die Informationen liefern müssen. Unnötiger Aufwand und eine wenig relevante Berichterstattung werden von vornherein vermieden.

 WICHTIG!

Controlling hat die Transparenzverantwortung, die Führungskraft hat die Ergebnisverantwortung. Besonders bei fortschreitender Aufbauarbeit von Controlling ist es von Zeit zu Zeit sinnvoll, dass sich die Beteiligten an diesen Grundsatz erinnern. Dem Grundsatz wird durch eine aktive Einbeziehung der Führungskraft im Entwicklungsprozess von Controlling bzw. beim Aufbau des Berichtswesens von vornherein Rechnung getragen.

Fragen können diesen Klärungsprozess besonders wirkungsvoll unterstützen. Hier einige Beispiele, die das Ergebnis erster Überlegungen des Dezernenten im o. g. Beispiel darstellen könnten:

a) Im Hinblick auf die Realisierung der geplanten Leistung:

Wurden die Budgets der (dem Dezernat angehörenden) Ämter und Budgetbereiche eingehalten?

Bei welchen Produkten im Dezernatsbereich sind wesentliche Abweichungen von den geplanten Mengen zu verzeichnen?

Wurden die geplanten Kosten (Bereiche mit Kosten- und Leistungsrechnung) eingehalten?

Sind die Abnehmer der Leistung zufrieden, wo gibt es Beschwerden, die besonders auffallen, welche wesentlichen Erkenntnisse hat die Befragung der Kunden im Bereich x erbracht?

Ist die Wartezeit der Kunden im Bereich Y wie geplant verkürzt worden?

Sind die Personalprobleme bei Amt Z gelöst?

b) Im Hinblick auf die zu erwartende Entwicklung in der restlichen Zeit des Haushaltsjahrs:

Werden die Budgets ausreichen, um die Leistung erbringen zu können?

Ist zu erwarten, dass die Fehlzeiten wieder gesenkt werden können?

Die Fragenliste könnte ohne weiteres ergänzt werden. Außerdem drängen sich Folgefragen geradezu auf: Wenn die Leistungsmenge nicht erreicht wurde, woran lag es und welche Auswirkungen hat es? Und: Sind Leerkapazitäten entstanden? Wie wurden bzw. werden sie genutzt? Die Folgefragen müssen Reaktionen auslösen, Steuerung ist gefragt.

Zunächst wirkt die Liste spontan zusammengestellt, vielleicht auch willkürlich. Wenn Führungskraft und Controller/in daran weiterarbeiten, stellt die Liste eine pragmatische und sehr hilfreiche Grundlage für die Konkretisierung der relevanten Berichtsinhalte dar. Die Liste der Fragen ist für Controlling eine Basis der notwendigen Systematisierung der erforderlichen Berichtsinhalte. Das Ergebnis der Systematisierungsarbeit von Controlling ist anschließend erneut mit der Führungskraft abzustimmen, die Führungskraft wählt dabei die Informationskategorien aus, die ihr für die dann folgende Berichterstattung wichtig sind.

Fragen – wenn auch zunächst in unsystematischer Form – dienen als Steuerungsmittel. Diese altbekannte Empfehlung der Managementliteratur ist für die Gestaltung und den Aufbau eines managementorientierten Berichtswesens besonders hilfreich. „Wer fragt, der führt". Berichtswesen soll Fragen beantworten, soll zeigen, „was der Fall ist".

Erfahrungen zeigen, dass in der kommunalen Praxis viel zu selten von solchen einfachen Verfahrensweisen, wie sie die Zusammenstellung von Fragen als Beginn eines Klärungsprozesses darstellt, Gebrauch gemacht wird. Diese Vorgehensweise mag trivial erscheinen, ist aber vor dem Hintergrund häufiger Klagen der kommunalen Führungskräfte über die mangelnde Relevanz der Informationen der ihnen vorgelegten Berichte sehr zweckmäßig.

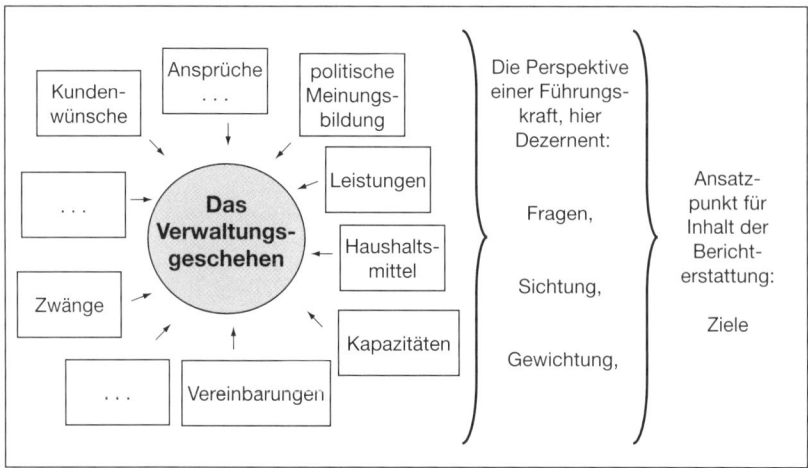

Abb. 3.1: Fragen stehen am Anfang des Prozesses zur Klärung der Berichtsinhalte und führen letztlich zu Zielen.

 TIPP!

Wenn Sie mit Berichtswesen beginnen, sollten Sie als Führungskraft die Arbeit der Controllerin/des Controllers durch eine Liste Ihnen wichtig erscheinender Fragen steuern und gleichzeitig damit für eine unaufwändige Vorbereitung der Berichterstattung sorgen. Die dafür notwendige Zeit ist vernachlässigenswert. Sie sollten dabei im Blick behalten, dass eine Sichtung und Systematisierung der Fragen durch Controlling zweckmäßig ist und die Berichterstattung von vornherein als gemeinsamer Lernprozess gestaltet werden kann.

Dieser pragmatische Lösungsansatz zur Bestimmung der Berichtsinhalte kann und sollte weiter verbessert werden, indem der Führungskraft von vornherein durch eine zielorientierte Systematisierung Unterstützung zukommt. Die zu entwickelnden Fragen verlieren dann ihren Charakter der Zufälligkeit und gewinnen Überschaubarkeit, Systematik und Vollständigkeit, wobei Vollständigkeit nicht mit einer nicht mehr bewältigbaren Informationsflut gleichgesetzt werden muss. Wie kann eine derartige Systematisierung, Überschaubarkeit und Vollständigkeit erreicht werden?

3.1.2 Die zielorientierte Systematisierung

Die Berichterstattung ist nicht erst mit dem Aufkommen der Verwaltungsreform und Neuer Steuerung eine feste Größe in der kommunalen Führungspraxis. Auch in der Zeit vor Einführung eines Neuen Steuerungsmodells gab es Berichte und Berichterstattung.

Wer kennt nicht die Vielzahl der Verwaltungsberichte und Erfolgsbilanzen, die den Räten/Kreistagen und der Verwaltungsführung alljährlich vorgelegt werden. Und was geschieht mit den Berichten? Im Regelfall verstauben sie in irgendwelchen Aktenschränken; in den seltensten Fällen werden sie genutzt. Woran liegt das? Oft an der Aufbereitung der Berichte, ihren Inhalten und ihrer Gestaltung. Wer ist schon bereit, seine karg bemessene Zeit dafür zu opfern, aus riesigen „Zahlenfriedhöfen" mühsam die individuell relevanten Daten herauszuziehen und erst dann zu analysieren?

Aber man darf nicht nur auf die Lieferanten der Berichte schauen. Es lohnt sich, den Fokus auch auf die Berichtsempfänger zu richten. Leicht spöttisch könnte man sagen: „Jeder bekommt das, was er verdient." Wer keine oder nur vage Informationswünsche formuliert, keine Fragen hat und keine Ziele benennt, darf sich auch nicht wundern, wenn ihm „Datenmüll" vorgelegt wird. Wer sich aber darüber klar ist, was er will (manchmal auch muss), für den dürfte es keine oder geringe Schwierigkeiten bereiten, die Informationen zu definieren, die für ihn von Bedeutung sind. Es geht dabei darum, die spezifische Verantwortung, die eine Führungskraft oder ein Führungsgremium trägt, zu analysieren und operationalisierte Ziele aus dieser Analyse zu gewinnen.

Betrachten wir die Situation einer Führungskraft genauer. Leistungen sollen in bestimmter Weise für mehr oder weniger konkretisierte Leistungsempfänger – Zielgruppen – erstellt werden. Dafür besteht eine Organisation oder sie wird geschaffen und es werden Ressourcen bereitgestellt. Das komplexe Gebilde ist zu „managen".

Führungskräfte wollen, dass „der Laden läuft": Kommunale Leistungen wie geplant und vereinbart, zufriedene Leistungsempfänger, gesicherte Wirtschaftlichkeit, eine Planung, die den zukünftigen Anforderungen entspricht – Idealvorstellungen, die in die Tat umzusetzen man sich bemüht. Regelmäßige Informationen zur Überprüfung getroffener und zur Vorbereitung aktueller bzw. weiterer Entscheidungen sind unabdingbar.

 WICHTIG!

Das Geschehen im Verantwortungsbereich einer Führungskraft muss von ihr selbst regelmäßig daraufhin beobachtet werden, ob Übereinstimmung mit den bisherigen Vorstellungen bzw. den mit der nächsthöheren Ebene getroffenen Vereinbarungen besteht (Soll-/Ist-Vergleich). Wird realisiert, was geplant/zugesagt/vereinbart wurde? Gleichzeitig gilt es, für zwei weitere Aspekte Informationen zu erhalten:

▶ *mit einem Blick in die Zukunft die zu erwartenden Ereignisse zum Ende des Planungszeitraums (i. d. R. das Haushaltsjahr) zu ermitteln/zu prognostizieren und sich damit in die Lage zu versetzen, gegensteuern zu können, und*

▶ *mit einem weiteren Blick in die Zukunft Informationen darüber zu erhalten, ob für die Planung des folgenden Zeitraums (i. d. R. das folgenden Haushaltsjahr) Ziele verändert werden müssen. Für notwendige Veränderungen gibt es mancherlei Gründe: z. B. andere Vorgaben der nächsthöheren Instanz oder Veränderungen bei anderen Leistungen, aber auch Erkenntnisse aus der laufenden Periode.*

Um diese Informationen systematisch und regelmäßig in einem Berichtswesen aufzubereiten und den Informationsgewinn der Führungskraft zu steigern, ist der Anfang des Planungs- und Realisierungsprozesses zu betrachten. Berichtswesen beginnt mit der Planung und damit zunächst mit der Frage nach den Zielen des kommunalen Leistungsangebots. Welche Ziele sollen verfolgt werden? Oft bestehen in der kommunalen Praxis nur vage formulierte oder unvollständige Vorstellungen über die zu erreichenden Ziele.

Die Praxiserfahrungen mit der Einführung eines Berichtswesens in jüngster Zeit zeigen, dass allzu oft nicht die Ziele einer Führungskraft für die Berichtsinhalte maßgebend sind, sondern die bereitgestellte/bereitstehende Information eines bestimmten Managementinstruments. Dann gilt nicht: „Das Informationsinteresse der Führungskraft zieht (die Anwendung und Auswertung des Instruments nach sich)", sondern es gilt: „Das Instrument schiebt (die Informationen in das Berichtswesen)". Eine am Instrument orientierte Berichterstattung findet nur begrenzt Beachtung des Informationsempfängers, zu sehr fallen Informationen und Umfang der Verantwortung und damit Relevanz für die Führungskraft auseinander. Allenfalls im Rahmen einer bewusst gestalteten mehrstufigen Reform findet ein solches Berichtswesen Beachtung, weil es als wichtiges, aber vorübergehendes Durchgangsstadium gesehen wird. Die Zeitspanne für diesen Aufbauvorgang sollte allerdings nicht mehrere Jahre beanspruchen – wie zurzeit häufig beobachtet werden kann.

Wer die Fragen des Dezernenten im Beispiel in Kap. 3.1.1 betrachtet, wird z. B. feststellen, dass nur einige im Kontext des betriebswirtschaftlichen Instruments Kosten- und Leistungsrechnung beantwortet werden können. Führungsinteresse in der Kommunalverwaltung geht über die häufig als Lösung der (Informations-)Probleme benannten klassischen Instrumente des Rechnungswesens hinaus. Der Elan, mit dem in der kommunalen Praxis mancherorts einseitig der Aufbau einer Kosten- und Leistungsrechnung vorangetrieben wird, sollte durchaus vor dem Hintergrund des Nutzens für Führungskräfte überprüft werden.

Ziele spielen bei dieser Ausgestaltung der Haushaltsplanung eine herausgehobene Rolle. Es geht vor allem darum, relevante Entwicklungen und Aktions- und Reaktionsmöglichkeiten der Kommune/der Verwaltung zu erkennen bzw. zu ermitteln und in den Diskussionsprozess aufzunehmen, alternative Ziele herauszuarbeiten und letztlich die fortan geltenden Leitziele zu formulieren und zu beschließen. Der Klärung der Ziele sollte eine Arbeitssystematik zugrunde liegen:

Entwicklungen, prognostizierbare Erwartungen, vage Annahmen und Vermutungen sind in den Klärungsprozess einzubringen. Ein solcher Entwicklungsprozess kennt viele Informationsquellen. Es geht um harte Fakten, aber auch um weiche Informationen, schwache Signale, die erkennen lassen, dass möglicherweise gehandelt werden muss. Dialoge müssen aktiviert werden, im Ergebnis muss letztlich eine Vorgabe für die Haushaltsplanung entwickelt sein, die wichtiges von unwichtigem unterscheiden hilft und der Verwaltung Prioritäten setzt. Es ist bedeutsam, den Haushaltsplan nicht als solitäres Steuerungsinstrument zu sehen. Er ist vielmehr eines von mehreren kongruenten Instrumenten. Vision, Ziele, Maßnahmen und die dafür benötigten Ressourcen müssen von der strategischen Managementebene bis hin zum operativen Bereich ein einheitliches Management- und Handlungssystem bilden. In dessen Zentrum steht der Haushaltsplan als verbindliche Darstellung des politischen Programms für einen zukünftigen Zeitraum.

3.2 Das ideale Berichtswesen: Inhalt, Zeitpunkt, Folgen

3.2.1 Grundkonzept: Zielfelder und Ziele

Ohne sauber formulierte Ziele wird kein Berichtswesen erfolgreich sein. Dabei ist es wichtig, auf eine gewisse Beschränkung in der Dimensionierung der Ziele zu achten. Nicht nur Verwaltungen geraten gelegentlich in die Gefahr, das Kind mit dem Bade auszuschütten. Während man über lange Zeit einem eher intuitiven Führungsstil huldigte bzw. die Vorstellung hatte, das gesamte Aufgabenspektrum der öffentlichen Verwaltung sei geregelt und es gäbe keine Spielräume, neigt man heute mitunter zu einer Überregulierung bereits bei der Zieldefinition. Das führt dann auf der Maßnahmenebene und erst recht bei den Indikatoren zu einer nicht mehr nachvollziehbaren Verästelung, bei der Aufwand und Ertrag in keinem vertretbaren Verhältnis zueinander stehen.

Den optimalen Bericht gibt es nicht. Vielmehr ergibt sich aus verschiedenen Faktoren, welcher Bericht für welchen Berichtsempfänger – für welche Führungskraft – am besten geeignet ist.

Von einfachen Fragen, wie sie am Beispiel in Kap. 3.1.1 entwickelt wurden, führt der Weg zu einer Systematisierung des Fragenkatalogs und dessen Erarbeitungsprozess. Damit soll Folgendes erreicht werden:

Die Fragen verlieren die Willkürlichkeit. Sie werden in einen Rahmen gestellt, der eine bestimmte Blickrichtung und damit Konzentration und Vertiefung erlaubt, ohne den Gesamtzusammenhang zu verlieren.

Wir nennen diesen Rahmen Zielfelder. Zielfelder stecken den gesamten (Diskussions-)Rahmen ab. Sie erweitern oder verengen den Blickwinkel, je nach Anwendung. Jedes Zielfeld lenkt so den Blick auf einen bestimmten Zusammenhang und blendet andere Aspekte zunächst aus. Gleichzeitig gewährleistet der Blick auf alle Zielfelder den notwendigen Zusammenhang bei der Ableitung von Zielen und bewahrt vor Einseitigkeiten. Zielkonflikte können leichter erkannt werden. Die Dinge werden überschaubar.

 WICHTIG!

Der einfache Weg, über Fragen zu den Inhalten eines Berichtswesens zu gelangen, kann und sollte systematisiert und verbessert werden. Fragen bilden in Kombination mit Zielfeldern eine erweiterte, tragfähigere Basis für die Entscheidung, was wichtig und worüber demzufolge zu berichten ist.

Zielfelder helfen bei der Zielfindung. Innerhalb des Zielfeldes beginnt mit Fragen eine differenzierte Betrachtung, die erlaubt, Wesentliches herauszuarbeiten. Was wesentlich ist, muss die Führungskraft entscheiden. Dabei wird sie die Vorgaben nächsthöherer Instanzen, eigene Zielvorstellungen und die Engpässe und Zwänge im eigenen Verantwortungsbereich berücksichtigen. Um diese durch Fragen gesteuerte Arbeit der Zielformulierung zu erleichtern, helfen Fragenkataloge.

Der hier beschriebene Arbeitsgang der Ermittlung von aussagefähigen Zielen mit Hilfe von Zielfeldern und Fragenkatalogen hat zwar zunächst reinen Unterstützungscharakter und ist entbehrlich, wenn präzise Ziele ohne diesen Aufwand möglich sind. Die Verfahrensweise, mit Zielfeldern und Fragen zu arbeiten, hat aber einen weiteren wesentlichen Vorteil, der über die reine Unterstützungsfunktion hinausgeht: Sie ist sehr dialogorientiert. Ziele werden in einer für Kommunalpolitik und -verwaltung typischen Situation komplexer Zusammenhänge nicht mehr nur von einer Stelle vollständig beherrscht und vorgegeben. In der Regel sind an Zielbildungsprozessen viele beteiligt, dies gilt auch dann, wenn die Entscheidungen grundsätzlich dem Prinzip der Hierarchie gehorchen: der Rat entscheidet, die Verwaltung führt aus; die Verwaltungsführung entscheidet, die Fachbereiche und Betriebe führen aus.

Zielbildungsprozesse benötigen Dialoge. Der Dialog kann durch die Anwendung von Zielfeldern und Fragen in Diskussionsqualität und Ergebnisfindung gewinnen. Die Verfahrensweise eignet sich auch für Dialoge zwischen Kommunalpolitik bzw. Verwaltung und Bürgerschaft, die Zielfelder müssen lediglich auf die am jeweiligen Diskussionsprozess Beteiligten zugeschnitten werden. Details im Zielfeld Ressourcen sind beispielsweise für den Dialog zwischen Bürgerschaft und Politik unerheblich. Die flexible Einsatzmöglichkeit der Zielfelder, die Möglichkeit, zu komprimieren oder zu differenzieren, kann als wichtiger Vorteil dieses Hilfsmittels zur Gewinnung konkreter Ziele angesehen werden.

Dialoge sollten zwischen den unmittelbar beteiligten Führungsebenen unter Einschluss von Controlling geführt werden. Beispiel: Ein Fachausschuss des Rats/Kreistags erarbeitet im Dialog mit dem politisch verantwortlichen Dezernenten und dem Fachbereich die Ziele, z. B. in einem Strategieworkshop, die Fachbereichsleitung mit den Organisationseinheiten im Fachbereich.

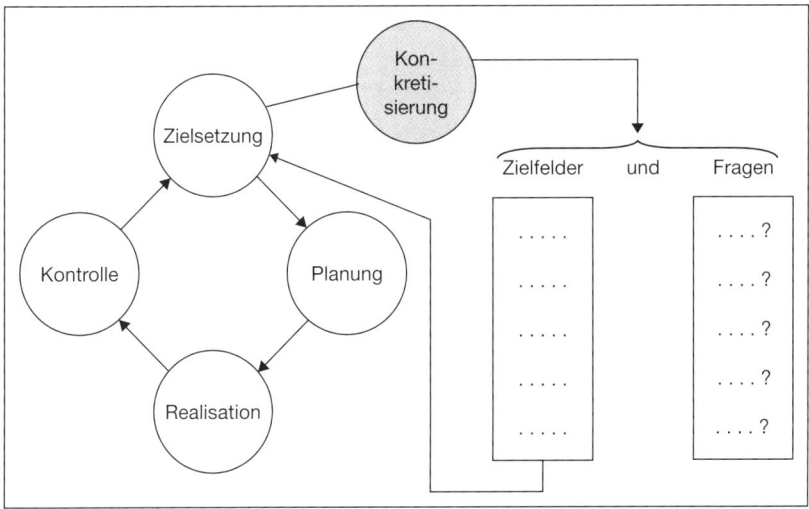

Abb. 3.2: Zielfelder und Managementkreislauf: Zielfelder und Fragen sind geeignete Hilfsmittel, um das Element „Zielsetzung" im Managementkreislauf zu konkretisieren. Besonders dieses Element des Managementkreislaufs bedarf erhöhter Aufmerksamkeit, wenn Wirtschaftlichkeit und Wirksamkeit kommunaler Leistungen besser gesteuert werden sollen.

Bevor der Vorschlag zur Entwicklung von Zielen auf der Basis definierter Zielfelder vertieft wird, soll eine artverwandte Entwicklung im erwerbswirtschaftlichen Bereich betrachtet werden. Die Anwendung der Balanced Scorecard[1] ist in den vergangenen Jahren besonders intensiv diskutiert worden und hat partiell bereits Einzug in die Unternehmenspraxis gefunden.

Die Balanced Scorecard ist eine Reaktion auf die bei erwerbswirtschaftlichen Unternehmen häufig festzustellende Konzentration der Aufmerksamkeit auf (rein) finanzielle Steuerungsgrößen. Solche Steuerungsgrößen sind zweifellos wichtig, verbergen aber den Blick auf andere Faktoren, die den wirtschaftlichen Erfolg beeinflussen.

Die Balanced Scorecard enthält vier verschiedene Perspektiven:

die finanzwirtschaftliche Perspektive, die Kundenperspektive, die interne Prozessperspektive und die Lern- und Entwicklungsperspektive

► Finanzwirtschaftliche Perspektive: „Wie sollen wir gegenüber Teilhabern auftreten, um finanziellen Erfolg zu haben?"

► Kundenperspektive: „Wie sollen wir gegenüber unseren Kunden auftreten, um unsere Vision zu verwirklichen?"

► Perspektive interner Geschäftsprozesse: „In welchen Geschäftsprozessen müssen wir die besten sein, um unsere Teilhaber und Kunden zu befriedigen?"

► Lern- und Entwicklungsperspektive: „Wie können wir unsere Veränderungs- und Wachstumspotenziale fördern, um unsere Vision zu verwirklichen?"

Ziele, Zielgrößen, Kennzahlen und kritische Erfolgsfaktoren werden über alle Ebenen einer Unternehmung hinweg in einen Zusammenhang gebracht. Steuerung aus einem Guss wird möglich.

Die Balanced Scorecard wirkt auf den Planungs-, Steuerungs- und Controllingprozess der Organisation ein, ist Grundlage der Kommunikation innerhalb der Unternehmung und bildet die Basis für tiefer gehende Differenzierungen der einzelnen Zielfelder, die in den jeweiligen Geschäftsbereichen einer Unternehmung notwendig oder zweckmäßig erscheinen. Der Zusammenhang zum „großen Ganzen" bleibt trotzdem sichtbar.

---

1) Vgl. Robert S. Kaplan und David P. Norton (Hrsg.), Balanced Scorecard. Strategien erfolgreich umsetzen, Stuttgart 1997.

Eine der Balanced Scorecard ähnliche Systematik der Zielfelder ist für die Kommunen entwickelt worden[1]. Gemeinsame Grundlage beider Ansätze ist die Ganzheitlichkeit der Analyse, die Eignung zur vertiefenden Differenzierung. Die Zielfelder sollen untergliedert werden und so den jeweiligen Zwecken besser gerecht werden – die Suche nach den Erfolgsfaktoren in den jeweiligen Zielfeldern. Dazu kommt als weitere Gemeinsamkeit die beabsichtigte Eignung für den Dialog der Beteiligten und letztlich für Lerneffekte durch Rekurs.

Die Zielfelder für die Kommune sind allerdings anders als bei der Balanced Scorecard zugeschnitten: Fixpunkt und prioritäre Blickrichtung der kommunalen Zielbildung ist der Bürger/Kunde. Gemeinden „... fördern das Wohl der Einwohner in freier Selbstverwaltung durch ihre von der Bürgerschaft gewählten Organe"[2]. Hier findet die kommunale Zielbildung ihren Ausgangspunkt. Die Zielbildung muss vom Bürger – genauer vom Wohl der Einwohner – ausgehen und vom Rat/Kreistag spezifiziert und legitimiert werden. Die Frage nach den anzustrebenden Ergebnissen/Wirkungen ist für alle weiteren Ziele maßgeblich. Die Realisierung der Ziele erfordert eine handelnde Institution – Prozesse und Strukturen müssen organisiert werden – die Institution kann nur unter Einsatz von Ressourcen Leistung erbringen. Ein Raster für die zweckmäßige Einteilung und Abgrenzung von Zielfeldern ist damit gefunden – in der stark komprimierten, grundlegenden Version:

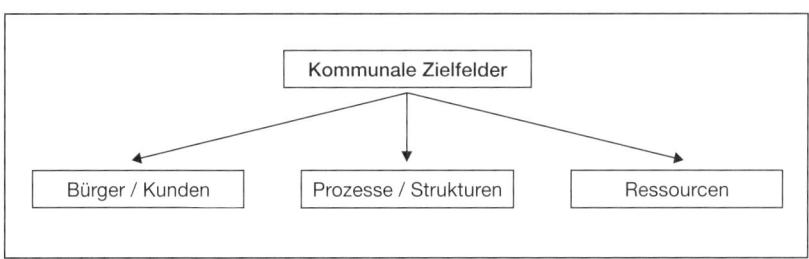

Abb. 3.3: Zielfelder für Gemeinden, Städte und Kreise, grundlegende Version.

Dieses dreigliedrige System von Zielfeldern lässt einerseits öffentlichkeits- und medienorientierte Kommunikation zu, die mit Verkürzungen und Schlagworten arbeiten muss, andererseits für die unterschiedli-

---

1) Vgl. KGSt Bericht 3/2001, Steuerung mit Zielen: Ziele entwickeln und präzisieren.

2) Beispielhaft herausgegriffene Formulierung aus einer Gemeindeordnung, hier: § 1 Gemeindeordnung des Landes Nordrhein-Westfalen.

chen Planungs- und Realisierungszwecke von Rat/Kreistag und Verwaltung genügend Raum für die notwendige Spezialisierung und Differenzierung, ohne einen Systembruch hinnehmen zu müssen.

Für viele Anwendungsfälle ist die grundlegende Version mit drei Zielfeldern zu grobmaschig, weil die Präzisierung der einzelnen Ziele in den Zielfeldern zu wenig unterstützt wird. Eine Differenzierung der drei Zielfelder ist deshalb häufig zweckmäßig. Dies gilt in besonderer Weise für die Haushaltsplanung mit ihren unterschiedlichen Konkretisierungsstufen und dementsprechend beteiligten Akteuren.

Beispiel:

Greifen wir das Beispiel aus Kap. 3.1.1 wieder auf: Der Schul- und Kulturdezernent gewinnt mit den Zielfeldern eine systematisch angelegte, trotzdem pragmatisch zu handhabende Möglichkeit, den Zielbildungsprozess und die Präzisierung der Ziele einfacher, praxisnäher und mit besserer Berücksichtigung von Zusammenhängen zu bewältigen bzw. zu gestalten. Er prüft, welche Ziele mit den Organisationseinheiten seines Dezernatsbereichs vereinbart sind und welche Veränderungen für die nächste Planperiode erforderlich sind oder im Rahmen eines umfassenderen Diskussionsprozesses z. B. mit dem Schul- und Kulturausschuss geklärt werden müssen. Dabei nimmt er checklistenartig alle Zielfelder in den Blick – von den Ergebnissen/Wirkungen bis hin zu den den einzelnen Zielfeldern im Bereich Ressourcen. Im Rahmen dieser Überprüfung trifft er eine Auswahlentscheidung: welche Ziele sind für ihn unmittelbar von Bedeutung, welche Ziele sind auf nachgeordneter Ebene, z. B. in den Abteilungen oder Fachbereichen, auszuarbeiten und zu verfolgen. Dieser Klärungs- und Auswahlprozess, der zunächst nicht unmittelbar mit dem Berichtswesen verbunden ist, erbringt im Ergebnis gleichwohl wichtige Informationen zum Aufbau und zur Gestaltung der Berichterstattung: Es werden die Ziele klar herausgearbeitet, über deren Verfolgung und Realisierung der Bericht Informationen darbieten soll.

 WICHTIG!

Der Aufbau eines Berichtswesens stellt regelmäßig die (bisherige) Aussagefähigkeit zielorientierter Steuerung auf den Prüfstand. Zielorientierte Steuerung ist unabdingbar Bestandteil des Managementkreislaufs (Primärkreislauf). Ziele werden in ihrer Vielgestaltigkeit erfahrbar, gewinnen Konturen, erfordern Gewichtung und die Bildung von Prioritäten. Das Berichtswesen und die – auf eine konkrete Führungsfunktion ausgerichtete – Berichterstattung knüpfen hier an und liefern die notwendigen Rückkopplungsinformationen (Sekundärkreislauf).

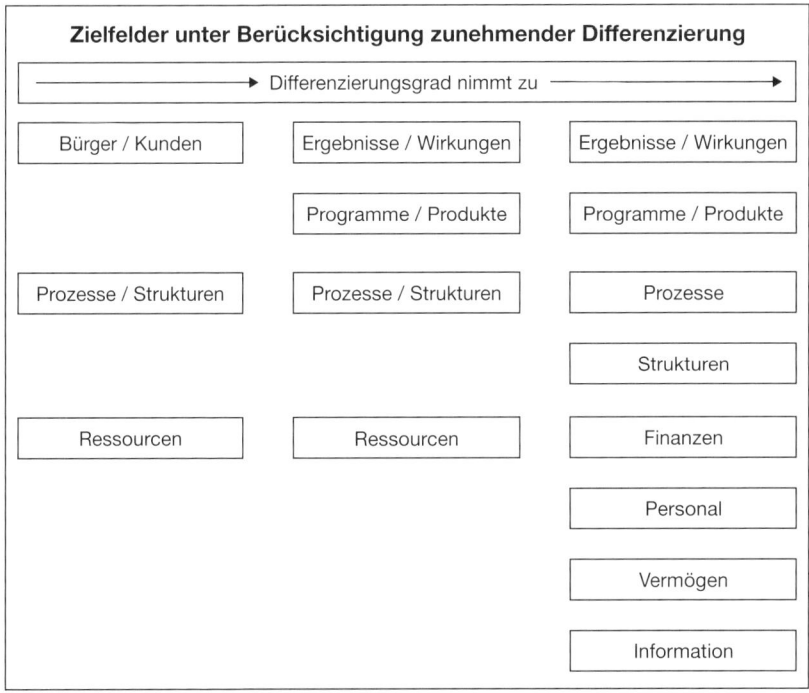

Abb. 3.4: Differenzierte Zielfelder in Anlehnung an die Darstellung der KGSt[1] sowie der Bertelsmann Stiftung. Der Differenzierungsgrad nimmt zu und kann bei Bedarf weiter fortgeführt werden. Mit der Differenzierung der Zielfelder wird herausgehoben und betont, welche Bereiche in den Blick genommen werden sollen. In der Regel reicht für den Planungsprozess des Haushalts das System der acht Zielfelder aus. Gerade bei der Haushaltsplanung greifen strategische und operative Planungskomponenten ineinander.

Zunächst sollen die einzelnen Zielfelder kurz erläutert werden, alsdann wird auf den Ansatzpunkt für Controlling und Berichtswesen eingegangen.

3.2.2 Ergebnisse/Wirkungen

Die Wirkung von kommunaler Erziehungsberatung, verkehrsberuhigten Zonen, Volkshochschulkursen, Bebauungsplanung in einem Stadtteil ist nicht gleich bedeutend mit der kommunalen Leistung selbst. In die Wir-

---

1) Vgl. dazu KGSt Bericht 10/2000, Strategisches Management III: Zielbezogene Budgetierung, S. 10 und KGSt Bericht 3/2001, Steuerung mit Zielen: Ziele entwickeln und präzisieren, S. 15.

kung geht der Nutzeffekt beim Empfänger der Leistung und ggf. bei Dritten bzw. bei der Allgemeinheit ein, dies gilt umgekehrt auch für Belastungen und Einschränkungen, die aufgrund der kommunalen Leistung entstehen. Beispiel: Ob im VHS-Kurs „Deutsch für Ausländer" die angestrebte Sprachfertigkeit erreicht wird, ist nicht nur eine Funktion der angebotenen bzw. durchgeführten Unterrichtsstunden, sondern hängt von mehreren Faktoren ab. Konsequent betrachtet ist das anzubietende Produkt von der beabsichtigten Wirkung abhängig. Die angestrebte Sprachfertigkeit ist möglicherweise auch durch andere kommunale Leistungsangebote zu erreichen. Ohne diese (Fach-)Diskussion hier im Einzelnen zu vertiefen, sei darauf hingewiesen, dass hier ein weites Feld für kommunalpolitische Gestaltung liegt.

Beispiel:

> Es geht nicht einzig darum, Abfallberatung oder Schuldnerberatung anzubieten und dazu kompetentes Personal einzusetzen, es geht in erster Linie darum, Abfall zu vermeiden bzw. nicht in die Schuldenfalle zu geraten bzw. aus der Schuldensituation herauszukommen und Perspektiven für eine Zukunft ohne Schulden zu entwickeln. Ob dazu kommunale Beratung zielführend und erfolgreich ist, ist eine zweite, zunächst nachrangige Frage. Wichtig ist vielmehr die Frage: Worin besteht das Problem, wie und von wem kann es am besten gelöst werden und – wie kann es in Zukunft vermieden werden?

Die Frage nach den beabsichtigten Wirkungen steht immer am Anfang einer Planung. Diese Frage ergibt sich unmittelbar aus der Vorgabe der Gemeindeordnungen bzw. Kreisordnungen, das Wohl der Einwohner zu fördern. Nicht nur evtl. erforderliche neue Leistungen werden damit ermittelt, sondern auch und gerade das existierende Leistungsangebot der Verwaltung sollte mit der Frage nach Ergebnissen/Wirkungen überprüft werden. Die Antworten sind häufig nicht leicht zu finden, da vage Vorstellungen zu konkretisieren sind. Controlling findet bei diesem Klärungsprozess ein besonders wichtiges Betätigungsfeld. Gleichzeitig wird aber auch klar, dass nur von Führungskräften diese Diskussion mit Aussicht auf Erfolg am Leben erhalten werden kann, weil dadurch im Einzelfall grundlegende Prinzipien des Verwaltungsgeschehens in Frage gestellt werden könnten. Derzeit kann man anhand des zunehmenden Interesses, das aus Kreisen kommunaler Führungskräfte geäußert wird, feststellen, dass das Bewusstsein über die herausragende Bedeutung der Steuerungskategorie „Wirkungen kommunaler Leistungen" in den letzten Jahren deutlich gewachsen ist. Zu erwarten ist, dass die anzustrebenden Ergebnisse/Wirkungen und die erzielten Erfolge in Zukunft stärker als bisher in den Mittelpunkt von Kommunalpolitik rücken.

Die kommunale Praxis entspricht allerdings vielerorts noch nicht dieser Forderung, den beabsichtigten **Wirkungen** Priorität einzuräumen. Das Produktkonzept hat zunächst in den vergangenen Jahren große Aufmerksamkeit gefunden und findet diese nach wie vor, verbunden mit zahlreichen Aktivitäten der Produktbildung in den Verwaltungen.

3.2.3   Programme und Produkte

Die beabsichtigten Wirkungen sind maßgebend für das gesamte Programm (z. B. Programm zur Minderung der Jugendarbeitslosigkeit, Programm zur Belebung der Innenstadt) bzw. das konkrete Produkt. Programme und Produkte stellen das tatsächliche Leistungsangebot der Verwaltung dar: Ausgabe des Führerscheins, Beratungsstunde, Volkshochschulkurs usw. Das Produkt erfüllt einen Bürger-/Kundenwunsch, steht dabei aber in einem Spannungsfeld zur gewünschten Wirkung, ist durch eine bestimmte Qualität gekennzeichnet, bündelt die organisatorischen Maßnahmen der Verwaltung, bindet Budgetmittel und die damit eingekauften Ressourcen und verursacht Kosten. Produktziele sind vielfältig: Beitrag des Produktes zur beabsichtigten Wirkung, Art und Menge, Qualität und Kosten, Zielgruppe und Finanzierung mit Einbindung in den Haushaltsplan bzw. in die Budgets und deren Vollzug sind die wichtigsten Ziele, die im Produkt ihren Ausgangspunkt finden.

Landauf, landab sind Verwaltungen derzeit damit beschäftigt, Produkthaushalte zu entwickeln, in denen zunächst nur die Produkte oder Produktgruppen und deren Ziele im Hinblick auf Zielgruppen, Art des Produkts, Menge, ggf. Qualität vornehmlich zur Beurteilung der Effizienz beschrieben werden. Gleichzeitig werden Indikatoren zur Beurteilung entwickelt. Die Definition von Produkten erfolgt dabei häufig sehr kleinteilig. **Für** die Kleinteiligkeit spricht, dass häufig erst auf dieser Ebene ausreichend konkrete Aussagen zu Qualität, Kundenzufriedenheit, interkommunalen (Kosten)vergleichen usw. gemacht werden können. **Gegen** die Kleinteiligkeit spricht die resultierende Informationsflut und die vergrößerte Schwierigkeit für strategische Entscheidungen. Wie fein- oder grobkörnig die Entscheidungs- und Berichtsinformationen im konkreten Fall sein sollten, muss im Dialog insbesondere mit der Politik geklärt werden. Als Lösungsansatz bietet sich eine Differenzierung entsprechend den jeweiligen Planungs-, Entscheidungs- und Kontrollsituationen an: Während im Zuge von Haushaltsplanberatungen vom Fachausschuss nur relativ hoch aggregierte Informationen verarbeitet werden können, bietet etwa die unterjährige Berichterstattung im Fachausschuss Raum für detailliertere Informationen.

3.2.4 Prozesse

Prozesse und die Ablauforganisation von Verwaltungen bieten nach wie vor erhebliche Anreize, über sie den Ressourceneinsatz, die Quantität und Qualität von Produkten positiv zu verändern, Abläufe in der Verwaltung zu vereinfachen und kostengünstiger bzw. kundenorientierter zu gestalten.

Beispiel:

Wenn ein Bauordnungsamt den Aktenumlauf insoweit verändert, dass die Bauakten zur Bearbeitung nicht mehr von Abteilung zu Abteilung weitergereicht werden, sondern der Sachbearbeiter den überwiegenden Teil der Vorgänge allein entscheidet und der Rest in einer wöchentlichen Konferenz geklärt wird, kann das gleiche Produkt – die Baugenehmigung – wahrscheinlich schneller und möglicherweise kostengünstiger erstellt werden.

Veränderte Prozessziele können neben Qualitätszielen oder Kostensenkungszielen auch Wirkungsverbesserungen ins Auge fassen, im vorstehenden Beispiel etwa eine gesteigerte Attraktivität der Kommune für Bauherren. Der Ausgangspunkt einer Überprüfung und Neubestimmung der Ziele geht in diesem Fall von der beabsichtigten Wirkung aus, führt dort zu einer Zielveränderung und wird über die anderen Zielfelder und die dortigen Ziele weiterverfolgt. Die Zielfelder tragen dazu bei, die Übersichtlichkeit zu wahren und den Zusammenhang der Ziele nicht aus dem Blick zu verlieren.

Nicht zuletzt ist der Leistungserstellungsprozess in der Verwaltung aus der Sicht des Bürgers/Kunden bedeutsam: durch die Verkürzung von Wartezeiten, die Verringerung der Anzahl der notwendigen Kontakte bis zur Leistungsbereitstellung, größeren Komfort bei der Bereitstellung notwendiger Angaben (Formulare) usw. wird die Zufriedenheit entscheidend beeinflusst.

Diese Perspektive auf den Leistungserstellungsprozess führt zur Zielklärung und -bildung: Welche maximale Wartezeit wird akzeptiert? Welche Reaktionszeit/Antwortzeit nach Eingang von Anträgen soll nicht überschritten werden? Welche Zeiten werden für die einzelnen Teilprozesse bei der Bearbeitung einer Genehmigung vorgegeben oder vereinbart? Nicht nur das globale Ziel, für den Kunden die Wartezeit zu verkürzen, ist entscheidend, sondern auch verschiedene daraus sich ergebende Ziele für den Leistungserstellungsprozess im Einzelnen sichern den Erfolg. Nur das Globale im Blick zu haben und dem Rest als „Maßnahmenebene" wenig Aufmerksamkeit zu schenken, ist ein Schritt zu mangelndem Umsetzungserfolg. Auch auf der sog. Maßnahmenebene sind wichtige

Ziele zu ermitteln, das Konzept dezentraler Verantwortung unterstützt diese differenzierte Sichtweise besonders gut. Dem Zielfeld Prozesse kommt daher keineswegs nur nachgeordnete Bedeutung zu.

3.2.5 Strukturen

Die Organisationsstrukturen sind Gestaltungsmittel und Fixpunkt zugleich. Ob beispielsweise die Verwaltung interne Serviceeinheiten einrichtet, die den Fachbereichen und Einrichtungen kostengünstig Unterstützung leisten und damit für eine Verbesserung der Leistung für Externe sorgen, ist eine über die Verbesserung von Geschäftsprozessen hinausgehende Frage. Die gleiche Frage stellt sich im Hinblick auf evtl. Ausgründungen in der Form von Eigenbetrieben und anderen Formen kommunaler Beteiligung. In allen Fällen sind Zielsetzungen zu entwickeln und organisatorische Alternativen zu prüfen.

Strukturen bedürfen der Gestaltung, dies setzt Ziele voraus. Sie werden in der Regel aber nicht wie Prozesse gemessen (wie z. B. die Durchlaufzeiten von Bauakten), sondern in ihrer Unterschiedlichkeit dokumentiert und analysiert. Dabei kann auch gut veranschaulicht werden, dass es mehrere richtige Lösungen geben kann, je nachdem welche Ziele in einer Organisation höher gewichtet werden.

Beispiel:

Bei Leistungsvergleichen im Bereich von Sozial- und Jugendämtern zeigte sich eine Optimierungsmöglichkeit darin, den sozialarbeiterischen Bereich der Sozialämter und die Jugendämter zusammenzulegen, und eine eher stadtteilbezogene Jugend- und Sozialarbeit zu betreiben. Dies war deshalb sinnhaft, weil beide Bereiche häufig die gleichen Klienten hatten. Es trat somit nicht nur eine finanzielle Verbesserung ein, sondern entscheidend war, dass ein ganzheitlicher Problemlösungsansatz gefunden wurde zum Wohle der Zielgruppen. Im Projekt „Lebendige Schule in einer lebendigen Stadt" der Bertelsmann Stiftung zeigte sich etwas völlig anderes: Die gleichen Kooperationsdefizite wie zwischen Sozial- und Jugendamt waren auch zwischen Jugend- und Schulverwaltung festzustellen. Beide hatten die gleiche Zielgruppe, nämlich Kinder und Jugendliche mit Problemen. Beide suchten vor dem Projekt Lösungsansätze jeweils für sich ohne Beteiligung des anderen. Als Ergebnis des Projektes war nun in etlichen Projektstädten festzustellen, Jugend- und Schulverwaltungsämter wurden zusammengelegt. Auch dies eine richtige Entscheidung. Die veränderte Struktur verbesserte die Arbeitsergebnisse. Gleichwohl zeigen die beiden Möglichkeiten den Bedarf auf, sich für eine Lösung, die in der konkreten Situation der handelnden Stadt die richtigere ist, zu entscheiden. Zwar könnte man theoretisch eine Organisationseinheit aus Schul-, Jugend- und Sozialverwaltung machen. Da fast immer alles mit allem zusammenhängt, könnte man möglicherweise auch noch weitere Einheiten integrieren, z. B. die Gebäudewirtschaft. Der Erfolg der geänderten Aufbauorganisation würde aber rasch durch die Größe der Einheit wieder aufgehoben, wenn nicht gar in sein Gegenteil verkehrt.

Es kommt also darauf an, einen ganzheitlichen Blick für die Aufgabenbereiche einer Kommunalverwaltung zu haben, professionell beurteilen zu können, wann und unter welchen Bedingungen Erfolge erzielt werden können und insbesondere darauf, die Entscheidung an den Zielen, welche sich Politik und Verwaltung gesetzt haben, zu orientieren.

Nochmals soll erneut die Bedeutung zielorientierter Steuerung für alle weitergehenden Überlegungen zum Aufbau und zur Gestaltung des Berichtswesens hervorgehoben werden. Sind hier Grundlagen gelegt und Ziele definiert, ist eine für die Berichterstattung relevante Auswahl der Ziele nicht mehr so schwierig wie gegenwärtig häufig in der kommunalen Praxis beklagt wird. Eine Systematisierung bei Zielbildung, -diskussion, -entscheidung und -auswahl erleichtert die Berichterstattung, sorgt für klare Verantwortlichkeiten und schafft in Verbindung mit einer laufenden Berichterstattung mehr Transparenz als bisher nach gängiger Praxis üblich. Der Zielbildungsprozess mittels Anwendung von Zielfeldern dient dabei als Ausgangspunkt einer systematischen Zielentwicklung.

3.2.6 Finanzen, Personal, Vermögen, Information

Ressourcen bestimmen die Leistungsfähigkeit der Verwaltung. Dies gilt für Finanzen, Personal, (Sach-)Vermögen wie insbesondere Grundstücke und Gebäude und in zunehmendem Maße für Information, z. B. Datenbanken, die raumbezogene Informationen für unterschiedliche Planungs-, Steuerungs- und Kontrollzwecke vorhalten und pflegen.

Beispiel:

Wenn die Pflege und Wartung kommunaler Infrastruktur hinsichtlich der Wirtschaftlichkeit überprüft und neue Ziele gesetzt werden sollen, ist es für Vergleichszwecke notwendig, eine Grünflächendatei mit Angaben zu Art, Fläche und Nutzung bereitzuhalten. Information in systematisch-geordneter Weise und auf aktuellem Stand ist eine wichtige Ressource für kommunale Steuerung und verursacht in Aufbau und Pflege Kosten.

Eine Vielzahl strategischer, vor allem aber operativer Ziele deckt das Feld „Ressourcen" ab, ist klärungs-, aktualisierungs- und formulierungsbedürftig. Nicht in jedem Fall sind sie allerdings auch in eine Berichterstattung aufzunehmen.

Beispiel:

> So mag zum Beispiel in einem Einwohnermeldeamt es anlassbezogen wichtig sein zu wissen, wie hoch die Preise sind, die gegenüber der Bundesdruckerei für die Erstellung eines Personalausweises zu entrichten sind. Das ist eine unverzichtbare Information, um zusammen mit anderen Informationen den Kostendeckungsgrad eines Personalausweises ermitteln zu können. Aber: Welcher Steuerungsimpuls wird dadurch ausgelöst? Welchen Gestaltungsspielraum hat die Verwaltung? Der zu entrichtende Preis dürfte als solcher kaum zum Inhalt eines Berichts gehören: Zu kleinteilig und mangelnde Ziel- bzw. Steuerungseignung sind die Gründe.

Man kann den Betrieb einer Verwaltung mit einer Waage vergleichen. In der einen Schale befinden sich die durch gesetzliche Vorgaben bzw. durch Rat/Kreistag definierten Produkte, in der anderen Schale die Leistungspotenziale. In einer leistungsfähigen Verwaltung halten sich beide Schalen die Waage, d. h. es sind exakt die Ressourcen vorhanden, um die Leistungen in der definierten Quantität und Qualität zu erledigen. In der Praxis ist jedoch häufiger etwas ganz anderes festzustellen. Die Schale mit den Leistungen wird weiter belastet, die Schale der Ressourcen wird erleichtert. Dies war in der Vergangenheit ein beliebtes Spiel, um insbesondere an der Schraube der Personalkosten zu drehen. Übrigens auch oft mit Erfolg, weil sich zeigte, dass keine (Leistungs-)Minderungen eintraten. Der Grund lag aber in einer fehlenden sauberen Berechnung der Bedarfe für die Leistungserstellung und in mangelnder Überprüfung der Ziele. In einer Verwaltung, in der die Produkte und die notwendigen Ressourcen klar definiert und die Ziele überprüft und aktualisiert sind, dürfte ein derartiges Verhalten keinen Erfolg haben. Wenn also bei den Mitteln gespart werden soll, bedeutet das in diesem Fall auch, bei der Menge und/oder der Qualität der Leistungen zu sparen. Die Anwendung der Zielfelder und die darin zu entwickelnden Ziele sorgen für eine miteinander korrespondierende Zielbestimmung: Ändert sich beispielsweise auf der Leistungsseite ein Ziel, muss geklärt werden, welche Veränderungen bei anderen Zielfeldern erforderlich sind.

Die konsequente Analyse der Ziele anhand der Zielfelder zeigt ihre Leistungsfähigkeit für das Management. Eine systematische Zielanalyse verknüpft angestrebte Wirkungen bzw. beabsichtigte Ergebnisse mit den dafür entwickelten Produkten, dem Erstellungsprozess und den einzusetzenden Ressourcen. Wenn nur eine bestimmte Menge X der Ressourcen möglich ist, werden über die Ziele in den anderen Zielfeldern die Auswirkungen verfolgt und Ziele verändert.

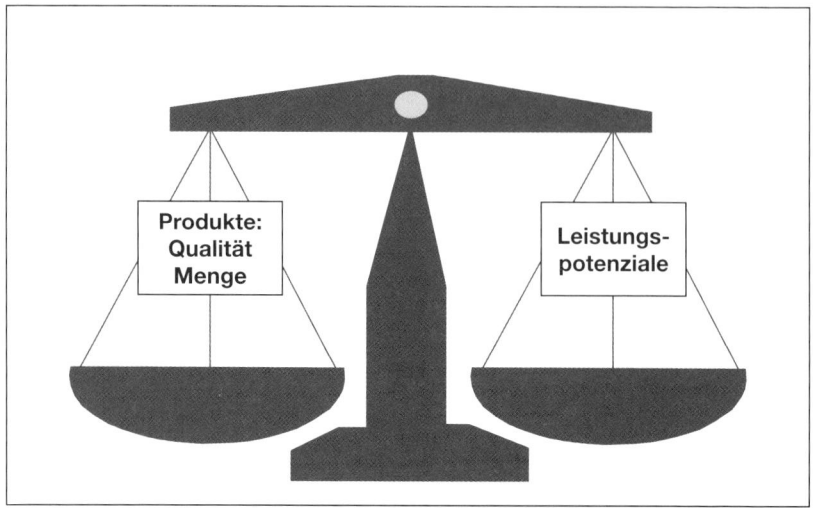

Abb. 3.5: Leistungsanforderungen und Leistungspotenziale; das Gleichgewicht ist nicht die Regel.

3.2.7 Ziele entwickeln und Berichtswesen einführen

Die Zielfelder stecken den Rahmen für die Fragen zur Ermittlung der Ziele ab. Jedes Zielfeld erfordert daher eine Analyse, deren Ergebnis die Formulierung der Ziele sein muss. Dazu sind Fragen hilfreich, die den Analyse- und Diskussionsprozess anregen. Dieser Klärungsprozess betrifft mehrere Verantwortungsebenen, die ihn bestenfalls im Dialog miteinander betreiben. Rat/Kreistag, Verwaltungsführung und die Organisationseinheiten der Verwaltung sind darin einbezogen. Beispielsweise sollte die Haushalts- und Arbeitsplanung der Organisationseinheiten auf dem differenzierten System der acht Zielfelder aufbauen. Sie wird durch Fragen, die den einzelnen Zielfeldern zugeordnet sind, konkretisiert. Abb. 3.6 enthält eine Auswahl wichtiger Fragen, wie sie z. B. im Rahmen der jährlichen Haushaltsplanung bei einer neuen Maßnahme, einem neuen Projekt oder einem neuen politischen Programm und/oder bei Überprüfung der bisher bereits angebotenen Leistungen – der dominierende Teil des Programms – zu stellen sind[1]:

---

1) Vgl. KGSt Bericht 3/2001, Steuerung mit Zielen: Ziele entwickeln und präzisieren, S. 20-29.

Zielfeld	Beispielhaft ausgewählte Fragen
Ergebnisse/Wirkungen	Was kommt auf die Kommune/den Fachbereich/die Organisationseinheit zu? Welche Zielgruppe soll angesprochen werden? Was soll – für die Zielgruppe – erreicht werden (Wirkung)? Wie wird sich die Zielgruppe in den nächsten fünf Jahren entwickeln? ...
Programme/Produkte	Welche Programme/Produkte sind geeignet, die beabsichtigte Wirkung bestmöglich zu erreichen? In welchem Ausmaß soll die Zielgruppe mit dem Produktangebot erreicht werden? Welche Qualität/welcher Produktstandard soll vorgegeben werden? Welche Leistungsmenge ist erforderlich? Steht das Produkt in einem Wettbewerbsverhältnis beim Kunden? ...
Prozesse	Welche Faktoren sind für eine erfolgreiche Abwicklung des Prozesses maßgeblich? Worin besteht der Erfolg? Ist es zweckmäßig, Teilprozesse oder den gesamten Erstellungsprozess auszulagern? Wie verändern sich Prozesse, wenn sich die Zielgruppen verändern (Verbindung zur Frage nach den Zielgruppen bei Ergebnisse/Wirkungen)? ....
Strukturen	Unterstützt die Aufbauorganisation effiziente Abläufe? Welche Verantwortungsbereiche sollen gebildet werden? Welche Servicebereiche sollen gebildet und wie sollen sie gesteuert werden? ....
Finanzen	Wie viel Finanzmittel sind verfügbar, wie viel sind erforderlich? Welche Veränderungen bei Leistungserstellungsprozess und Produkt können den Finanzbedarf verringern? Kann der Finanzrahmen erweitert werden, wodurch? ....
Personal	Welcher Einsatz von Personal ist erforderlich (Personalplanung im Anschluss an die Produktplanung)? Welche personalwirtschaftlichen Maßnahmen sind erforderlich, um Leistungsfähigkeit zu erhalten/zu steigern? Welche Anforderungen an das Personal ergeben sich in einer Fünf-Jahres-Perspektive? ...

Zielfeld	Beispielhaft ausgewählte Fragen
Vermögen	Werden die Kapazitäten des Anlagevermögens wirtschaftlich genutzt? ...
Information	Wie kann informationstechnische Unterstützung optimiert werden? Welche Prozessverbesserungen sind möglich? ...

Abb. 3.6: Zielfelder und ausgewählte Fragen.

Die Fragenkataloge sind nicht vollständig und abschließend bestimmt, sie dienen vielmehr der Darlegung der Methodik. Eine Haushalts- und Arbeitsplanung muss nicht zwingend die Bearbeitung aller Fragen und eine dementsprechend tief gehende Analyse voraussetzen, der Vorteil der Zielentwicklung mit Zielfeldern und Fragenkatalogen liegt gerade darin, dass vor dem Hintergrund der zeitlichen und sonstigen Zwänge einer aktuellen Haushalts- und Arbeitsplanung Schwerpunkte ausgewählt und vertiefend erörtert werden können.

Die Auswahl der Fragen hängt vor allem mit der Managementebene zusammen, die sich im konkreten Einzelfall mit der Zielentwicklung befasst. Grundsätzlich sind die Zielfelder und Fragen für alle Entscheidungs- bzw. Verantwortungsebenen relevant, allerdings nicht starr, in unveränderter Form. Die Bildung von Schwerpunkten mit einzelnen Zielfeldern ist zweckmäßig und entspricht dem unterschiedlichen Verantwortungs- und Entscheidungsprofil der Beteiligten. In der Tendenz wird die politische Diskussion einen Schwerpunkt bei Ergebnissen/Wirkungen und Finanzen setzen, während im Fachbereich oder in der Abteilung der Schwerpunkt eher bei einzelnen Fragen der Kundenbedienung und beim Einsatz der Ressourcen liegen wird.

Beispiel:

Die Frage, was auf die Kommune zukommt, welche Anforderungen sich in Zukunft stellen, leitet einen Klärungsprozess ein, der die Zukunftsfähigkeit betrifft. Damit wird die Bildung von Zielen angeregt, die einen positiven Lösungsbeitrag erwarten lassen. Diese Frage ist sehr grundsätzlicher Natur und betrifft die politische Vertretung und die Verwaltungsführung in besonders herausgehobener Weise. Die daraus resultierenden Antworten müssen aber in den anderen Zielfeldern weiterverfolgt werden und führen letztlich zu handlungsorientierten Zielen, die die nachgeordneten Führungsebenen einer Verwaltung betreffen.

Der Anfangsaufwand für eine derartige präzise zielorientierte Steuerung mag hoch erscheinen. Wenn der Informationsgewinn betrachtet und im Übrigen von einem Entwicklungsprozess ausgegangen wird, ist die damit verbundene Umstellung überschaubar. Über ein bis zwei Jahre betrachtet, kann eine Organisationseinheit ein geschlossenes Zielbild entwickeln und durchgehend von der beabsichtigten Wirkung bis hin zu den einzusetzenden Ressourcen Erfolgsfaktoren ermitteln, Ziele formulieren und Zielgrößen erarbeiten und die Leistung verbessern. Dabei kann diese Vorgehensweise personelle Engpässe bei der Reorganisation berücksichtigen und zahlreiche Probleme der Praxis auffangen und flexibel das jeweils Wichtige und Mögliche mit Priorität bearbeiten.

Controlling sollte in diesem Kontext aufgebaut, Berichtswesen eingeführt werden. Die Vorteile einer Einbindung und Anpassung von Controlling in bzw. an einen Zielentwicklungsprozess liegen vor allem in Folgendem:

 WICHTIG!

▶ *Präzise Ziele sind unabdingbar. Wer Ergebnisse und Wirkungen erzielen will, muss sich der Mühe unterziehen, die Ziele handlungsorientiert zu klären und zu vereinbaren, bevor Ressourcen eingesetzt und Verträge geschlossen werden. Darüber hinaus zwingt die Knappheit kommunaler Mittel die Verantwortlichen dazu, Prioritäten zu setzen. Strategische und operative Fragen, strategisches und operatives Management arbeiten dabei Hand in Hand, die Grenzen sind fließend.*

▶ *Präzise Ziele sind als Vorgabewerte oder Planwerte Maßstab für den im Vollzug erreichten Ist-Stand. Nur im Vergleich ist der Ist-Wert beurteilbar. Nur dann kann Controlling und Berichtswesen im Verlauf des Haushaltsjahrs eine zweckmäßige Informationsversorgung der Führungskräfte und von Rat/Kreistag sicherstellen.*

▶ *Die kommunale Praxis behilft sich häufig mit Planwerten, die sich aus Vergangenheitswerten speisen und in mehr oder minder großem Ausmaß auch der Haushaltsplanung zugrunde liegen. Dies mag pragmatisch sein und kann für einen Reformprozess stehen, der allmähliche Entwicklung vorsieht. Allerdings muss das Ziel einer zunehmenden Verbesserung der Planung auf der Basis von differenzierten und aktuellen Zielvorstellungen auch tatsächlich formuliert und bindend sein. Anderenfalls droht die Gefahr, dass „alles beim Alten" bleibt. Insoweit bietet die Systematik der Zielfelder und Fragen einen Haltepunkt, der die Reformarbeit über mehrere Jahre steuern hilft. Controlling und Berichtswesen können sich ohne weiteres dem erreichten Stand der Aussagemöglichkeiten anpassen, erreichen aber auch nur in diesen Grenzen eine Informationsversorgung der Führungskräfte.*

Es ist wichtig darauf zu achten, dass Controlling und Berichtswesen organisch, d. h. im Gleichklang mit dem primären Steuerungssystem entwickelt werden. Damit kann auch der Aufwand für Controlling gemindert werden: Praxiserfahrungen zeigen, dass mit Controlling Personal und Mittel gebunden werden, deren Einsatz nicht immer optimal und meistens klärungsbedürftig ist.

 WICHTIG!

Allzu schnell werden Zieldiskussionen in der Praxis als mühsam, der Aufbau betriebswirtschaftlicher Instrumente (z. B. Kosten- und Leistungsrechnung) und sonstige Unterstützungsmittel (z. B. auch Produktbeschreibungen) aber als griffiger und praxisnäher angesehen. Hierin sind sich oft Führungskräfte, Controller/innen und Fachpersonal einig.

Erfahrungen der letzten Jahre zeigen aber sehr deutlich: Der nicht selten aufwändige Aufbau betriebswirtschaftlicher Unterstützungssysteme, die Einführung beispielsweise der Kosten- und Leistungsrechnung, die Entwicklung von Produktbeschreibungen oder die Einführung von interner Leistungsverrechnung verfehlen ihr Ziel, wenn die Informationsergebnisse nicht genutzt werden. Dafür mag es viele Gründe geben, fehlende oder unklare Ziele – sowohl für die Reform selbst als auch für die kommunalen Leistungen – sind häufig darunter. Die so pragmatisch erscheinende Vorgehensweise wird zum Stolperstein in der Reform.

 TIPP!

Überprüfen Sie die Situation in Ihrer Verwaltung/in Ihrer Organisationseinheit: Haben Sie Ihre Ziele explizit formuliert? Wie sind Sie zu den Zielen gekommen? Sind die Ziele controllingfähig? Ist die Klärung der Ziele vor dem Hintergrund der obigen Empfehlungen bereits erfolgt? Enthält die vorgeschlagene Arbeitssystematik – Anwendung von Zielfeldern und Fragen – Impulse für die Klärung der Ziele? Ist Controlling in die Zielklärung eingebunden?

Oder knapper: Können Sie ohne weiteres die für einen Bericht maßgeblichen Planwerte benennen?

3.3 Bericht und Berichtsempfänger

3.3.1 Anforderungen an einen Bericht

Nachdem die Ziele geklärt sind, hat der standardisierte Managementbericht für den Berichtsempfänger – Führungskraft oder Gremium, z. B. Kreistags-Ausschuss – ein festes Bezugssystem. Wie dieses im Einzelnen aussieht, hängt von der konkreten Situation ab. Art und Umfang der Verantwortung des Berichtsempfängers spielen dabei eine wesentliche Rolle, dahinter stehen die konkrete örtliche Situation und der erreichte Stand der Reform. Dazu gehört vor allem das Konzept integrierter Verantwortung. Fach- und Ressourcenverantwortung sollen auf der jeweils betrachteten Führungsebene integriert wahrgenommen werden. Dieser Grundsatz gilt für alle Führungsebenen. Diese konzeptionelle Vorstellung hat unmittelbare Auswirkungen auf die Gestaltung des Berichtswesens und den Inhalt der Berichterstattung. Einer integrierten Verantwortung entspricht eine integrierte Berichterstattung, alle Zielfelder und die daraus resultierenden Ziele sind prinzipiell berichtsrelevant. Von diesem Grundgedanken der Integration aus werden die jeweils für die einzelne Führungsfunktion relevanten Schwerpunkte abgeleitet, diese müssen sich in der Zielbildung wieder finden. Berichterstattung schließt hier an.

 WICHTIG!

Nun geht es um die Anforderungen an einen aussagefähigen Bericht. Eine Forderung muss vor dem Hintergrund der Praxiserfahrungen ganz im Vordergrund stehen: Ein Bericht sollte so knapp und lesbar wie möglich sein. Wenige Seiten müssen ausreichen, das Wesentliche komprimiert darzustellen. Zahlenkolonnen und zahlreiche Untergliederungen eines Zahlenwertes sind ebenso ungeeignet wie eine unübersichtliche Optik.

 TIPP!

Überprüfen Sie einmal das derzeit praktizierte Berichtswesen in ihrem Verantwortungsbereich. Entspricht es den obigen Forderungen? Erkennen Sie Änderungsbedarf?

Berichtswesen besteht nicht nur aus einem Bericht für eine – konkret zu bestimmende – Führungsebene, sondern aus einer Anzahl von Berichten, die mit den jeweiligen Verantwortungs- und Führungsebenen korrespondieren: Rat/Kreistag, Fachausschuss, Verwaltungsführung, Fachbereichsleitung, ggf. je nach Größe der Verwaltung Organisationseinheiten im Fachbereich.

Es stellt sich die Frage, wie viele Berichtebenen für eine Kommune sinnvoll sind. Dies hängt zunächst von der Größenordnung einer Kommune ab. Eine Stadt mit mehreren tausend Beschäftigten weist mehrere deutlich voneinander unterscheidbare Verantwortungs- und Entscheidungsebenen auf und muss diesen Ebenen Führungsunterstützung durch Berichterstattung zukommen lassen, eine Gemeinde mit fünfzig Beschäftigten wird mit einer geringeren Zahl von Berichtsebenen auskommen.

Berichtsempfänger ist die jeweils übergeordnete Führungskraft bzw. das Gremium. Berichterstatter sind die nachgeordneten Bereiche bzw. deren Führungskraft. Der Inhalt erfasst den Verantwortungsbereich des Berichterstatters in komprimierter Weise. Der Bericht sollte mehrfach im Planungszeitraum aktualisiert erfolgen, z. B. im Quartals- oder Halbjahresabstand.

Die Anforderungen an die Gestaltung und den Inhalt eines standardisierten Managementberichts im Einzelnen:

▶ Empfänger des Berichts und Berichterstatter/in sollten klar erkennbar sein (Namen!), der vom Bericht erfasste Zeitraum und der Berichterstattungszeitpunkt ebenso.

▶ Der Bericht muss aktuelle Informationsbedarfe decken, unterjährige Berichterstattung ist erforderlich, um unterjährig steuern zu können. Ob dies eine Quartalsberichterstattung sein muss oder ein anderer Zeittakt gefunden wird, hängt von den jeweiligen Gegebenheiten ab.

▶ Der Bericht sollte einen hohen Wiedererkennungswert aufweisen, die Gestaltung sollte übersichtlich sein und nicht ständig verändert werden. Damit wird Orientierung erleichtert.

▶ Der Bericht sollte in komprimierter Weise über das wesentliche informieren, dies geschieht durch Kennzahlen, grafische Veranschaulichung in Schaubildern und mittels eines kurz gefassten Kommentars des Berichterstatters.

▶ Kennzahlen bilden den Planwert, den im Berichtszeitraum erreichten Stand (= Ist-Wert) und den Prognosewert zum Ende des vereinbarten Planungszeitraums (i. d. R. zum Ende des Haushaltsjahrs) ab. Diese Informationen sind unabdingbar.

▶ Der Bericht sollte einen Vergleichswert, z. B. aus einem interkommunalen Vergleich, beinhalten. Allerdings ist dies nicht für jeden unterjährigen Bericht sinnvoll, sondern beispielsweise nur einmal im Jahr. Diese Forderung wird zurzeit nur bedingt erfüllbar sein, da das Netz interkommunaler Vergleiche oder sonstiger Vergleiche mit Externen noch nicht dicht genug geknüpft ist.

▶ Die Planwerte, Istwerte und Prognosewerte als Absolutwerte können durch Prozentangaben ergänzt werden. Dies ist nicht immer sinnvoll, allerdings wird dadurch ein maßstäblicher Eindruck einer Abweichung vermittelt und die Informationsaufnahme erleichtert.

Die Angabe von Vorjahreswerten ist in der Regel entbehrlich, entscheidend ist der Vergleich zwischen Planung und eingetretenem Stand. Wenn die Planung nicht präzise genug ist, haben Vorjahreswerte allerdings einen Orientierungscharakter. Im Übrigen gilt: Zu viele Kennzahlen führen zur Unübersichtlichkeit.

Dies gilt besonders für die Anzahl der Informationskategorien, d. h. für die Anzahl der Ziele, die mit Plan-, Ist- und Prognosewert aufgeführt werden. Ein allgemein verbindliches Maß gibt es nicht, zu unterschiedlich sind die Verantwortungs- bzw. Führungsebenen und das jeweils individuelle Interesse des Berichtsempfängers. Allerdings sollte sich Controlling dafür einsetzen, dass die Anzahl begrenzt wird. Eine schematische Abarbeitung (z. B. pro Zielfeld eine Zielgröße) verbietet sich, ein Anhaltspunkt mag dies aber sein. Die Arbeit mit sieben bis zehn Kennzahlen – so zeigen Praxiserfahrungen – kann sinnvoll strukturiert werden. Zu berücksichtigen ist, dass die Führungskraft fehlende Informationen im Einzelfall erfragen kann.

Der Bericht sollte auf jeden Fall eine Kommentierung des Berichterstatters beinhalten. Wie beurteilt der Berichterstatter die eingetretene Situation? Welche Maßnahmen hat er bereits ergriffen, welche Maßnahmen – die er nicht selbst entscheiden kann – schlägt er vor?

Der Bericht wird zu einer Gesprächsgrundlage zwischen Berichtsempfänger, Berichterstatter unter Einbeziehung von Controlling (falls diese Funktion personell von der Führungskraft getrennt wahrgenommen wird)[1].

Das folgende Muster eines Berichts zeigt die wesentlichen Komponenten auf, für örtliche Zwecke müssen Anpassungen vorgenommen werden:

Im Anschluss an diese Überlegungen sollen für die Ebenen Rat/Kreistag und Verwaltungsführung/Führungskräfte Anhaltspunkte für den Inhalt des Berichts benannt werden. Dabei gilt ein wichtiger Grundsatz für alle Führungsebenen: Grundsätzlich wird der Bericht aus dem Haushalt heraus entwickelt und je nach Ebene ergänzt bzw. verdichtet.

---

1) Vgl. Kap. 3.5.

Bericht .... *(Thema einfügen)*					
An:		Von:			
....		....			
(Berichtsempfänger/in)		(Berichterstatter/in)			
Berichtszeitraum:		Berichtszeitpunkt:			
	Planwert Berichts- zeitraum	Istwert Berichts- zeitraum	Prognose- wert* Gesamt- zeitraum	Abweichung in %* Gesamt- zeitraum	Externer, z.B. interkom- munaler Ver- gleichswert
Diese Felder enthalten die					
Ziele in verbaler Form.	Diese	Felder	enthalten	die	Kenzahlen.
Schaubilder ..... : *(Raum für grafische Darstellung)*					
Analyse und Kommentar Berichterstatter:					
* Zum Ende des Planungszeit- raums.					

Abb. 3.7: Muster eines standardisierten Managementberichts[1], der Berichtszeitraum ist z. b. das erste Halbjahr, der Gesamtzeitraum ist das Haushaltsjahr (als Planungs- zeitraum).

3.3.2 Berichtsempfänger Rat/Kreistag und Fachausschuss

Zentraler Ansatzpunkt für Berichtsinformationen ist der Stand der Reali- sierung des Haushaltsplans. Als Grundlage sollten die Budgets heran- gezogen werden. Hier hat es **die** Verwaltung am leichtesten, die ihren Haushalt bereits organisch, d. h. entsprechend der örtlichen Verwal- tungsorganisation gegliedert hat, und die Ausschussstruktur (möglichst weitgehend) mit der Verwaltungsstruktur in Übereinstimmung gebracht hat. Auf dieser Basis werden nur wesentliche Abweichungen berichtet

---

1) Es handelt sich um einen Diskussionsbeitrag im laufenden KGSt-Berichtsprojekt „Berichtswesen", die Arbeit an diesem Projekt ist noch nicht abgeschlossen.

(eine Toleranzgrenze muss vereinbart werden). Sofern bereits eine Planung des Haushalts auf der Basis strategischer Leitziele erfolgt, sollte darüber – und über deren Realisierung – berichtet werden.

Die besonders wichtigen Einnahmearten sollten in den Bericht aufgenommen werden; unterjährige Entwicklungen der Einnahmen sind in Kommunalverwaltungen einerseits unabhängig vom Leistungsangebot, können dieses Leistungsprogramm andererseits aber wesentlich beeinträchtigen (bei zurückgehenden Einnahmen).

Wenn hier die Berichterstattung über den Haushaltsvollzug (Budgetberichterstattung) als Kern der Berichterstattung an die politischen Gremien genannt wird, so wird dabei vorausgesetzt, dass die Kommune bereits das Konzept des **Produkthaushalts** umgesetzt hat oder es zumindest verfolgt. Damit ist gemeint, dass der Haushalt auch die Leistungsseite abbildet und so zum zentralen Instrument der Ressourcen- und Produktplanung wird[1].

 WICHTIG!

Einmal im Jahr – im Zusammenhang mit der strategischen Planung für das folgende Haushaltsjahr – sollte die Berichterstattung ausführlicher als sonst erfolgen. Dabei sollte insbesondere vertiefend auf die strategischen Schwerpunkte des lfd. Jahres und auf Prognoseinformationen in mittelfristiger Perspektive eingegangen werden. Die kommunalen Gesamtentwicklung ist in diese Berichterstattung aufzunehmen, z. B. Einwohnerentwicklung/-prognose, Entwicklung von Wirtschaftsdaten wie z. B. Arbeitslosenzahlen.

Verbale Erläuterungen ergänzen – in knapper Form – die berichteten Kennzahlen.

Beispiel:

Eine 70 000-Einwohner-Stadt praktiziert eine Berichterstattung an den Haupt- und Finanzausschuss auf der Basis des Haushaltsplans: Sie bedient sich dazu der Berichte aus den Fachbereichen. Diese zeigen sowohl für den Verwaltungs- als auch für den Vermögenshaushalt anhand der Fachbereichsziele und -budgets den Soll- und Iststand auf. Dabei leistet sie dies nicht nur anhand von Zahlen, sondern die Zahlen werden zum einen durch Grafiken erweitert und zum anderen dadurch aufbereitet, dass wesentliche Abweichungen auch verbal erläutert bzw. die Maßnahmen dargestellt werden, welche zur Zielerreichung oder -korrektur erforderlich und geeignet sind. Die Berichte der Fachbereiche werden ergänzt durch die der Eigenbetriebe und Gesellschaften, welche

---

1) Vgl. Bals, Hansjürgen, Hack, Hans, a. a. O., S. 69 ff.

genauso zu einem abschließenden Berichtswesen gehören. Aus der Gesamtheit der Einzelorganisationen gewinnt das Ratsmitglied die benötigten Erkenntnisse, um die Verwaltung erfolgreich steuern zu können.

Für den einzelnen Fachausschuss gilt dies entsprechend. Fachlichkeit und strategische Schwerpunkte stehen im Vordergrund.

3.3.3 Berichtsempfänger: Verwaltungsführung und Führungskräfte in der Verwaltung

Die Verwaltungsführung sollte die Berichterstattung erhalten, wie sie dem Rat/Kreistag gegenüber vorgesehen ist (Kongruenz der Diskussionsansätze). Diese Berichterstattung sollte um wesentliche Informationen zur Leistungsfähigkeit der Kommunalverwaltung ergänzt werden. Dazu sollten die Ressourcenbereiche Personal, Vermögen und Information im Hinblick auf die strategischen Ziele „gecheckt" und entsprechende Informationen aufgenommen werden. Dabei handelt es sich nicht um detaillierte Stellenplaninformationen! Es geht vielmehr um eine zielbewusste Steuerung der Ressourcen.

Beispiel:

Das Ziel war, im vergangenen Halbjahr xy Mitarbeiter/innen eine betriebswirtschaftliche Zusatzausbildung zu vermitteln. Konnte das Ziel erreicht werden? Welche Verwendung finden diese Mitarbeiter/innen?

Beispiel:

Die Raumnutzungskosten sollten im Zweijahreszeitraum um x % gesenkt werden. Welcher Zwischenstand ist nach einem Jahr erreicht?

Der Mangel an expliziten Zielen wird deutlich, wenn sich im Bericht an die Verwaltungsführung keine berichtenswerte Information „aufdrängt" und aufgrund dieser Lücke zahlreiche Zahlen über alltägliche Probleme angeboten werden. Wie bereits mehrfach betont: Beim Aufbau von Berichtswesen steht die bisher gebräuchliche zielorientierte Steuerung auf dem Prüfstand.

In vergleichbarer Weise werden die Führungskräfte der unterschiedlichen Führungsebenen in der Verwaltung – das Management der Verwaltung generell – mit einer Berichterstattung unterstützt.

Die Führungskräfte der Organisationseinheiten, z. B. Fachbereiche, Betriebe, Einrichtungen etc., erhalten eine Berichterstattung, die zunächst in die Berichterstattung an die jeweils übergeordnete Instanz eingepasst ist. Im Rahmen einer Auffächerung (Zielfelder!) wird der jeweilige Verantwortungsbereich detaillierter im Bericht abgebildet als auf der übergeordneten Führungsebene. Die besonderen Schwerpunkte und deren operative Umsetzung spielen eine wesentliche Rolle im Bericht. Einzelne Produktgruppen, Produkte oder Leistungen, Teilbudgets, Kosten, Qualitätsindikatoren, Wartezeiten der Kunden u. Ä. werden je nach Zielsetzung in die Berichterstattung aufgenommen. Eine Abweichungsberichterstattung hilft, Informationsüberflutung zu vermeiden und hat im Übrigen den Nebeneffekt, dezentrale Verantwortung zu akzentuieren.

3.4 Besonderheiten bei der Berichterstattung über die kommunalen Beteiligungen

Kommunale Beteiligungen gewinnnen wachsende Bedeutung[1] für die Steuerung der gesamtkommunalen Angelegenheiten, da die Ausgründung von kommunaler Verwaltungstätigkeit und die Beteiligung an gemeinsam mit Dritten gegründeten Unternehmen verstärkt von den Kommunen als Handlungsalternative gesehen und praktiziert wird. Beteiligungscontrolling und die dahinter stehende Idee einer zielorientierten Steuerung kommunaler Beteiligungen aus der Sicht der Kommune als Trägerkörperschaft weist in der kommunalen Praxis erheblichen Nachholbedarf auf. Zumeist haben Kommunen in der Vergangenheit lediglich eine auf Jahresabschlüssen oder sonstigen globalen Steuerungsgrößen aufbauende rudimentäre Steuerung der Beteiligungen praktiziert. Der Steuerungsansatz wurde durch die zentrifugalen Kräfte, die mit einer Ausgründung zumeist einhergehen, begrenzt, unterschiedliche Interessenschwerpunkte der Führungskräfte in den kommunalen Beteiligungen und der Verwaltungsführung bzw. Rat/Kreistag kommen mancherorts hinzu. Im Ergebnis fehlt eine vor allem am Leistungsauftrag ansetzende spezifische, aus gesamtkommunaler Sicht formulierte Steuerung und eine dementsprechende Steuerungsunterstützung durch Beteiligungscontrolling. In den letzten Jahren ist das Bewusstsein für Veränderungen allerdings deutlich gewachsen. Ein Beteiligungscontrolling erhält zwar eine spezifische Ausprägung, weist aber trotzdem viele Gemeinsamkeiten mit dem allgemeinen Verwaltungscontrolling auf.

Grundsätzlich ist das bisher geschilderte Prinzip, das Berichtswesen einer Kommune und die Berichterstattung für eine konkrete Führungsfunktion mit der Klärung der Ziele zu beginnen und im Rahmen eines Auswahlprozesses durch den Berichtsempfänger die für die Berichterstattung erforderliche Schwerpunktbildung herauszuarbeiten, auch auf

---

1) Vgl. zur Gesamtbetrachtung kommunaler Beteiligungspolitik: Beckhof, Heiner, Pook, Manfred, Gesamtstädtische Steuerung als Konzernsteuerung, in: Eichhorn, Peter, Wiechers, Matthias (Hrsg.), Strategisches Management für Kommunalverwaltungen, Baden-Baden 2001, S. 68-79.

die Berichterstattung über die kommunalen Beteiligungen anzuwenden und anwendbar.

Allerdings sind Besonderheiten zu beachten:

▶ Die Berichtsempfänger-Funktion ist klärungsbedürftig. Nicht zwangsläufig ist die Verwaltungsleitung selbst gleichzeitig auch Berichtsempfänger. In Verwaltungen, die eine Auftraggeberfunktion gegenüber der kommunalen Beteiligung eingerichtet haben, kann dies beispielsweise auch ein Fachbereich der Verwaltung sein.

▶ Bei Neugründung von Beteiligungen kann die Berichterstattung in der geschilderten Weise direkt in den jeweiligen Satzungen, Geschäftsordnungen etc. verankert werden. Damit wird die Umsetzung der Berichterstattung aus einer Perspektive der Kommune als Trägerin der Beteiligung erleichtert. Bei existierenden Beteiligungen hat sich zumeist eine mehr oder weniger ausgeprägte Berichterstattungspraxis im Verhältnis zur Trägerkommune herausgebildet. Änderungen sind i. d. R. verhandlungsbedürftig.

▶ Häufig wird in der kommunalen Praxis lediglich auf der Basis der Jahresabschlüsse berichtet. Diese Berichtsinhalte sind vor dem Hintergrund kommunalpolitischer Wirkungs- und Leistungsziele unzureichend. Die Klärung kommunaler Ziele auf der Basis einer systematischen Analyse mit Hilfe der Zielfelder lässt den Ergänzungs- und Änderungsbedarf erkennen, bei existierenden Beteiligungen wird die Veränderung der Berichtsinhalte weiteren Verhandlungsbedarf auslösen.

3.5 ... und wenn der Bericht vorliegt?

Der Vorlage des Berichts sollte ein Gespräch zum Berichtsinhalt folgen – zumindest sollte dies innerhalb der Verwaltung zum Berichtsstandard gehören. Ein aussagefähiger Bericht ist eine Möglichkeit, punktuell in einem gewissen Zeitabstand – z. B. im Quartalsabstand – die Situation der Organisationseinheit/der Verwaltung, ihres Angebots und der Anforderungen zu reflektieren und dabei auf der Basis präziser Informationen, die der Bericht liefert (liefern soll), Auffälligkeiten zu besprechen, Maßnahmen einzuleiten, neue Ideen zu gewinnen. Keine Führungskraft sollte sich diese Möglichkeit entgehen lassen. Gerade in einer Gesprächssituation können und sollten die weichen Informationen berücksichtigt werden, Informationen, die Zielveränderungen oder ganz neue Ziele in den Blickpunkt rücken.

Aufmerksamkeit findet das Thema Berichterstattung in der kommunalen Praxis derzeit vor allem im Hinblick auf Gestaltung, Inhalte und Vorlage des Berichts. Darin kommt die Aufbausituation zum Ausdruck. Berichtswesen ist als wichtige Stütze der Steuerung erkannt, die Werkstattprobleme beherrschen aber die Szene: Die Informationen sind nicht oder nicht so schnell verfügbar wie gewünscht, die Informationen sind noch ungenau, die informationstechnische Unterstützung hat Schnittstellenprobleme. Diese und ähnliche Fragen binden die Kraft und das Engagement der Controller/innen, der Führungskräfte und der übrigen mit den Aufbauarbeiten befassten Mitarbeiter/innen. Trotzdem ist es erforderlich, mindestens zunächst konzeptionell und sobald als möglich auch praktisch über den Bericht selbst hinauszudenken und Berichtswesen zu komplettieren. Die Schlussfolgerungen aus einem vorgelegten Bericht gehören dazu.

Die Führungskraft – der Berichtsempfänger – muss es als Selbstverständlichkeit ansehen, ein Feed-back zu geben. Welche Information ist besonders wichtig, welche Schlussfolgerungen zieht die Führungskraft, was soll geschehen? Diese Mindestreaktion sollte in die alltägliche Kommunikation integriert werden.

 WICHTIG!

Besser als eine en-passant-Reaktion ist allerdings die Einführung eines regelmäßigen Berichtsgesprächs nach Vorlage des Berichts. Dieses sollte zum Standard der künftigen kommunalen Führungspraxis zählen.

Wer ist am Berichtsgespräch zu beteiligen?

Verschiedene Möglichkeiten bieten sich an.

Nehmen wir als Ausgangspunkt das Beispiel eines Fachbereichs in einer Stadt mit 150 000 Einwohnern. Der Fachbereich besteht organisatorisch aus fünf Abteilungen, die auf Produktgruppenebene die dezentralisierten Produktverantwortlichkeiten bündeln. Die Abteilungsleitungen sind selbst Berichtsempfänger und berichten ihrerseits der Fachbereichsleitung.

Variante 1 besteht darin, in der ohnehin routinemäßig stattfindenden gemeinsamen Besprechung aller Abteilungsleiter/innen mit dem Fachbereichsleiter wesentliche Berichtsinhalte, so weit sie von allgemeinem Interesse sind, zu besprechen. Dies setzt eine offene Kommunikationspolitik im Fachbereich voraus, da auch manch Kritisches präziser als früher zu Tage tritt. Die aus Sicht des Fachbereichsleiters zu besprechenden Berichtsinhalte sind den Beteiligten vorab bekannt zu machen. Ggf. werden die Berichte der Abteilungen grundsätzlich gegenseitig zur Einsichtnahme bereitgestellt. Das Routinegespräch muss terminlich und sachlich in die Berichtsstruktur eingebunden werden.

Variante 2 besteht darin, dass die Fachbereichsleitung jeweils einzeln mit den Abteilungsleiter/innen unter Beteiligung von Controlling die Berichtsgespräche führt. In diesem Gespräch kann auf die einzelnen Belange der Abteilung näher eingegangen werden.

Bei beiden Gesprächsvarianten sollte Controlling im Auftrag der Fachbereichsleitung die Vorbereitung und Nachbereitung übernehmen.

Nun zu der Frage, worin der Gewinn eines Berichtsgesprächs besteht.

Das Gespräch baut auf dem Berichtsinhalt auf und eignet sich besonders dazu, den eingetretenen Stand und die zu erwartenden Entwicklung zu reflektieren. Dabei geht es um Hintergründe und notwendige Maßnahmen. Die Kommentierung des Berichterstatters ist Anknüpfungspunkt für Entscheidungen, die unmittelbar zu treffen sind oder bereits getroffen wurden und im Hinblick auf ihre Erfolgswahrscheinlichkeit einzuschätzen sind. Darüber hinaus bietet der Berichtsinhalt ggf. Anlass, mit Blick auf den nächsten Planungszeitraum bereits erste Hinweise für Zieldiskussionen zu erhalten.

Die konzentrierte Beschäftigung mit den Berichtsinhalten bietet auch die Möglichkeit, über den Tag hinaus zu denken. Vielleicht ist es sinnvoll, in einem bestimmten Bereich eine gesonderte Kundenbefragung durchzuführen, an anderer Stelle mag es zweckmäßig erscheinen, das Beschwerdemanagement zu verbessern oder die Fixkosten zu senken – Maßnahmen, die in der Regel nicht innerhalb weniger Wochen erledigt sind. Auch der Blick auf die mehrjährige Planung ist nahe liegend.

Manche Führungskräfte werden argumentieren, dies sei nichts Neues, regelmäßige Gespräche mit den Leiterinnen und Leitern der Organisationseinheiten in ihrem Bereich seien üblich. Dies mag sein; ohne die Informationsqualität einer Berichterstattung, die diesen Namen auch verdient, ist die Wahrscheinlichkeit unklarer Gesprächsinhalte und folgenloser Kommunikation allerdings größer. Ein Berichtswesen wird letztlich deshalb eingeführt, weil die Informationsversorgung der Führungskräfte nicht befriedigend ist. Nur dann ist ein Berichtsgespräch Mehrwert für die Steuerung und damit für die Führungskraft.

Im Berichtsgespräch kann eine Führungskultur zum Ausdruck gebracht werden, bei der es um präzise und zukunftsorientierte Grundlageninformation in Verbindung mit der Suche nach den bestmöglichen Lösungen geht. Dies setzt allerdings auch eine förderli-

che Kommunikation (im Sinne von Mitteilung und Teilnahme) im Berichtsgespräch selbst voraus.

Förderlich ist, gemeinsam Sachverhalte zu analysieren, nach Lösungen zu suchen, klare Anforderungen und Bedingungen zu formulieren. Neue Ideen können gewonnen, Handlungsbedarf erkannt werden. Dazu ist es unabdingbar festzuhalten, wer von den Gesprächsbeteiligten verpflichtet ist, bis wann welche Aufgabe zu lösen.

Nicht förderlich sind einerseits Schuldzuweisungen, andererseits Verschiebung der Verantwortung auf die Umstände oder auf andere. Manchmal entpuppt sich auch die Forderung nach immer weiteren und genaueren Informationen, ohne die man nichts sagen könne, als Endlos-Schleife, die Controlling und anderen Beteiligten viel Arbeit, der Gesamtorganisation aber wenig zusätzlich hilfreiche Information einbringt. Derjenige, welcher steuernd ein Berichtsgespräch führt, muss sich immer wieder das Ziel eines solchen Gespräches vor Augen führen: Es sollen keine Personen kontrolliert werden, sondern es soll analysiert werden, ob die einmal definierten Ziele – in allen Zielfeldern – richtig waren, ob sie korrigiert werden müssen. Beispiel: Der Mitteleinsatz kann sowohl quantitativ wie auch qualitativ unzureichend gewesen sein und muss dann verändert werden oder die Leistung muss angepasst und das Leistungsversprechen korrigiert werden. Das bedeutet für den für das Berichtsgespräch Verantwortlichen ein beachtliches Maß an Gesprächsführungskompetenz. Wenn diese vorhanden ist, wird sich – wie oben ausgeführt – aus dem Berichtsgespräch eine sich positiv verändernde Führungskultur entwickeln, welche allen Ebenen neue Perspektiven zur Qualitätsverbesserung bietet.

4 Instrumentelle Grundlagen und Voraussetzungen für das Berichtswesen

4.1 Wie geht man beim Aufbau des Berichtswesens vor?

4.1.1 Instrumente folgen dem Informationsbedarf

Führungsunterstützung durch Berichtswesen muss in die örtliche Situation und in die Verwaltungsreform eingebunden werden – so eine unserer bisherigen Aussagen, die ein spezifisches Leistungsbild von Controlling und Berichtswesen zu einem bestimmten Zeitpunkt der Reform zur Folge hat.

Im Folgenden geht es nun in erster Linie darum, die instrumentelle Seite des Berichtswesens zu betrachten. Wir setzen die Entscheidung zur Einführung eines Berichtswesens nunmehr voraus und fragen nach einer zweckmäßigen Vorgehensweise. Dabei geraten die Informationsgrundlagen für ein aussagefähiges Berichtswesen in den Blick. Welche Informationsquellen sind bedeutsam, wie werden die Informationen weiterverarbeitet und schließlich: Wie gelangen sie in den Bericht?

Grundsätzlich haben sich fünf Schritte als Standardweg herausgestellt:

Der Bedarf der Entscheidungsträger an einer regelmäßig-systematischen Information ist zu klären.

Danach sind die konzeptionellen Grundlagen für Controlling und Berichtswesen abzustimmen. Es handelt sich hier vor allem um die Frage, in welcher Form die Informationen vorliegen müssen, damit sie in den Bericht aufgenommen werden können.

Beispiel:

> Wenn über die Kosten pro Leistungseinheit im Bericht kontinuierlich informiert werden soll, ist i. d. R. über die Kostenarten- und Kostenstellenrechnung hinaus eine Kostenträgerrechnung erforderlich, deren Ergebnis die Aussage €/Kostenträger darstellt.

Sodann erfolgt eine Bestandsaufnahme vorhandener Ansätze: bereits bestehende Informationsstränge und bereits greifbare Informationsgrundlagen. Der Bestandsaufnahme schließt sich der Überblick über Veränderungen/Neuaufbau von Informationsgrundlagen an. Aus dem dann erkennbaren Entwicklungsbedarf für neue oder veränderte Informationsgrundlagen können Maßnahmenpakete geschnürt werden[1].

---

1) Vgl. die Ausführungen zum Projektmanagement in Kap. 6.2.

Parallel zur Bewältigung dieser Maßnahmen werden Berichte ggf. auch mit nicht vollständigen Informationen vorgelegt, damit wird Berichtswesen frühzeitig erprobt. Erste Erfahrungen mit dem Berichtswesen werden ausgewertet, der Nachbesserungsbedarf bei Berichtsinhalten wird deutlich.

Eine Controlling-Routine entwickelt sich, die Berichterstattung wird sukzessive verbessert.

 WICHTIG!

Welche Informationen sollen in einen Bericht aufgenommen werden und woher kommen sie?

 WICHTIG!

Die Klärung der Informationsgrundlagen spielt in der praktischen Umsetzung von Controlling und Berichtswesen eine wichtige und die zunächst dringendste Rolle. Die Einführung von Controlling und Berichtswesen beginnt mit der Klärung der Informationsgrundlagen. Handlungsleitend ist der Informationsbedarf der Entscheidungsträger.

Dieser Informationsbedarf ist neben anderen Faktoren vor allem vom jeweils erreichten Stand der Verwaltungsreform, und von der spezifischen Führungsfunktion, die unterstützt werden soll, abhängig[1].

Die Bedeutung der Führungsfunktion für die Spezifizierung des Informationsbedarfs mag unmittelbar einleuchten, schließlich soll Controlling definitionsgemäß Führungsunterstützung leisten, Berichtswesen muss damit ein „Maßanzug" sein. Der mit Berichten zu deckende Informationsbedarf der Verwaltungsführung ist ein anderer als der von Fachbereichsleitungen.

Warum eine präzise Einschätzung der örtlichen Situation der Verwaltungsreform erforderlich ist, ist möglicherweise nicht so schnell greifbar. Die Verwirrung, die derzeit manche kommunale Fachdiskussion zur Verwaltungsreform heimsucht und die auch im interkommunalen Erfahrungsaustausch wirksam wird, hat hier eine ihrer Quellen. Der jeweilige örtliche Stand der Verwaltungsreform unterscheidet sich oftmals deutlich. Wenn mehrere Kommunen miteinander verglichen werden bzw. miteinander ins Gespräch kommen, müssen ein gemeinsames Begriffsverständnis und die gemeinsame Gesprächsgrundlage erst erarbeitet werden, wenn man voneinander lernen will.

---

1) Vgl. dazu auch die Ausführungen in Kap. 2 und Kap. 3.

Die örtliche Situation der Verwaltungsreform ist insoweit ein wichtiger Einflussfaktor, weil der Reformprozess in der Regel in Phasen verläuft[1], die ein situationsangepasstes Controlling erfordern. Mit Beginn einer neuen Phase stellen sich nicht völlig neue, ergänzende Anforderungen an die Leistungsfähigkeit von Controlling und Berichtswesen.

Beispiel:

> Wenn (Haushalts-)Planungen und Entscheidungen auf produktorientierter Basis vorbereitet werden, ist der Informationsbedarf prinzipiell ein anderer als im Stadium einer inputorientierten Budgetierung.

Insoweit ist auf Kapitel 3 zu verweisen. Kommunen, die die dort genannten Voraussetzungen – im Wesentlichen outputorientierte Steuerung unter Einbeziehung in die Budgetierung und in Verbindung mit integrierter dezentraler Verantwortung – noch nicht erreicht haben, müssen diese Schritte nachholen sowie alle Schritte vorbereiten, die erforderlich sind, um so schnell wie möglich ein inhaltlich funktionierendes Berichtswesen einrichten zu können und damit das Ziel – verbesserte Steuerung – zu erreichen.

Da sich gleichzeitig die einzelnen Phasen der Reform überschneiden, Reformelemente wie beispielsweise Budgetierung nicht immer konsequent und vollständig umgesetzt werden, kann man in der Praxis zahlreiche Zwischenstadien beobachten.

Beispiel:

> Als Zwischenstadium kann bezeichnet werden, wenn Budgetierung nach örtlicher Auffassung als eingeführt gilt, die Personalausgaben aber nicht den Budgets zugeordnet sind. Es mag hier dahingestellt bleiben, inwieweit diese Praxis noch mit dem Begriff „Budgetierung" belegt werden sollte, entscheidend ist die örtliche Sichtweise. Hier kann auch die Größenordnung der Kommune eine Rolle spielen.

4.1.2   Ziele und Informationsgrundlagen

Bei der Einführung von Berichtswesen geht es zunächst darum, den Weg vom formulierten Informationsbedarf der Führungskraft zur Gewinnung und Aufbereitung der Information aufzuzeigen. Dieser Weg steht unter Optimierungszwang. Unnötiger Aufwand soll vermieden, die Informationen sollen aber die Transparenz für Entscheider/innen verbessern – nicht mehr und nicht weniger.

---

1) Ein bestimmter, in sich schlüssiger Phasenverlauf ist dringend empfehlenswert, nähere Einzelheiten dazu Kap. 5.

Wie wird der Informationsbedarf ermittelt und gedeckt? Welche Informationsgrundlagen und welche Instrumente werden dazu herangezogen? Welche Besonderheiten sind dabei zu beachten? Vor allem: Wie kann man den zu erwartenden Aufwand im Griff behalten?

Sorgfalt bei der Auswahl der Instrumente und bei der Schaffung der Informationsgrundlagen ist geboten, weil die Gefahr besteht, viel Aufwand für einen geringen Informationsgewinn zu treiben. Kann die gewünschte Information auch auf einfacherem Weg erreicht werden?

Muss die gewünschte Information überhaupt aktuell zur Verfügung stehen?

Beispiel:

Der Wunsch nach Informationen über kalkulatorische Kosten im Quartalsturnus muss kritisch hinterfragt werden. Wird mit dieser Information tatsächlich im Vierteljahresabstand gesteuert? Die einmalige Information in einem der Berichte innerhalb des Jahres reicht aus – und dann müssen sich daraus Konsequenzen ergeben!

Wie wird gesteuert, d. h. für welchen Steuerungszweck werden die Informationen benötigt? Erfordert der Zweck diese und genau diese Information? Ist sie prioritär? Wann, in welchem Rahmen, zu welchem Zeitpunkt ist sie unter Betrachtung anderer Reformelemente erforderlich (Verknüpfungen herstellen, Synergien nutzen, Aufwand begrenzen)? Mit diesen Fragen müssen sich die für Controlling Verantwortlichen rechtzeitig befassen.

Beispiel:

Bei der Einführung von Controlling in einem Grünflächenamt einer Großstadt wird schnell klar, dass die Objektdaten der Pflegeobjekte nicht in verwertbarer Form vorliegen. Die Anzahl der Bäume ist nicht hinreichend bekannt, alte Unterlagen sind unvollständig, Ähnliches gilt für die unterschiedlichen Kategorien der Grünflächen. Fehlende Grundlagendaten verhindern aber weiter gehende, auf diesen Daten aufbauende Aussagen wie z. B. Kostenträgerinformationen. Planung wird dadurch erschwert. Der zuständige Fachausschuss drängt, er möchte so schnell wie möglich das von der Verwaltung angekündigte Berichtswesen kennen lernen. Ein Bericht bliebe allerdings – auf diesen bruchstückartigen Informationen aufgebaut – aufgrund mangelnder Standardisierung in seiner Informationsqualität unpräzise. Der schnelle Aufbau einer Objektdatei ist aber kostenintensiv.

Der zu erwartende Aufwand für den raschen Aufbau einer Objektdatei lässt es geraten erscheinen, den Steuerungsgewinn im Vergleich zu alternativen Informationsmöglichkeiten zu überprüfen. Da andere Organisationseinheiten auch einen Klärungsbedarf im Hinblick auf infrastrukturelle Daten formulieren, allerdings noch Zeit benötigen, bevor sie Einzelheiten nennen können, wird die sofortige und nur für Zwecke des Grünflächenamts anstehende Erfassung der Objektdaten mittels Befliegung zunächst nicht in Angriff genommen, sondern es werden andere Alternativen geklärt. Nicht „aufschieben" ist das Motto, sondern sorgfältige Klärung und wirtschaftliche Bereitstellung der benötigten Informationen.

Sorgsame Planung der Informationsgrundlagen ist ein wichtiger Aspekt. Allerdings gibt das Beispiel des Grünflächenamts Gelegenheit, auf ein Problem aufmerksam zu machen: Häufig ist in der Praxis zu beobachten, dass Resonanz und manchmal auch Akzeptanz findet, wer immer neue Hürden auftürmt statt nach einer vom Aufwand her vertretbaren Lösung zu suchen. Man fängt nicht mit den Maßnahmen an, die zum einen schnell zu einem Ergebnis führen und zum anderen selbst gesteuert werden können, sondern verliert sich in immer mehr vermeintlich wichtigen Details mit der Folge, dass im Zweifel gar nichts geschieht. Es gilt also, Aufwand und Ertrag der Maßnahmen in den Blick zu nehmen.

Welche Ziele verfolgt der Berichtsempfänger? Welche Ergebnisse und Leistungen soll die Führungskraft mit ihrer Organisationseinheit – das Dezernat, der Fachbereich, die Abteilung, die gesamte Verwaltung – erreichen, unter welchen Rahmenbedingungen, unter welchen Budget- und sonstigen Restriktionen? Diese Fragen müssen zunächst im Zentrum der Aufmerksamkeit bei der Prüfung der Informationsgrundlagen stehen. Prinzipiell besteht kein Unterschied darin, in welchen Fachbereichen oder vor dem Hintergrund welcher Fachlichkeit diese Fragen gestellt werden. Die Frage nach den Zielen ist überall anwendbar, egal ob beispielsweise

▶ die Berufsfeuerwehr mit der Gewährleistung eines Sicherheitsniveaus, mit Budgetvorgaben, Personalqualifikation und Dienstplangestaltung,

▶ das Einwohnerwesen mit der Ausgabe von Personaldokumenten, Fallzahlen, Wartezeiten der Kunden, Budgetvorgaben und personellen Besetzungszeiten,

▶ das kulturelle Angebot im Bürgerhaus mit Zielgruppen, Nutzerprofilen, Veranstaltungsangeboten, Einnahmeerzielung, Budgetvorgaben und personellen Betreuungsmöglichkeiten,

▶ der Personalservice mit der Ermittlung des Fortbildungsbedarfs, den Fortbildungsangeboten, Budgetvorgaben und Implementationsstrategien

betrachtet wird. Sicherheitsniveau, Budgetvorgaben, Wartezeiten etc. stellen – je nach Fachspezifikation – Ansatzpunkte für Ziele dar, die die Frage nach den notwendigen Informationsgrundlagen auslösen.

TIPP!

*Notieren Sie, welches die wichtigsten Ziele sind, die Sie in Ihrem Ver-
antwortungsbereich in diesem Jahr verfolgen. Eine zahlenmäßige
Begrenzung kann hilfreich sein, z. B.: die fünf bis acht wichtigsten
Ziele. Welche Informationen sind dafür erforderlich?*

Die Ziele in den Vordergrund zu rücken, ist von entscheidender Bedeutung für Informationsgewinn und Aufwandsbegrenzung: Die Ziele als
Steuerungsgrößen bestimmen, welche Informationen notwendig sind und
welche Informationsgrundlagen und Instrumente genutzt werden müssen, welche weniger wichtig sind und zum späteren Zeitpunkt erarbeitet
werden können.

 WICHTIG!

*Diese Perspektive beim Aufbau eines Berichtswesens und bei der
dazu erforderlichen Bereitstellung von Informationsgrundlagen ist
von entscheidender Bedeutung, um rasch zu einer ersten Berichterstattung zu kommen: Berichtswesen beginnt mit der Klärung des
Informationsbedarfs des Berichtsempfängers. Ziele sind der Ausgangspunkt des Klärungsprozesses. Operationalisierte Ziele zeigen
den Informationsbedarf auf.*

Die kommunale Praxis geht nicht selten anders vor: Vorhandene Informationsgrundlagen „bestimmen", welche Informationen genutzt, weiterverarbeitet, in das Berichtswesen aufgenommen werden. Unzureichende
Berichtsinformationen und unnötiger Aufwand sind die Folge.

Beispiel für eine Kosten- und Leistungsrechnung:

Eine Stadt mit 80 000 Einw. hat der betriebswirtschaftlichen Durchleuchtung der
Verwaltung Priorität in den Reformaktivitäten eingeräumt. Verwaltungsführung
und Rat nannten zu Beginn der Reform ausdrücklich die Kosten- und Leistungsrechnung als ein wichtiges Element der Verwaltungsreform neben Bürgerorientierung, insbesondere Einrichtung eines Bürgerbüros. Man sah sich in dieser
Entscheidung durch die Öffentlichkeit unterstützt, vor allem durch die veröffentlichten Meinungen von Beratern, einschlägigen Hochschulinstituten und der örtlichen Wirtschaft. Zwar war vielen klar: Wirtschaftlichkeit ist das Ziel, nicht die
Kosten- und Leistungsrechnung als solche. In der politischen Kommunikation
ging dieser Unterschied aber verloren. Die Kosten- und Leistungsrechnung
stellte etwas Konkretes dar, ließ sich mit der Vorstellung von Maßnahmen und
Handlungsergebnissen verbinden und war insoweit auch konsensfähig. In einem
auf mehrere Jahre angelegten Projekt wurde die Kosten- und Leistungsrechnung
flächendeckend eingeführt.

Die bereits seit langem in der Verwaltung vorhandenen Kosten- und Leistungsrechnungen – vor allem in den gebührenermittelnden Bereichen und in einigen wenigen Servicebereichen, ca. 10 % des Haushaltsvolumens (Verwaltungshaushalt) – bekamen Auftrieb und mit ihr das dortige betriebswirtschaftliche Fachpersonal. Die Anerkennung des Instruments führte zu mehr Aufmerksamkeit. Verbesserungen wurden von den zuständigen Führungskräften umgesetzt, die betriebswirtschaftlichen Fachkräfte erhielten mehr Zeit für die Analyse, es wurden Kostenrechnungsberichte – ein Berichtswesen auf der Basis, aber auch in den Grenzen des Instruments Kosten- und Leistungsrechnung – erarbeitet und verbessert, es wurden kostenrechnerische Informationen zur Verbesserung der Wirtschaftlichkeit genutzt – mehr als früher – und umgesetzt. Die Verwaltungsführung beobachtete diese Vorgänge mit Interesse und großer Zustimmung.

Den übrigen Bereichen der Verwaltung – ca. 90 % des Haushaltsvolumens (Verwaltungshaushalt) – fiel die Umsetzung nicht leicht. Die Einrichtung von Kostenstellen brachte Konflikte mit sich, weil die Verantwortlichkeiten streitig wurden. Bei dem Bemühen, alles kostenrechnerisch richtig zu machen, wurden auch die kalkulatorischen Kosten nicht „ausgespart". Kindertagesstätten und Schulen wurden angewiesen, das Vermögen neu zu erfassen. Die dazu entwickelten Vordrucke waren nicht praktikabel, wie sich schnell herausstellte. Die betroffenen Mitarbeiter beklagten sich. Auch nach über einem Jahr seit Beginn der Aktion waren in diesen „neuen" kostenrechnerischen Bereichen noch keine für Führungskräfte nutzbare Ergebnisse zu verzeichnen. Der Reformprozess geriet ins Stocken. Die Verwaltungsführung revidierte die Vorgehensweise und begann mit der Diskussion einer umfassenderen Verwaltungsreform.

Was war geschehen? Drei Aspekte sollen herausgegriffen werden:

▶ Der notwendige Aufwand wurde zu Beginn des Prozesses unterschätzt. Dadurch erlahmte das Interesse vor allem unter den Führungskräften.

▶ Flächendeckend eingesetzt, ist die Kosten- und Leistungsrechnung auf die Mitwirkung vieler angewiesen, dazu gehören zumeist Mitarbeiter mit keinen oder nur geringen kostenrechnerischen Fachkenntnissen. Kommunikationsprobleme sind die Folge. Schulung ist zeit- und kostenaufwändig.

▶ Auch wenn man sich aus wohl erwogenen Gründen zu Beginn der Reform für die Einführung der Kosten- und Leistungsrechnung entscheidet, bleibt klärungsbedürftig, ob die KLR flächendeckend oder für einzelne ausgewählte Organisationseinheiten eingerichtet werden soll. Bei dieser Entscheidung kommt es letztlich wieder auf den Informationsbedarf und den dahinter stehenden Führungs- und Steuerungsbedarf an. Erst wenn diese Fragen geklärt sind, ist die Einführung sinnvoll, und dann sollte sie sogar „maßgeschneidert" erfolgen!

▶ Die Anwendung der kostenrechnerischen Informationen seitens der Führungskräfte blieb offen – abgesehen von der zunehmend professionalisierten Anwendung in den gebührenrechnenden Bereichen. Budgetierung wurde in dieser Verwaltung (noch) nicht praktiziert. Es steht zu vermuten, dass die Informationen der Kosten- und Leistungsrechnung unter diesen Bedingungen nur eingeschränkt Führungsinteresse mobilisiert hätten, die ersten vorliegenden Zwischenergebnisse zeigten diese Entwicklungstendenz bereits auf.

 WICHTIG!

Wenn sich eine Verwaltung für den flächendeckenden Aufbau einer Kosten- und Leistungsrechnung entscheidet, um ihre Reformziele instrumentell zu unterstützen, dann ist mit dieser Entscheidung Personal- und Sachaufwand verbunden, darüber hinaus benötigt der Einführungsprozess selbst Zeit, bevor die Ergebnisse verarbeitet werden können. Der Personalaufwand dominiert allerdings: Personal mit den notwendigen Fachkenntnissen ist in der Regel in Kommunalverwaltungen (noch) rar, umso mehr stellt sich die Frage nach einem optimalen Einsatz des vorhandenen Know-hows. Zeit ist zu berücksichtigen, weil zunächst noch keine Ergebnisse aus der Anwendung des Instruments zur Verfügung stehen werden. Es ist daher zu klären, ob der Aufwand und die Zeitspanne im Vergleich zum erwarteten Informationsgewinn gerechtfertigt sind. Dabei ist auch zu klären, ob der Informationswunsch anderweitig schneller oder mit weniger Aufwand erfüllt werden kann.

Dazu ein weiteres Beispiel:

Anlässlich eines interkommunalen Vergleichs von Kennzahlen zur Pflege und Wartung öffentlicher Infrastruktur entschieden sich die daran beteiligten acht Verwaltungen nach kurzer Diskussion, die Kosten pro Leistungseinheit nicht als Grundlage ihres Vergleichs zu wählen. Die Kosten- und Leistungsrechnungen waren zu unterschiedlich angelegt, wie sich in der Diskussion herausstellte, die Harmonisierung der Grundlagen hätte eine zu lange Zeitspanne beansprucht. Stattdessen wurden die Vergleiche auf der Basis „Einsatzstunden pro Leistungseinheit" durchgeführt. Die Informationsgrundlagen dafür – leistungsbezogene Erfassung der Personalstunden – lag in allen beteiligten Verwaltungen vor. Der Vergleich erbrachte ein informatives Ergebnis und steuerungsrelevante, controllinggerechte Informationen.

Personalkosten sind in diesem Bereich – Pflege und Wartung öffentlicher Infrastruktur – mit ca. 70 – 80 % der dominierende Kostenfaktor, insoweit geht man mit einem den Personaleinsatz einbeziehenden Vergleich nicht an kostenrechnerischen Erkenntnissen vorbei, vermeidet aber unnötige Zeitverzögerungen des Vergleichs. Zusätzlich wahrt man den Vorteil eines interkommunalen Vergleichs gegenüber dem Vergleich mit einem Markt-Wettbewerber: Der Standard der

Leistung wird im Vergleich mit erfasst und lässt Erkenntnisse über Unterschiede zu. Eine zusätzliche Steuerungsgröße, ein zusätzliches Ziel steht damit im Vergleich mit zur Disposition.

Viele Fachkräfte in der Verwaltung haben sich seit Mitte der 90er Jahre in der Lage gefunden, Kosten- und Leistungsrechnung ad hoc und in nicht geklärtem Verbund mit anderen Reformelementen ausbauen und aufbauen zu sollen. Die von Praktikern häufig berichteten Zeitverzögerungen bei der Einführung der Kosten- und Leistungsrechnung und vor allem die häufig geäußerte Erfahrung, dass die Informationen der Kosten- und Leistungsrechnung, wenn sie vorliegen, nicht mit Nachdruck von den Führungskräften genutzt werden, lassen allerdings geraten erscheinen, die Frage nach dem Informationsbedarf der Führungskräfte nicht direkt mit einem (betriebswirtschaftlichen) Instrument zu beantworten. **Ziele sind der prioritäre Ansatzpunkt.**

In Kap. 3.2.7 sind die konzeptionellen Grundlagen eines Zielesystems und vor allem Hilfsmittel zur Erarbeitung der Ziele dargestellt, hier gilt es nunmehr, die Bedeutung der Ziele für die Informationsbereitstellung herauszuarbeiten – und insoweit konkrete Arbeit mit Zielen anzuregen.

Ziele sind einerseits Input für die Planung, andererseits dienen sie im Vollzug als Maßstab, an dem die Realisierung geprüft bzw. gemessen wird.

Planung – der Wirkungen, Produkte, Prozesse, Finanzen, des notwendigen Personals und der notwendigen sonstigen Ressourcen – steht an erster Stelle. Ziele sind als Input des Planungsprozesses zu verstehen, sie werden im Planungsprozess allerdings auch auf Realisierbarkeit überprüft und angepasst. Formulierte, operationalisierte Ziele sind die Steuerungsgrößen, die die Planung bestimmen. Berichtswesen und Berichterstattung nutzen die vereinbarten Ziele (später, im Vollzug) als Vorgabe- und damit Vergleichswerte.

Dabei reicht der Blick über die aktuelle Periode – das aktuelle Haushaltsjahr – hinaus. Ein entwickelter Controllingzyklus lässt gleichzeitig die Nutzung der Berichterstattung für die Planung der nächsten Periode zu.

Je Ziel werden spezifische Informationsgrundlagen benötigt. Die Klärung der im Einzelfall erforderlichen Informationsgrundlagen kann wesentlich erleichtert werden, wenn die Zielfelder als Hilfsmittel zur Systematisierung und zur Wahrung des Überblicks herangezogen werden. Im Folgenden sollen den einzelnen Zielfeldern zunächst besonders typische Instrumente zugeordnet werden. Alsdann wird auf eine Auswahl dieser Instrumente kurz eingegangen.

Die Übersicht sollte herangezogen werden, um festzustellen, in welchen Bereichen besonders bedeutsame oder vordringliche Aufbauarbeit zu leisten ist. Wichtig ist, diesen Prozess der Erarbeitung neuer Informationsgrundlagen oder Überarbeitung vorhandener Grundlagen sorgfältig und mit Blick auf den zu erwartenden Nutzen zu bewältigen. Daher nochmals der konzeptionelle Ansatz: Der Arbeitsprozess wird vom Informationsinteresse gesteuert. Dieses ist in konsequenter Umsetzung von Controlling strikt auf die Informationsversorgung der zu unterstützenden Führungskraft ausgerichtet.

Zunächst wird die Abb. 3.4 abgewandelt, um die Informationsgrundlagen in Kombination mit den Zielfeldern darstellen zu können:

Zielfelder	Informationsgrundlagen und Instrumente (Auswahl)
Ergebnisse/Wirkungen	Analyse der (Fach-)Gesetze und sonst. Normen: was soll erreicht werden? Zielgruppenanalyse Bedarfsermittlung und Fachplanungen, Langfristperspektive Kommunalstatistik, z. B. Entwicklung von Bevölkerung, Wirtschaft, Tourismus, Umwelt Wirkungsmessung, z. B. Befragungen und deren Analyse (Bürgerbefragungen; Kundenbefragungen; Klientenbefragungen)
Programme/Produkte	Programmevaluation Produktorientierter Haushaltsplan Produktplan Produkt- und Leistungsstatistiken Kosten- und Leistungsrechnung Kommunalstatistik Marktanalyse Spezielle Einnahmen (Statistik)
Prozesse	Geschäftsprozessanalyse
Strukturen	Analyse der Leistungstiefe Organisationsuntersuchungen
Finanzen	Kommunales Rechnungswesen Haushaltsplan und Haushaltsanalyse Kosten- und Leistungsrechnung, Kostenarten-, Kostenstellen-, Kostenträgerrechnung Leistungsdatenerfassung
Personal	Stellenplan Dienstplanung/Einsatzplanung Qualifikationsstruktur Personalentwicklung (Konzept) Altersstruktur Mitarbeiterbefragung Zeiterfassungen

Zielfelder	Informationsgrundlagen und Instrumente (Auswahl)
Vermögen	Anlagenrechnung/Bewertung Kosten- und Leistungsrechnung Folgekostenermittlungen
Information	Objektdateien (Kataster) Raumbezogene Informationssysteme

Abb. 4.1: Zielfelder und Instrumente zur Informationsgewinnung und Analyse (es handelt sich um eine Auswahl an Informationsgrundlagen, eine erschöpfende Aufzählung ist vor dem Hintergrund der Vielfalt nicht möglich).

Die in der Abbildung enthaltene Liste möglicher Informationsgrundlagen stellt lediglich eine Auswahl dar. Folgende Punkte zur Entwicklung, Erweiterung und Nutzung der Liste sind wesentlich:

▶ Der Begriff „Informationsgrundlage" wird als Sammelbegriff für sehr unterschiedliche Konzepte der Informationsgewinnung, -aufbereitung und -bereitstellung genutzt. Zum Teil handelt es sich dabei um als „klassisch" zu bezeichnende betriebswirtschaftliche Instrumente wie z. B. Kosten- und Leistungsrechnung, zum Teil um in der Verwaltung seit langem gebräuchliche Grundlagen wie z. B. Objektdateien. Dazu kommen Grundlagen, die erst seit Beginn der Verwaltungsreform genutzt werden wie z. B. Produktkataloge oder der produktorientierte Haushaltsplan.

▶ Die Informationsgrundlagen unterscheiden sich auch im Hinblick auf Aktualität. Eine Kosten- und Leistungsrechnung erbringt prinzipiell aktuelle Informationen, dies gilt beispielsweise nicht für Organisationsuntersuchungen und auch nicht für Kennzahlen, deren Erhebung zeitlich zurückliegen kann.

▶ Zahlreiche der genannten Informationsgrundlagen sind nicht nur in einem Zielfeld nutzbringend anwendbar, sondern in mehreren. Organisationsuntersuchungen betreffen in der Regel mehr als lediglich die Ziele im Feld Strukturen, sondern auch Ziele z. B. im Feld Prozesse oder im Feld Personal.

▶ Informationsgrundlagen sind miteinander verknüpft. Beispiel: Die Kommunalstatistik hält nicht nur unmittelbar Daten zur Entwicklung globaler Größen wie etwa Bevölkerungsentwicklung bereit, sondern unterstützt durch spezielle Datenbereitstellung auch die Fachplanungen. Weiteres Beispiel: Kennzahlen und Kennzahlenvergleiche bauen auf mehreren Informationsgrundlagen auf, vor allem Kosten- und Leistungsrechnung, Kommunalstatistik, Kundenbefragungen, Mitarbeiterbefragungen.

▶ Je nach Zwecksetzung müssen die gewonnenen Informationen neu kombiniert, weiterverarbeitet und ggf. in ihrer Aussage zugespitzt werden. Dabei muss der Kontext der jeweiligen Kennzahl beachtet werden.

Ergänzend zur Analyse der Informationsgrundlagen und Instrumente kommen Methoden der Weiterverarbeitung hinzu. Sie sind aus Gründen der Übersichtlichkeit in die Abbildung nicht aufgenommen worden.

Eine Stärken-Schwächen-Analyse zur Vorbereitung strategischer Schwerpunktbildung bei den Leistungen für die Zielgruppe der Senioren erfordert Informationen aus zahlreichen Informationsgrundlagen, z. B. demografischer Wandel, Entwicklung der Zielgruppe (z. B. die Entwicklung der über 65-jährigen Einwohner mit eigenem Wohnsitz im Zeitraum der nächsten fünf Jahre), Relevanz der kommunalen Leistungsangebote für die Zielgruppe, Bedarf und Wünsche, Entwicklung des kommunalen Leistungspotenzials (z. B. Qualifikationsstruktur), Finanzierung usw.

 WICHTIG!

Der Klärung der Ziele und des damit verbundenen Informationsbedarfs sollte eine Übersicht über notwendige Informationsgrundlagen folgen. Sie ist Ausgangspunkt der Entscheidung, welche Art der Information unmittelbar und unverändert in den Bericht aufgenommen wird, welche Informationsgrundlagen zunächst verändert/verbessert oder neu eingerichtet werden müssen, um damit die gewünschte Information zu erreichen und welche Prioritäten gesetzt werden.

Abbildung 4.1 vermittelt einen Eindruck von der großen Spannweite der Informationsgrundlagen und Instrumente. Die Abbildung ist damit Ausdruck des vielschichtigen Zielbildes einer Kommune. Resignation angesichts der hohen Anforderungen im Hinblick auf Aufbau, Ausbau, Nutzung ist allerdings nicht angebracht.

 TIPP!

Gezielte Auswahl der prioritär erforderlichen Informationsgrundlagen hilft, zunächst Wichtiges von Unwichtigem zu unterscheiden. Diese gezielte Auswahl ist mit Rückgriff auf die Entwicklung der Ziele anhand der Zielfelder und Fragenkataloge[1] möglich.

---

1) Vgl. Kap. 2.

Empfehlenswert ist, für den spezifischen örtlichen Bedarf eine Liste analog Abb. 4.1 zu erstellen und damit die Entscheidung über Prioritäten vorzubereiten.

Im Entwicklungsverlauf einer Reform werden die Informationsgrundlagen und Instrumente nicht alle zum gleichen Zeitpunkt und sofort benötigt. Dies entlastet. Was aktuell wichtig, was noch nicht wichtig ist, entscheidet die örtliche Reformsituation und der individuelle Bedarf der jeweiligen Führungsfunktion.

 WICHTIG!

Die Bildung von Prioritäten ist Aufgabe der Führungskraft, sie kann nicht allein dem Controllingpersonal überlassen bleiben.

Im Folgenden sollen einige wenige Informationsgrundlagen skizziert werden:

► Kosten- und Leistungsrechnung
► Kommunales Rechnungswesen
► Kommunalstatistik
► Kennzahlen/Kennzahlenvergleiche

und „quer" zu allen anderen:

► Informationstechnische Unterstützung.

4.2 Kosten- und Leistungsrechnung

Nicht ohne Grund wird die Kosten- und Leistungsrechnung[1] (KLR) zuvörderst genannt. Die KLR spielt in der Reformdiskussion der kommunalen Praxis eine große Rolle, zahlreiche Verwaltungen befinden sich in unterschiedlichen Stadien des Auf- und Ausbaus von Kosten- und Leistungsrechnungen, häufig wird als instrumentelles Handlungsziel die flächendeckende Einrichtung der KLR genannt. Nicht so klar ist die Zielsetzung bei der Verwendung der Ergebnisse. Hier besteht häufig (nicht immer!) Nachholbedarf. Kosten- und Leistungsanalyse ist nicht systematisch im kommunalen Entscheidungsprozess verankert. Schwankendes Nutzerinteresse (Führungskräfte!), konfliktträchtige Analysevorgänge und personelle Engpässe (Fachkräfte) führen immer wieder dazu, dass die KLR-Ergebnisse nach Erstellung der Abschlüsse (i. d. R. Betriebsabrechnungsbogen) „abgelegt" werden bzw. in der Form von Zwischenergebnissen lediglich die neue Planung des nächstjährigen Haushalts stützen.

---

1) Zum Begriff vgl. Bals, Hansjürgen, Hack, Hans, a. a. O. , S. 151 f.

Auch bei der KLR gilt es, die Besonderheiten des öffentlichen Bereiches nicht zu vernachlässigen. Am einem Beispiel einer internen Verrechnung kann man sehr gut belegen, wie schnell ein an sich vernünftiger Vorgang, nämlich eine saubere Zuordnung von Kosten, zu einem durch nichts mehr gerechtfertigten Heißluftballon entwickelt werden kann. Telefonkosten in Höhe von 100 Euro werden auf verschiedene Kostenträger aufgeteilt mit einem Aufwand, welcher den Ertrag um ein mehrfaches übersteigt. Es lohnt sich, sich hierbei die altbekannte 80/20-Regelung vor Augen zu führen.

Die Kosten- und Leistungsrechnung (KLR)[1] erfasst den leistungsbedingten Werteverzehr einer Periode – in der Regel das Haushaltsjahr. Zweckmäßig eingesetzt, kann die KLR eine ganze Palette von Steuerungszielen in den Fachbereichen/Servicebereichen der Verwaltung durch Informationen unterstützen. Angesprochen ist damit insbesondere die Ebene, die sich schwerpunktartig mit operativen Steuerungsfragen befasst. Dazu gehören vor allem die Produktverantwortlichen. Sie tragen für die quantitative und qualitative Erstellung der Produkte und Leistungen und für den dafür erforderlichen Ressourceneinsatz unmittelbar Verantwortung.

Mit der Kosten- und Leistungsrechnung werden die Kosten des Kostenträgers (Leistung, Produkt, Projekt) ermittelt, Vor- und Nachkalkulationen durchgeführt und Kosten- und Leistungsanalysen unterstützt. Dazu gehört beispielsweise der Vergleich mit Wettbewerbern (Preis pro Leistungseinheit), der Kostenartenzeitvergleich, die Ermittlung von Einsatz- im Gegensatz zu Bereitschaftskosten, die Vorbereitung von Organisationsuntersuchungen mittels differenzierter Kostenstellenrechnung und – mit zunehmender Tendenz – interkommunale Vergleiche auf der Basis der Produkte und Leistungen. Erlöse werden im Rahmen des Erlösartenplans systematisch erfasst und den Leistungen, Produkten usw. zugerechnet.

 WICHTIG!

Mit dem Auf- und Ausbau der KLR sollte besonders auf eine gezieltere und intensivere Nutzung der Ergebnisse geachtet werden. Die Erfahrungen der Vergangenheit zeigen, dass hierin ein Engpass liegt. Betriebsvergleiche, interkommunale Vergleiche, Zeitvergleiche, die auch die Ergebnisse der KLR berücksichtigen, müssen von der Führung stärker als bisher unterstützt und gefordert werden. Die KLR darf nicht nur zur Erfassung der Istkosten mit Fortschreibungsautomatismus und lediglich partiellen Änderungen dienen, sondern muss als Planungsinstrument ausgebaut werden.

---

1) Vgl. zu Einzelheiten KGSt-Handbuch Kosten- und Leistungsrechnung in der Kommunalverwaltung, KGSt 1999.

Dabei ist die KLR sehr gut geeignet, die dringend notwendige und wirksame Einführung dezentraler Verantwortung zu unterstützen. Bei der Einführung neuer Produkte und bei Umschichtungen in der Leistungspalette ist eine Produktkalkulation im Rahmen der Haushaltsplanung für einen Produktverantwortlichen bzw. eine Produktverantwortliche im Fachbereich eine wesentliche Hilfe und wird auf mittlere Sicht bei konsequent outputorientierter Steuerung Standard werden. Die Budgetierung muss im Sinne einer Plankostenrechnung verwendet werden. Zielkostenvorgaben können zur Verbesserung der Wirtschaftlichkeit oder vorlaufend der Produktivität genutzt werden. Dies ist kein einmaliger Vorgang, sondern kehrt regelmäßig bei den Budgetvereinbarungen im Rahmen der Haushaltsplanung wieder. Wirtschaftlichkeit kommunaler Leistungen wird damit als wichtige, zu beobachtende Steuerungsgröße auf Dauer in die Entscheidungsvorgänge integriert.

Die Leistungsrechnung muss in der Regel ausgebaut werden. In Verbindung mit Produktbeschreibungen und dem Produkthaushalt ist eine geschlossene Systematik der Darstellung anzustreben, die in der Kosten- und Leistungsrechnung zweckgerichtet differenziert werden kann.

Die Kosten- und Leistungsrechnung steht in enger Verbindung zur Neukonzeption des kommunalen Haushalts- und Rechnungswesens.

4.3 Kommunales Haushalts- und Rechnungswesen

Das traditionelle kommunale Haushalts- und Rechnungswesen, das nach den Gemeindeordnungen und Gemeindehaushaltsverordnungen verbindlich vorgeschrieben ist, bildet nicht den gesamten, mit der kommunalen Leistungserstellung korrespondierenden Ressourcenverbrauch[1] ab.

Der Nutzungsverzehr von Investitionen wird nicht abgebildet, ebenso nicht die finanziellen Verpflichtungen, die erst in Zukunft kassenwirksam werden, z. B. Verpflichtungen zur Zahlung von Pensionen in zukünftigen Perioden. Nur in Ausnahmefällen – vor allem in den Bereichen der Verwaltung, die Einnahmen aus Benutzungsgebühren erzielen und zunehmend in den Bereichen, deren Leistungen intern verrechnet werden – werden kalkulatorische Kosten mittels Kosten- und Leistungsrechnung ermittelt und im Haushalt abgebildet.

---

1) Zum Begriff vgl. Bals, Hansjürgen und Hack, Hans, a. a. O., S. 175 f. und KGSt Bericht 1/1995, Vom Geldverbrauchs- zum Ressourcenverbrauchskonzept: Leitlinien für ein neues kommunales Haushalts- und Rechnungsmodell auf doppischer Grundlage.

Mangelnde Information birgt die Gefahr von Fehlsteuerungen. Der Rat/der Kreistag muss über den Ressourcenverbrauch bei seinen Beschlüssen informiert sein – so eines der zentralen Anliegen der Reform des kommunalen Haushaltsrechts[1]. Dieses Reformanliegen bezieht sich vor allem auf den i. d. R. jährlich wiederkehrenden Beschluss zum Haushaltsplan. Der Haushaltsplan muss in Inhalt und Gestaltung verändert werden. Dazu gehört vor allem eine outputorientierte Darstellung. Rat/Kreistag müssen die Produkte/Leistungen der Verwaltung in die Hand bekommen[2].

Mit dem neuen kommunalen Haushalts- und Rechnungswesen erhalten Controlling und Berichtswesen eine gegenüber der derzeitigen Situation wesentlich verbesserte Informationsgrundlage.

Allerdings wird das Rechnungswesen auch dann nicht die einzige wesentliche und umfassende Informationsgrundlage für Steuerungszwecke auf der Ebene Rat/Kreistag sein (können). Output ist nicht Outcome, Informationen zu den Wirkungen der kommunalen Leistungen sind auch in Zukunft vielleicht punktuell, nicht aber so systematisch, vollständig und aggregiert im Haushaltsplan enthalten wie dies für die Darstellung des Ressourcenverbrauchs vorgesehen ist. Diese Einschränkung gilt auch für die anderen Dokumente des kommunalen Rechnungswesens.

Zu erwarten ist, dass das Interesse von Betroffenen, von der Politik und von der Öffentlichkeit an den Wirkungen kommunaler Leistungen zunimmt. Der Gedanke mag nahe liegen, das Ressourcenverbrauchskonzept durch ein analoges, grundständig auf Wirkungen ausgerichtetes Erfassungs-, Dokumentations- und Verarbeitungssystem[3] zu ergänzen. Das Fehlen eines derartigen Steuerungskonzeptes und einer dafür entwickelten Informationsgrundlage verdeutlicht den kommunalpolitischen Steuerungsmangel. Die Diskussion um diesen Aspekt kommunaler Politik- und Verwaltungsreform sollte in Zukunft deutlich intensiviert werden, um die zahlreichen Fragen bei der Entwicklung eines Konzepts zur Wirkungssteuerung einer Klärung zuzuführen. Es würde zur bisherigen Entwicklung von New Public Management als dem übergreifenden Reformkonzept passen, wenn auch die wissen-

---

1) Vgl. bereits KGSt Bericht 1/1995, Vom Geldverbrauchs- zum Ressourcenverbrauchs-konzept: Leitlinien für ein neues kommunales Haushalts- und Rechnungsmodell auf doppischer Grundlage.

2) So die Forderung in KGSt-Bericht 5/1993, Das Neue Steuerungsmodell: Begründung – Konturen – Umsetzung, S. 16.

3) Der Begriff „Wirkungsgewinnkonzept" beleuchtet schlaglichtartig die gewünschte Perspektive, ist aber keinesfalls als wissenschaftlich-seriöse Formulierung gemeint. Die Verfasser verkennen nicht, dass die Frage nach Wirkungen kommunaler Leistungsangebote auch in den zurückliegenden Jahrzehnten eine gewisse Resonanz erfahren hat, ein geändertes, verbessertes politisches Steuerungssystem ist daraus aber bisher nicht erwachsen.

schaftliche Fachdiskussion durch das zunehmende Interesse der kommunalen Praxis und durch deren Experimentierfreude beflügelt würde.

Beispiel zum Thema Output/Outcome:

Bei der Gewährung von Sozialhilfe wurde die Optimierungsdiskussion viele Jahre auf die Frage reduziert, wie die Auszahlung von Sozialhilfe mit möglichst geringem Personal- und Sachaufwand bewerkstelligt werden könnte. Dabei geriet die wesentliche Frage, wie man es schafft, möglichst wenig Personen in die Abhängigkeit von Sozialhilfe geraten zu lassen, völlig aus dem Blickfeld. Gerade das ist aber die angestrebte Wirkung eines Sozialstaates, Menschen ein Leben ohne soziale Unterstützung zu ermöglichen. Die Gewährung von Sozialhilfe ist für alle, und zwar sowohl für den Staat wie auch für die Betroffen, immer nur die zweitbeste Lösung. Erst seit einiger Zeit ist aber diese Zielrichtung verstärkt in den Fokus der handelnden Akteure gelangt.

Wer derzeit in den Kommunen Controlling und Berichtswesen einführt, ausbaut und weiterentwickelt, sollte vor allem die Entwicklung der Haushaltsrechtsreform[1] mit in die eigenen Überlegungen einbeziehen. Die Schwerpunkte eigener Aufbauarbeit sollten berücksichtigen, dass in mittelfristiger Sicht gesetzliche Vorgaben zu erwarten sind, die in den Aufbau der Informationssysteme eingreifen werden.

 TIPP!

Von der Praxis wird häufig gefragt, was heute bereits zur Vorbereitung auf das zukünftig neu gestaltete kommunale Haushalts- und Rechnungswesen getan werden kann, wenn die Verwaltung nicht zu den Pilotkommunen zählt. Vermögenserfassung und -bewertung gehören beispielsweise dazu. Die damit gewonnenen Informationen sind auf jeden Fall steuerungsrelevant und nutzbar, pragmatische Methoden der Vermögensbewertung[2] können auf mittlere Sicht durch Details komplettiert werden.

1) Vgl. als Zwischenstand der Diskussion: Eckpunkte für ein kommunales Haushaltsrecht zu einem doppischen Haushalts- und Rechnungssystem. Erarbeitet vom „Unterausschuss Reform des Gemeindehaushaltsrechts" des Arbeitskreis III „Kommunale Angelegenheiten" der Ständigen Konferenz der Innenminister und -senatoren der Länder – verabschiedet am 9./10. Oktober 2000, in: Zeitschrift für Kommunalfinanzen Nr. 4/April 2001, S. 74–81; außerdem: Bals, Hansjürgen, Reichard, Christoph, Das neue kommunale Haushalts- und Rechnungswesen, in: Budäus, Dietrich, Küpper, Willi, Streitferdt, Lothar (Hrsg.), Neues öffentliches Rechnungswesen. Klaus Lüder zum 65. Geburtstag, Wiesbaden 2000, S. 203–233. Weitere Literaturhinweise zur Diskussion des neuen kommunalen Rechnungswesens befinden sich im Literaturverzeichnis.

2) Vgl. KGSt Bericht 7/2000, Kommunale Gebäudewirtschaft: Die „Serviceeinheit Gebäudewirtschaft", Anlage 2.1.

4.4 Kommunalstatistik

Da die kommunale Verwaltungsreform in Deutschland in den Anfangsjahren in enger Anlehnung an betriebswirtschaftliche Reformüberlegungen erfolgte, ist eine Schwerpunktbildung bei den betriebswirtschaftlichen Instrumenten zwangsläufig: Die Kosten- und Leistungsrechnung dominierte bisher gegenüber der verstärkten Anwendung der Ergebnisse der Kommunalstatistik deutlich.

Der Aufbau integrierter dezentraler Verantwortungsstrukturen gehört neben wirkungs- und outputorientierter Steuerung und der aktiven Nutzung von Wettbewerb zu den Kernelementen neuer Steuerung. Auswahl, Komprimierung, Verarbeitung und Präsentation der Informationen sind wesentliche Erfolgsmerkmale eines Berichts. Konzentration auf Wesentliches und Herausarbeitung von Auffälligkeiten machen einen guten Bericht aus. Bei der Weiterentwicklung der Verwaltungsreform ist davon auszugehen, dass ein steigender Informationsbedarf im Hinblick auf Bürger/Kunden, Zielgruppen, Nutzer von Einrichtungen etc. entsteht, der durch die Einführung outputorientierter Steuerung ausgelöst wird. Einzelne Zielgruppen kommunaler Leistungen müssen präziser als bisher üblich benannt, Umfragen und Kundenbefragungen entwickelt und Befragungsergebnisse den Gremien und der Führung zur Entscheidungsfindung und zu Plan-/Ist-Vergleichen bereitgestellt werden. Hier setzt die Aufbereitung des Zahlenmaterials an. Die Datenanalyse ergibt ggf. neue steuerungsrelevante Zusammenhänge.

Im Zusammenhang mit Bevölkerungs- und Wirtschaftsdaten werden Befragungen eine größere Rolle als bisher spielen. Im angloamerikanischen Verwaltungsbereich werden Befragungen deutlich aktiver genutzt als in der Bundesrepublik Deutschland. Hierbei ist wesentlicher Zielpunkt der Befragung die Lebensqualität der Bürger. Abgefragt wird kontinuierlich, welche Erwartungen die Bürger zum Beispiel an die Infrastruktur (Verkehr, Bildung, Kultur, Gesundheit) oder an die Umwelt haben. Dieses Wissen hat zur Folge, dass die Kommunen agieren können und nicht reagieren müssen, weil sie wissen, was ihre Bürger wünschen.

Kommunalstatistik wird für Controllingzwecke wichtiger als in den ersten Jahren der Reform. Dabei sind aber auch neue Anforderungen an die Bereitstellung der Informationen seitens der Kommunalstatistik zu klären.

Die Kommunalstatistik muss sich im Hinblick auf die neuen Anforderungen weiterentwickeln[1]: Bereits in den Verwaltungen vorhandene Statistik

---

1) Vgl. Fogt, Helmut, Städtestatistik: Basis für Planung und Entscheidung, in: der städtetag, 54. Jg., Heft 7–8/2001. S. 47–50.

muss für Berichtszwecke genutzt, zieladäquate Anforderungen an instrumentelle Unterstützung müssen formuliert und vor allem muss das Methodenwissen der Kommunalstatistik zur Erarbeitung von Führungsinformationen stärker als bisher üblich in die Controllingarbeit einfließen. Allerdings ist umfangreicheres statistisches Know-how bisher nur in größeren Kommunen, in der Regel in Städten ab 100 000 Einw. aufwärts, greifbar.

4.5 Kennzahlen, Kennzahlenvergleiche und interkommunale Leistungsvergleiche

4.5.1 Kennzahlen als Bestandteil der Berichterstattung und Kennzahlenarbeit

Die Informationen in einem Bericht sollen konzentriert und komprimiert dargestellt werden, die Konzentration und Zuspitzung auf Wichtiges ist Merkmal eines „guten" Berichts. Wie bzw. womit kann man diese Zuspitzung erreichen? Die Berichtsinhalte werden in erster Linie nicht verbal dargestellt, sondern mittels Kennzahlen. Kennzahlen erfüllen die Anforderung nach Komprimierung und Konzentration in besonders ausgeprägter Weise:

Kennzahlen sind jene Zahlen, „... die quantitativ erfassbare Sachverhalte in konzentrierter Form erfassen"[1].

 WICHTIG!

Kennzahlen informieren, quantifizieren und werden in einer Form dargeboten, die schnelle Übersicht und Erfassung des wesentlichen ermöglicht. Kennzahlen sollen Auffälligkeiten rasch greifbar machen, aber auch Fragen auslösen und den Leser anregen, „den Stand der Dinge" zu reflektieren.

Diese Eigenschaften von Kennzahlen sind gleichzeitig als Gestaltungsanforderungen[2] zu verstehen: Nur wenn diese Forderungen erfüllt sind, eignen sich Kennzahlen zur Aufnahme in die Berichterstattung.

---

1) Reichmann, Thomas, Controlling mit Kennzahlen und Managementberichten. Grundlagen einer systemgestützten Controlling-Konzeption, 6., überarbeitete und erweiterte Aufl., München 2001, S. 19.

2) Vgl. zur Arbeit mit Kennzahlen insgesamt: KGSt-Bericht 4/2001, Arbeit mit Kennzahlen – Teil 1: Grundlagen, und KGSt-Bericht 5/2001, Arbeit mit Kennzahlen – Teil 2: Empfehlungen für die Praxis.

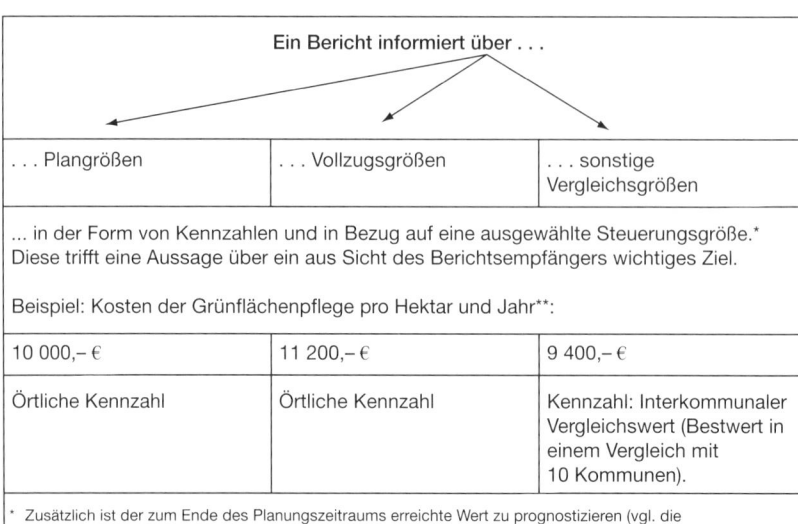

Ein Bericht informiert über ...		
... Plangrößen	... Vollzugsgrößen	... sonstige Vergleichsgrößen
... in der Form von Kennzahlen und in Bezug auf eine ausgewählte Steuerungsgröße.* Diese trifft eine Aussage über ein aus Sicht des Berichtsempfängers wichtiges Ziel. Beispiel: Kosten der Grünflächenpflege pro Hektar und Jahr**:		
10 000,– €	11 200,– €	9 400,– €
Örtliche Kennzahl	Örtliche Kennzahl	Kennzahl: Interkommunaler Vergleichswert (Bestwert in einem Vergleich mit 10 Kommunen).

* Zusätzlich ist der zum Ende des Planungszeitraums erreichte Wert zu prognostizieren (vgl. die Ausführungen zum Berichtsinhalt in Kap. 3.3.1).
** Es handelt sich nicht um €-Beträge auf der Basis einer örtlichen Ermittlung oder sonstigen Analyse, die Zahlen sind „gegriffen".

Kennzahlen finden in der Führungspraxis vielfältige Anwendungen. Nicht nur die auf einem vereinbarten Kostenziel basierenden Kennzahlen (wie oben) sind steuerungsrelevant, sondern generell solche Kennzahlen, die sich aus den Zielen ergeben, deren Erfüllung beobachtet werden soll, z. B. geplante maximale Wartezeit im Verhältnis zur tatsächlich erreichten, geplante Frequentierung des Bürgerhauses im Verhältnis zur tatsächlich erreichten, geplanter Qualitätsstandard der Grünflächenpflege im Verhältnis zum tatsächlich erreichten Standard.

Zweckmäßig ist, zwischen den Kennzahlen, die in ausgewählter Form im Berichtswesen dargestellt werden, und solchen Kennzahlen, die in vielfältiger Weise für Vergleiche abgestimmt, verarbeitet und z. B. von den an einem interkommunalen Vergleich beteiligten Verwaltungen intensiv diskutiert werden, zu unterscheiden.

 WICHTIG!

Kennzahlen im Berichtswesen stellen eine komprimierte Auswahl dar, sie können und sollen neben dem immer erforderlichen Blick auf Erreichtes (Ist) im Vergleich zur Vorgabe (Plan) auch den Blick über den Tellerrand – z. B. Aufnahme des Bestwerts in einem interkommunalen Vergleich in die Berichterstattung – erlauben und fördern.

Insoweit ist die Aussage richtig, dass ein Bericht einen Kennzahlenvergleich enthält. Davon sollte allerdings die Durchführung eines vertiefenden Kennzahlenvergleichs unterschieden werden. Dieser vertiefende Vergleich – die „Kennzahlenarbeit" – kann im Verhältnis zur Berichterstattung als „Basisarbeit" angesehen werden, wie bei allen anderen Informationsgrundlagen nimmt die Berichterstattung lediglich gezielt ausgewählte Kennzahlen aus einer größeren Anzahl, die für eine intensive Kennzahlenarbeit und für vertiefende Analysen erforderlich sind, auf. In einem vertiefenden Vergleich haben insoweit auch über die o. g. Kennzahlen hinausgehende weitere Kennzahlen, insbesondere so genannte Grundzahlen wie Einwohnerzahl, Flächenangaben in absoluten Werten, aber auch allgemeine kommunalpolitisch relevante Informationen wie die Arbeitslosenquote usw., ihren Platz. Sie ergänzen die Steuerungsinformationen.

Kennzahlen müssen für Vergleiche erarbeitet werden, wichtiges Strukturierungsmerkmal von Kennzahlenarbeit ist insbesondere die Vergleichsperspektive:

▶ Kennzahlen spielen zunächst **im Bericht** eine besonders wichtige Rolle, weil sie unterjährig über den erreichten Stand im Vergleich zum vorgegebenen Ziel informieren. Beispiele sind: Budgetentwicklung zur Jahresmitte nach Ziel und Realisierung, Fallzahlenentwicklung ebenfalls nach Ziel und Realisierung, durchschnittliche Wartezeit, eingesetzte Personalstunden etc.

▶ Kennzahlen können im Rahmen einer **Zeitreihe** Informationen über die Entwicklung von Steuerungsgrößen im Verlauf eines größeren Zeitraums, z. B. **mehrere Jahre,** übersichtlich verdeutlichen. Die Anwendungsmöglichkeiten sind zahlreich. Beliebt ist beispielsweise ein Gebührenvergleich im Rahmen einer Zeitreihe über mehrere Jahre, der dem Fachausschuss von Rat/Kreistag anlässlich der Beschlussvorlage über die Gebührensatzung vorgelegt wird. Gebräuchlich sind auch Kostenartenzeitvergleiche in Mehrjahresperspektive oder z. B. der Vergleich der Sozialhilfequote eines Quartals mit der Quote des vorhergehenden Quartals oder der gleichen Quartale der letzten Jahre (jahreszeitliche Einflüsse).

▶ Kennzahlen stützen den **interkommunalen Leistungsvergleich** und tragen wesentlich zur verbesserten Information der Führungskräfte und zu besserer Steuerung bei. Sie sind „Dreh- und Angelpunkt" interkommunaler Leistungsvergleiche. Sinnvoll kann daher auch der Vergleich mit der Sozialhilfequote einer anderen Kommune sein. Viele Kommunen neigen dazu, Vergleiche nur in der Form von Zeitreihen als aussagefähig anzusehen. Sie begründen dies mit dem Argument, man könne verschiedene Städte, Gemeinden und Kreise nicht vergleichen, weil alle unterschiedlich seien. Letztlich wird Veränderung und Verbesserung aber durch einen Vergleich mit der Praxis anderer Verwaltungen gefördert – mehr als bei Begrenzung auf die Perspektive der eigenen Verwaltung. Die nur aus eigenen Informationen und Erfahrungen abgeleitete Kennzahl kann meilenweit vom Standard anderer Kommunen entfernt sein!

Interkommunale Leistungsvergleiche sind herausragende Möglichkeiten zur Verbesserung von Wirtschaftlichkeit und Wirksamkeit des kommunalen Leistungsangebots. Deshalb wird im Folgenden darauf näher eingegangen:

4.5.2 Der Ansatzpunkt interkommunaler Leistungsvergleiche

Für viele kommunale Leistungen besteht zwischen den Kommunen in Deutschland (noch) kein Wettbewerb. Der Bürger kann es sich nicht aussuchen, ob er seinen Personalausweis in Dortmund oder München bestellt und erhält – bereits dieser Gedanke mutet seltsam an. Behördliche Traditionen und mangelnde Alternativen für den Bürger haben zu der in der Vergangenheit häufig beklagten mangelnden Kundensicht der Verwaltungen wesentlich beigetragen.

 WICHTIG!

Der Ansatz der Leistungsvergleiche ist es, dies zu ändern. Wenn schon kein echter Wettbewerb zwischen den Kommunen gegeben ist, dann könnte ein Wettbewerbssurrogat helfen: Leistungsvergleiche werden kennzahlengestützt durchgeführt. Kennzahlen interkommunaler Leistungsvergleiche sind wichtige steuerungsrelevante Informationen. Insofern sind sie bzw. ausgewählte Kennzahlen berichtsrelevant.

Kommunen lassen sich vergleichsweise gut und einfach vergleichen, sie haben zunächst keine wesentliche Einschränkung, die sie hindern könnte, Kennzahlen mit anderen Verwaltungen auszutauschen und zu analysieren. Im Gegensatz zu Firmendaten – VW würde bestimmte Informationen nie mit Opel austauschen – sind Informationen über kommunale Leistungen entweder öffentlich zugänglich bzw. in umfangreicher Form den Fachleuten gegenseitig zugänglich.

Die Daten der Haushaltspläne kann jeder einsehen. Oder: Warum soll eine Stadt ihre Sozialhilfequote verschweigen? Deshalb bietet es sich an, über Leistungsvergleiche Städte, Gemeinden und Kreise an einem gleichermaßen virtuellen Wettbewerb teilhaben zu lassen. Die Kommunen können von den guten Ergebnissen oder Lösungen anderer profitieren. Außerdem spornt auch ein unechter Wettbewerb an, die eigenen Leistungen zu steigern.

4.5.3 Voraussetzungen für interkommunale Vergleiche

Vergleicht sich dagegen die Stadt A mit den Städten B, C und D, hat sie die Chance, aufschlussreiche und steuerungsrelevante Informationen zu gewinnen. Sie erhält einen Überblick darüber, wo andere stehen, welche Ergebnisse möglich sind und kann auf gute Lösungen der anderen zurückgreifen. Dem möglichen Erkenntnisgewinn steht allerdings die Befürchtung vieler entgegen, unter Verbesserungsdruck gesetzt zu werden, ohne – aus externen, nicht beeinflussbaren Gründen – eine Verbesserung tatsächlich erzielen zu können. Eine zweckmäßige und differenzierte Anwendung interkommunaler Leistungsvergleiche auf Kennzahlenbasis ist die Antwort auf diese Befürchtungen.

Kommunen mit völlig unterschiedlichen Rahmenbedingungen einem Leistungsvergleich zu unterziehen, ist nicht sinnvoll. Eine kleine ländlich strukturierte Gemeinde und eine Großstadt in einem Ballungsraum haben in vielen Aufgabenbereichen wenig gemeinsam. Deshalb wäre es zum Beispiel abwegig, die Sozialhilfequote dieser beiden Kommunen zu vergleichen. Es bietet sich vielmehr an, Vergleiche mit solchen Partnern durchzuführen, die

▶ in etwa der eigenen Größenordnung und, wenn es möglich ist, der eigenen Infrastruktur entsprechen,

▶ einen gewissen regionalen Bezug haben, damit die vertiefende Analyse des Vergleichs in einem Vergleichstreffen der Beteiligten erleichtert wird,

▶ eine vergleichbare Aufgabenstellung haben bzw. vergleichbare Produkte erstellen.

Wenn diese Kriterien erfüllt werden, generieren Leistungsvergleiche mit mehreren Partnern erheblich größere Erfolge als der Vergleich ausschließlich über eine Zeitreihe mit verwaltungsinternen Kennzahlen. Die Kriterien dürfen aber nicht verabsolutiert werden, dies gilt vor allem für die Basis gleicher oder ähnlicher Produkte. Erfahrungen mit interkommunalen Vergleichen zeigen immer wieder, dass sich auch zunächst nicht Übereinstimmendes im Vergleich und bei kennzahlengestützter vertiefender Diskussion als hilfreiche Anregung entwickelt.

4.5.4 Vergleichsarten

Welche Arten von interkommunalen Leistungsvergleichen gibt es, wer beteiligt sich besonders intensiv an den Vergleichen?

Zwei Kriterien haben sich bei der Bildung interkommunaler Vergleichsringe als wichtig herausgestellt:

▶ die Führungsebene, die sich am interkommunalen Vergleich beteiligt: Es ist ein Unterschied, ob sich die Verantwortlichen auf der Produktebene, das Mittelmanagement, die Verwaltungsleitung oder die Politik im interkommunalen Leistungsvergleich unmittelbar beteiligen. Unmittelbar beteiligen heißt hier: Die Kennzahlen auswählen und den Vergleich durchführen, sich an interkommunalen Vergleichsgesprächen beteiligen, Schlussfolgerungen ziehen, Maßnahmen umsetzen.

▶ die Steuerungsgrößen, die in den Vergleich eingehen: Hier bieten sich zahlreiche Möglichkeiten an, einen interkommunalen Vergleich auf die jeweiligen Bedürfnisse aller am Vergleich beteiligten Kommunen zuzuschneiden. Im Kontext des aktuellen Stands der Verwaltungsreform sind vor allem zwei Ansätze besonders bedeutsam: Vergleiche auf Produktbasis und Vergleiche auf der Basis des Haushaltsplans. Die Erfahrungen mit interkommunalen Leistungsvergleichen auf Kennzahlenbasis zeigen, dass diese Schwerpunkte je nach Vergleichsinteresse der Beteiligten variiert werden. Manchmal ist ein Vergleich ausdrücklich auf Produktgruppen- oder gar Produktbereichsebene angesiedelt (z. B. Sozialhilfe, Einwohnerwesen, Gebäudewirtschaft), manchmal wird zunächst die Organisationseinheit (z. B. Berufsfeuerwehr, Baubetriebsämter) als vergleichskonstituierend herangezogen und in diesem Rahmen die zu erbringenden Leistungen. Zahlenmäßig bereits deutlich geringer sind die Fälle, in denen von den Fach- oder Führungskräften aktiv und systematisch angelegte Vergleiche auf Basis des Haushaltsplans durchgeführt werden, sofern ein Vergleich gemeint ist, der über gelegentliche Gespräche über Kennzahlen in Kämmerer-Gesprächskreisen hinausgeht.

Die Führungsebene, die sich am Vergleich beteiligt, wirkt sich in der Regel auf die Auswahl der Steuerungsgrößen aus. Dies ist allerdings nicht zwingend, es ist durchaus vorstellbar und sinnvoll, wenn sich z. B. Fachbereichsleiter in ihrem Vergleich auf ein ganz bestimmtes und nur dieses Produkt einigen, weil sich dies als besonders klärungsbedürftig herausgestellt hat. Im Allgemeinen kann aber eine gewisse Bindung einer Führungsebene an bestimmte Fragestellungen und damit erforderliche Vergleichsinhalte angenommen werden.

Produktverantwortliche, die sich in interkommunalen Vergleichsringen treffen, werden die Kennzahlen mit deutlich operativer Aussagekraft in den Blickpunkt rücken, der Detaillierungsgrad im Vergleich ist hoch bis sehr hoch. Produktverantwortliche wollen im Allgemeinen ein möglichst genaues Abbild des Produktes und der für die Erstellung erforderlichen Ressourcen, der Standards, des Bürger-/Kundenbezugs und der Qualitäten im interkommunalen Vergleich untersuchen.

Führungskräfte auf der mittleren Ebene haben im interkommunalen Vergleich in der Regel ihren gesamten Verantwortungsbereich vor Augen und erwarten Informationsgewinn vor allem im Hinblick auf Verschiebungen der Produkt-/oder Leistungsschwerpunkte, Wirtschaftlichkeitsmängel und im Rahmen einer dezentralen integrierten Verantwortung im Kontext des Neuen Steuerungsmodells auch Informationen zu personalwirtschaftlichen Fragen.

Für die Verwaltungsleitung sind die Kennzahlen mit strategischer Bedeutung im interkommunalen Vergleich besonders relevant.

Die intensiven Erfahrungen mit interkommunalen Leistungsvergleichen auf Kennzahlenbasis seit Mitte der 90er Jahre haben gezeigt, dass sich die Produktverantwortliche und untere/mittlere Führungskräfte (in dieser Reihenfolge) besonders aktiv beteiligen. Ab der mittleren Ebene führt das möglicherweise vorhandene Interesse an Vergleichsergebnisse bislang nicht dazu, selbst verstärkt aktiv mitzuwirken. Systematisch angelegte interkommunale Vergleiche, bei denen sich Mitglieder der Verwaltungsführung oder Rats-/Kreistagsmitglieder selbst aktiv beteiligen, sind bislang selten.

4.5.5 Vorgehensweise im interkommunalen Vergleich

Wie wird ein Vergleich durchgeführt? Verwaltungen haben sich schon immer verglichen. Das Problem lag in der Vergangenheit in der fehlenden Akzeptanz der Vergleichsergebnisse durch die Fachbereiche und -ämter. Ein interkommunaler Vergleich geschah früher – bis zur Mitte der 90er Jahre – häufig auf Initiative und unter Leitung der Hauptämter oder der Kämmereien. Die Fachämter bestritten allerdings nicht selten die Richtigkeit der Kennzahlen und damit der Vergleichsergebnisse und argumentierten, es würden Äpfel mit Birnen verglichen. Da die Ergebnisse der Vergleiche nicht akzeptiert wurden, gab es naturgemäß auch kaum Veränderungen. Dadurch wurden Leistungsvergleiche nicht unerheblich diskreditiert.

Die neueren Ansätze insbesondere durch das IKO-Netz der KGSt und die Bertelsmann Stiftung gehen deshalb einen völlig anderen Weg. Hier werden den Fachverwaltungen nicht von oben oder durch Querschnittsämter Vergleiche auferlegt, sondern die Vergleiche werden mit ihnen gemeinsam entwickelt. Dies entspricht im Übrigen der veränderten Verantwortung, integrierte Ressourcen- und Leistungs- und damit Ergebnisverantwortung verändert die Perspektive der dezentral Verantwortlichen. Für den Vergleich bieten sich alternative Vorgehensweisen an:

▶ „Nachfrageorientierter Maßanzug": Die an einem vereinbarten Leistungsvergleich beteiligten Verwaltungen – i. d. R. fünf bis fünfzehn Kommunen – erarbeiten sich zunächst die Vergleichssystematik selbst. Es entsteht genau das Kennzahlenset, das den am Vergleich beteiligten Verwaltungen bzw. Personen zweckmäßig erscheint. Der Vorteil einer solchen Verfahrensweise liegt in einer hohen Kunden- bzw. Nutzerakzeptanz. Nachteilig kann sich allerdings auswirken, wenn man sich in der Vergleichsdiskussion nach dem Kriterium des kleinsten gemeinsamen Nenners auf Kennzahlen verständigt, deren Aussagekraft und Relevanz für Veränderungen gering ist und die nicht oder nur untergeordnet auf Steuerung und Wirksamkeit ausgerichtet sind. Auch ist zu fragen, ob tatsächlich beispielsweise alle Sozialämter in Deutschland so unterschiedlich sind, dass jedes Mal ein völlig neues Kennzahlenset entwickelt werden muss. Trotz dieser Nachteile hat diese Vergleichssystematik in der kommunalen Praxis bereits seit langem Tradition. Z. B. nutzen kommunale Fachverbände oder Arbeitskreise von Führungskräften kennzahlengestützte Vergleiche partiell und anlassbezogen. KGSt und Bertelsmann Stiftung haben diese Vorgehensweise auch genutzt, um die „Null-Situation" zu ändern: Diese Situation ist dadurch gekennzeichnet, dass für einen Vergleich kein ausformuliertes Kennzahlensystem existiert, weder in der kommunalen Praxis noch in sonstigen Quellen. Weil interkommunale Vergleiche zunehmend von Kommunen aufgegriffen werden, sind in den letzten Jahren zahlreiche Kennzahlensysteme entwickelt worden, die von interessierten Kommunen verwendet werden können. Diese Systeme müssen lediglich auf etwaige Besonderheiten des speziellen Vergleichsrings angepasst werden. Daher bietet sich eine alternative Vorgehensweise zunehmend an:

▶ „Steuerungsgewinn durch Vereinfachung und Standardisierung": Kennzahlensets für zahlreiche kommunale Bereiche sind inzwischen von Bertelsmann Stiftung und KGSt entwickelt worden. Mehr und mehr ist es möglich, das erworbene Know-how in Vereinfachungen und Aufwandsminderungen bei Neubeginn eines Vergleichsrings umzusetzen. Diese Absicht setzt zuallererst beim Kennzahlenset an. Ein grundlegendes Kennzahlenset wird bereits in das erste Vergleichstreffen eingebracht und in der Diskussion mit den am Vergleich beteiligten Kommunen aufgrund der Besonderheiten des jeweiligen Vergleichsrings verändert.

Beispiel:

Im Projekt „KiK – Kernkennzahlen in der Kommunalverwaltung" der Bertelsmann Stiftung werden für die unterschiedlichen Aufgabenbereiche der Verwaltung zusammen mit kommunalen Praktikern Kennzahlensets entwickelt. Zielrichtung dieses Projektes ist es, der kommunalen Managementebene mit wenigen, einfach zu erhebenden und wirkungsrelevanten Kennzahlen ein Steuerungsmittel in die Hand zu geben, welches es erlaubt, sich schnell einen Überblick über die Qualität der Auftragserfüllung, die Kunden- und Mitarbeiterzufriedenheit sowie die Wirtschaftlichkeit der von ihnen zu verantwortenden Aufgabenbereiche zu verschaffen. Die Sets haben damit gleichsam eine Ampelfunktion. Die Kennzahlensets umfassen pro Aufgabenbereich etwa 15–20 Indikatoren. Darüber können die Teilnehmer am Leistungsvergleich noch weitere fünf Kennzahlen speziell für ihren Leistungsvergleich kreieren. So muss das Rad nicht jedes Mal wieder neu erfunden werden und trotzdem wird den individuellen Bedürfnissen Rechnung getragen. Außerdem bietet dieses Verfahren die Chance, Daten auch über die Leistungsvergleichsringe hinaus auszuwerten, um so gute Lösungen nicht nur einem kleinen Teilnehmerkreis, sondern allen interessierten Kommunen zugänglich zu machen.

Die KGSt erarbeitet Kennzahlensets – z. B. für Soziales, Jugend, Öffentliche Infrastruktur, Personal – integriert in die gutachtliche Arbeit und dokumentiert damit die Steuerungsrelevanz von Kennzahlenarbeit und Leistungsvergleichen auf Kennzahlenbasis für die Führungsebenen. Unter Einbeziehung des produktorientierten Haushaltsplans in die Kennzahlenarbeit kommt dabei der Verwaltungsführung und dem Rat/Kreistag als Adressaten der Vergleichsergebnisse besondere Bedeutung zu. Die Kennzahlensets werden mit dem KGSt-Bericht veröffentlicht, stehen damit allen Mitgliedern der KGSt zur Verfügung und werden im Übrigen für Vergleichsringe der KGSt herangezogen. In ähnlicher Form werden die inzwischen zahlreich vorliegenden Kennzahlensets aus einzelnen Vergleichsringen der Vergangenheit überarbeitet und neuen Vergleichsringen unmittelbar zur Weiterbearbeitung angeboten.

4.5.6 Vergleichsdauer

Weiter stellt sich die Frage, wie lange sich Kommunen vergleichen sollen. Die Betroffenen vor Ort haben gelegentlich die Tendenz, sich von vornherein auf einen begrenzten Vergleichszeitraum festzulegen. Sie führen dafür den hohen Zeitaufwand für Leistungsvergleiche auf der einen Seite und die im Laufe der Zeit immer geringer werdenden Verbesserungsmöglichkeiten auf der anderen Seite an. Beiden Bedenken muss man Rechnung tragen. Sicherlich ist kein Leistungsvergleich zum Nulltarif zu haben. Wer glaubt, man könne Leistungsvergleiche nebenher durchführen, wird keinen Erfolg haben. Es ist also wichtig, zu Beginn eines Leistungsvergleichs die Arbeitszeit für die Erfassung von Daten, die Erstellung der Vergleichssystematik und die Qualitätsarbeit und die Vergleichsdiskussionen der daran beteiligten Mitarbeiter und Führungskräfte zu berücksichtigen. Im Übrigen kommt dem Aufwand für die Erhebung der Daten eine immense Bedeutung zu. Kein Mitarbeiter einer Verwaltung wird auf Dauer genau und zeitnah Daten erheben, wenn er ihren Nutzen nicht einsieht. Dies muss deshalb bereits bei der Erstellung von Kennzahlensets bedacht werden. Gleiches gilt für die Frage des Nutzens bei bereits lange andauernden Leistungsvergleichen, denn natürlich erschöpft sich der Nutzen im Laufe der Zeit. Deshalb muss der Vergleich immer wieder mit neuen Anreizen versehen werden. Dies kann durch eine veränderte Zusammensetzung der Teilnehmer an einem Vergleich geschehen. Neue Teilnehmer stellen regelmäßig neue Fragen oder haben andere Antworten. Hier liegt im Übrigen auch die Stärke mehrerer Vergleichsringe zum gleichen Thema, die miteinander im Kontakt stehen. Es ist sehr viel leichter möglich, Erkenntnisse aus einem Leistungsvergleichsring auf andere zu übertragen, so dass der jeweilige Vergleichsring nicht „träge" werden muss.

 WICHTIG!

Nach alledem soll festgehalten werden, dass Leistungsvergleiche für Kommunen eine große Chance bieten: Kommunen wissen, wo sie stehen, wo ihre Stärken und Schwächen sind und was zur Verbesserung getan werden muss und kann. Von daher sollte diese Chance in hohem Maß genutzt werden.

4.5.7 Benchmarking

Der interkommunale Leistungsvergleich, wie er vorstehend beschrieben wurde, wird häufig auch als Benchmarking bezeichnet. Benchmarking ist im erwerbswirtschaftlichen Bereich bekannt geworden, gemeint ist der kontinuierliche Vergleich von Produkten, Prozessen usw., um festzustellen, wo das eigene Unternehmen in Bezug zu anderen Mitbewerbern oder zu Firmen aus anderen Branchen steht und vor allem, worin Ansatzpunkte für eine Verbesserung der Wettbewerbsposition bestehen[1]. Ziel des Benchmarking ist es, über die Entwicklung von Verbesserungsmöglichkeiten zu den Leistungsbesten – im jeweiligen Beobachtungsbereich – aufzuschließen.

Nachdem etliche Nachrichtenmagazine erkannt haben, welchen hohen Nachrichtenwert Benchmarkingprojekte haben, hat das Verfahren im öffentlichen Bereich einen ganz anderen Touch bekommen. Es gilt nunmehr nicht nur, von guten Beispielen zu lernen, sondern es entsteht bei kommunalen Entscheidungsträgern der Eindruck, dass Kommunen, deren Leistungen nicht den im Benchmarking vorgegebenen Kriterienkatalog entsprechen, negativ herausgestellt werden sollen. Hierzu ist anzumerken, dass bei solchen auf wenige spektakuläre Indikatoren angelegte „Hitparaden" die unterschiedlichen Startvoraussetzungen

---

1) Vgl. Reichmann, Thomas, a. a. O., S. 505; ergänzend: Kräkel, Matthias, Internes Benchmarking und relative Leistungsturniere, in: Zeitschrift für betriebswirtschaftliche Forschung, 50, Heft 11/November 1998, S. 1010–1028.

verschiedener Kommunen nicht berücksichtigt werden. In einem solide angelegten Vergleichsring werden nicht nur Kennzahlen „rechnerisch" verglichen, sondern selbstverständlich auch die Ursachen für unterschiedliche Ergebnisse verschiedener Kommunen mit in die Bewertung und in die Überlegungen zur Veränderung einbezogen. Beispiel: Die Sozialhilfequote einer kleinen Kommune im ländlichen Raum dürfte sich i. d. R. von der einer Großstadt deutlich unterscheiden. Es macht wenig Sinn, die Werte von strukturell unterschiedlichen Kommunen unkommentiert gegenüberzustellen. Wenn gleichwohl Kommunen sehr unterschiedlicher Größenordnung voneinander lernen können, so muss immer die örtliche Ausgangslage mit gesehen werden. Diesem Aspekt wird oft in veröffentlichten Benchmarking-Ergebnissen der Medien nur unzureichend oder gar nicht Rechnung getragen. Folge ist ein wachsendes Misstrauen der örtlichen kommunalen Handlungsträger gegenüber jedem Vergleich. Sie haben die Sorge, mit nicht vergleichbaren Partnern verglichen zu werden und für von Ihnen nicht beeinflussbare Ergebnis möglicherweise auch noch sanktioniert zu werden.

4.6 Informationstechnische Unterstützung

Die Frage der informationstechnischen Unterstützung von Berichtswesen und Controlling rechtfertigt eine eigenständige konzeptionelle Auseinandersetzung, die den Rahmen dieser Arbeit sprengen würde. Das Thema wird daher im Folgenden exemplarisch am Beispiel der Arbeit mit Kennzahlen im interkommunalen Vergleich dargestellt. Selbstverständlich geht der Datenbedarf für ein kommunales Berichtswesen weit darüber hinaus (siehe dazu im Einzelnen Kapitel 4.1).

Jedes Berichtswesen ist nur so gut und vor allem nur so weit von seinen Anwendern akzeptiert, wie Handling und Werkzeuge passen, unterstützen und nicht behindern.

Beispiel:

Hier scheint noch manches im Argen zu liegen, denn vielfach werden noch von Hand Listen ausgefüllt, um ihre Ergebnisse anschließend ebenfalls von Hand in Berichte umzuwandeln. Demgegenüber stellte die Nutzung von Excel-Tabellen bereits einen wesentliche Verbesserung dar. Zwar wurden Daten immer noch weitgehend von Hand erfasst; die Nutzung der Tabellen stellte jedoch eine erhebliche Komfortsteigerung dar. Dies ist insbesondere deshalb hervorzuheben, weil die Tabellen vergleichsweise einfach in Diagramme umgewandelt werden konnten. Visualisierung ist für ein wirksames und gut gestaltetes Berichtswesen wichtig. Der Nachteil lag immer noch in dem Problem des Importes der Daten in die Excel-Tabellen. So weit Daten von Hand erfasst werden mussten, gab und gibt es keine Alternative.

Faszinierend ist jedoch die Datenmenge, über die die Kommunen in ihren verschiedenen Datenbanken verfügen. Noch faszinierender, wie oft kaum Möglichkeiten bestehen, diese Daten zwischen den verschiedenen Systemen auszutauschen. Das führt zu grotesken Situationen: Daten werden in verschiedenen Organisationseinheiten der Kommunen redundant vorgehalten, manchmal sogar mit jeweils unterschiedlichen Werten.

Beispiel:

> Planungen eines Sozialamtes und eines Schulverwaltungsamtes gingen zum gleichen Zeitpunkt von unterschiedlichen Einwohnerzahlen aus. Wenn dann solche Berichte Politikern vorgelegt werden, die natürlich sofort die Abweichungen erkennen, nimmt nicht nur die Akzeptanz der Informationen Schaden, sondern das Vertrauen in die Kompetenz der Verwaltung insgesamt.

Dennoch, das Problem des Datenimports scheint nur in engen Grenzen auflösbar zu sein. Zwar sind die meisten Software-Anbieter der Auffassung, Schnittstellenprobleme lösen zu können. Die Schwierigkeit liegt jedoch in der Tatsache, dass gerade größere Verwaltungen über eine Vielzahl unterschiedlicher Softwareanwendungen verfügen, bei denen die Lösung der Schnittstellenfrage hohe Kosten verursachen würde. Noch komplizierter wird es im interkommunalen Vergleich, weil selbst in einer Region durchaus nicht alle Kommunen die gleiche oder eine kompatible Software einsetzen. Damit würde sich die Kostenfrage weiter potenzieren. Im Übrigen würde eine Software für die Arbeit eines Vergleichsrings durch die unterschiedlichen Schnittstellenlösungen so belastet, dass ihre einfache Pflege erheblich in Frage gestellt werden müsste.

Stand der Technik innerhalb von Vergleichsringen ist heute eine internetgestützte Datenbank, KGSt und Bertelsmann Stiftung arbeiten damit. Diese Arbeitsweise weist mehrere Vorteile auf. Zum einen muss nicht in jeder Vergleichskommune Software für die Erstellung von Kennzahlensystemen vorgehalten werden. Dies erleichtert auch erheblich die Programmpflege. Zum anderen ist die Vergleichsarbeit über eine zentrale Administration deutlich einfacher zu steuern. Weiterhin kann ein solches System nicht nur zur Dateneingabe und Erstellung des Kennzahlensystems, sondern insbesondere auch zur Kommunikation zwischen den Partnern eines Vergleichsrings und darüber hinaus genutzt werden.

Entscheidend für eine gute Lösung sind zwei Aspekte:

▶ Zum einen ist es außerordentlich wichtig, die Dateneingabe einfach und nachvollziehbar zu gestalten. Die Eingabemasken müssen es dem Anwender erlauben, nachvollziehen zu können, was er tut. Deshalb bildet eine gute Eingabemaske die Schritte ab, mit denen der Anwender zu seiner Kennzahl gelangt. Auch muss sie Hilfen anbieten. Wenn einem Anwender nicht klar ist, auf welcher Formel die Berechnung der Kennzahl beruht, so muss er die Formel einblenden können. Gleiches gilt für Definitionen der einzelnen Basiszahlen bzw. Grundzahlen. Auch auf sie muss er zugreifen können. Sie müssen unmissverständlich formuliert sein.

► Auf der anderen Seite ist es – wie bereits mehrfach erwähnt – von entscheidender Bedeutung, wie das Kennzahlensystem aufgebaut ist und optisch präsentiert wird. Zahlreiche Spalten und Zeilen mit schlecht lesbaren Zahlen sind hinderlich. Übersichtlichkeit, Lesbarkeit und Verständlichkeit, dazu grafische Unterstützung bei der Präsentation der Vergleichszahlen sind wichtige Anforderungen, die gleichermaßen für die Darstellung und Diskussion eines Kennzahlensystems im Rahmen eines interkommunalen Vergleichs gelten wie auch für die Berichte im Rahmen eines Berichtswesens.

5 „Aller Anfang ist schwer" – die Umsetzung

5.1 Grundsatzfragen der Integration von Berichtswesen und Controlling in Verwaltungs- und Politikreform

Die kommunale Verwaltungsreform hat sich in den 90er Jahren einen wesentlichen Anteil an der Diskussion kommunalspezifischer Themen in Deutschland erobert. Zahlreiche Publikationen über Konzepte, Erfahrungen, Erfolge und Ernüchterungen bieten dem interessierten Leser Informationen, erschweren aber zuweilen auch die Orientierung.

Zweifelsfrei gibt es unter den Kommunen viele Gemeinsamkeiten, die in der Umsetzung der Reform hilfreich sind und Erfahrungsaustausch geradezu aufdrängen. Trotz dieser Tatsache sind die Unterschiede nicht zu vernachlässigen. Diese mahnen zur Vorsicht bei allzu schnell erteilten Ratschlägen zur Wahl des richtigen Weges. Unterschiedliche Problemschwerpunkte der Kommunen, verschiedene Sichtweisen der Beteiligten in Rat/Kreistag und Verwaltung und differierende Beratungskonzepte stellen zusammen mit unterschiedlichen örtlichen Lösungskapazitäten individuelle Rahmenbedingungen her. Diese entziehen sich einfach-typisierenden Antworten auf die Frage nach dem Weg zum garantierten Reformerfolg.

Es gibt nicht die typische Anfangssituation einer Kommune vor der Reform, auch nicht den typischen Zwischenstand. Allenfalls fallen Situationsbeschreibungen auf, die häufig vorkommen und insoweit verallgemeinernd Beratungskonzepten als Grundlage dienen können, die aber auf jeden Fall vor Umsetzung zunächst örtlich überprüft und zumeist angepasst werden müssen. Dieser Anpassungsbedarf betrifft nicht allein fachlich-spezialisierte Detailkonzepte – z. B. informationstechnische Unterstützung für das Berichtswesen –, sondern setzt bereits bei dem grundsätzlichen Handlungskonzept für die Reform ein.

Im folgenden Beispiel befindet sich eine Verwaltung bereits seit geraumer Zeit auf dem Weg der Reform, ein Zwischenstand ist erreicht. Dieser gibt Anlass zur Revision des Konzepts:

Beispiel:

Die Verwaltung einer 25 000-Einwohner-Stadt hat sich bereits kurz nach Beginn der Diskussion des Neuen Steuerungsmodells in Deutschland aktiv mit der Umsetzung befasst. Vor allem Verwaltungsführung und Führungskräfte waren daran beteiligt, der Rat war informiert, hielt sich aber mit eigenen Äußerungen zurück. In der Verwaltung kam man rasch überein, dass die outputorientierte Steuerung – der Produktansatz – für die weitere Entwicklung hilfreich zu sein verspricht. In gemeinsamer Anstrengung der Verwaltungsführung mit den Amts-leitern und Mitarbeitern wurde ein Produktplan erstellt und Produkte beschrie-ben. Der Produktplan der Verwaltung enthielt im Ergebnis ca. 65 Produkte. Die Struktur des Produktplans wurde von Produktbereichen und Produktgruppen vorgegeben.

Die Arbeit am Produktplan und an den Produktbeschreibungen war für viele Beteiligte nicht nur Belastung, sondern vielversprechender Anfang einer als not-wendig angesehenen Neuerung – so beschrieben es Beteiligte später im Abstand von ca. fünf Jahren.

Nach Abschluss dieser Zeitspanne der Produktplanerstellung und Produktbe-schreibung kamen erste Zweifel auf: Der Rat nutzte den Produktplan und die Produktinformationen nicht für politische Entscheidungsprozesse. Ein diesbe-züglicher Vorschlag der Verwaltung wurde abgelehnt.

Die im Anschluss an die Erstellung des Produktplans und der Produktbeschrei-bungen erforderlichen verwaltungsinternen Folgearbeiten waren der Verwal-tungsführung durchaus präsent, die Arbeiten kamen aber nicht recht voran. Dies lag nicht nur an fehlender Personalkapazität aufgrund aktueller, nicht vorherge-sehener Engpässe, sondern auch daran, dass der Reformweg an Attraktivität verloren hatte – wie Beteiligte später erläuterten.

In der Verwaltung zeigte sich, dass der Produktplan und die Produktbeschrei-bungen neue Fragen und Konflikte hervorriefen: Wer ist für die Rasenpflege im Freibad verantwortlich? Das Freibad untersteht dem Sportamt – die Grünflä-chenpflege untersteht einem anderen Amt. Nicht nur die bisherige Praxis der Zusammenarbeit der Ämter wurde in Frage gestellt, sondern es wurden auch neue Ansprüche formuliert, die andere binden (sollen). Ein Konzept der internen Serviceleistungen existierte aber nicht.

Insgesamt verlor der Ansatz outputorientierter Steuerung auf der Basis von Pro-duktbeschreibungen an Attraktivität, die Führungskräfte äußerten deutlich ihre Enttäuschung. Bei Überprüfung der Produktbeschreibungen wurde klar, dass Produktziele zumeist nur in sehr vager Form formuliert worden sind. Gestal-tungsmöglichkeiten zur Steuerung des Produkts wurden nicht herausgearbeitet.

Der von dieser Verwaltung gewählte Einstieg in die Reform über die Beschreibung von Produkten und die Erarbeitung eines Produktplans, die Haltung des Rats zur von der Verwaltung vorgeschlagenen Neuerung und die Verknüpfung der Reformelemente sind herausragende Aspekte des Beispiels.

 WICHTIG!

Die zahlreichen Erfahrungen der Kommunen in den vergangenen Jahren mit der Einführung und Weiterentwicklung des Neuen Steue-rungsmodells, die dabei eingetretenen Erfolge und Schwierigkeiten machen eines besonders deutlich: Jede Verwaltung benötigt ein Handlungskonzept für die Gesamtreform. Dies ist neben anderen

Faktoren ein wichtiger Schritt auf dem Weg zu einer gelingenden Reform, die Reformaufwand, Zeitverzögerungen und Konflikte zu mindern oder zu meiden sucht und den Nutzen der Reform im Blick behält und dabei nicht nur als Verwaltungsreform, sondern auch als Politik- und Verwaltungsreform verstanden wird und angelegt ist. So nahe liegend diese Erkenntnis theoretisch ist, so wenig trivial ist ihre Umsetzung.

Im folgenden Beispiel hat die Reform einen anderen Verlauf genommen, das Beispiel setzt im Anfangsstadium der Reform an:

Beispiel:

In einer Stadt mit 80 000 Einwohnern waren Rat und Verwaltungsleitung mit der Art und Weise, wie man bisher miteinander und insbesondere wie man mit den Interessen der Bürger umging, unzufrieden. Deshalb legten die Akteure in einem gemeinsamen Workshop Ziele für die anstehende Legislaturperiode fest, die Verwaltungsleitung vermittelte diese Ziele in die Verwaltung, dort wurden sie umgesetzt. Das klingt auf den ersten Blick und in der Theorie recht einfach, in der Praxis gab es etliche kritische Faktoren. Zum einen gab es im Rat eine deutliche Mehrheit für die Neuerung, die auch in sich geschlossen war, was nicht immer selbstverständlich ist. Zum anderen bedurfte es erheblicher Kraftakte, die Ziele in die Gesamtheit der Verwaltung zu transportieren. Die Verwaltungsleitung musste erst einmal lernen, was es heißt, die Mitarbeiter für Ziele von Rat und Verwaltungsleitung zu begeistern. Umgekehrt hatten die Mitarbeiter berechtigte Zweifel, ob diese Ziele wirklich belastbar standhielten oder ob nicht – wie so oft bisher – schon morgen „ein neues Ferkel durch den Ort getrieben würde". Das Ganze war nur deshalb erfolgreich, weil in der Verwaltungsleitung und in der Führung der Mehrheitsfraktion Personen tätig waren, welche bereit waren, miteinander und vertrauensvoll umzugehen und das Durchhaltevermögen besaßen, auch Krisensituationen durchzustehen.

Die Erfolgsfaktoren in diesem Beispiel lassen sich im Nachhinein – wie häufig in der Praxis – schwer feststellen. Die eindeutige Ratsmehrheit spielt eine wichtige Rolle, die Zusammenarbeit der Entscheidungsträger in Rat und Verwaltung ist ebenfalls nicht unwichtig.

 WICHTIG!

Verwaltungsreform ist trotz der Bedeutung von Zielen, Maßnahmen, Instrumenten und Projekten nie allein technokratisch-brillante Umsetzung, sondern ein sozialer Wandlungsprozess, der den Beteiligten neue Sichtweisen abverlangt , Lernen und Veränderung einfordert, aber auch belohnt. Verwaltungsreform ist nur eine Seite der Münze, Politik- und Verwaltungsreform macht die Münze zum Zahlungsmittel: Rat/Kreistag arbeiten je in ihrer spezifischen Funktion an

einer Verbesserung des Ganzen, Bürgerorientierung, Wirtschaftlich-keit und Wirksamkeit kommunaler Leistungen werden verbessert, die Reform „zahlt sich aus".

Wenn vieles bei der kommunalen Reform auch nicht „typisch" abläuft, so ist doch ein Befund als typisch zu bezeichnen:

 WICHTIG!

Die Reformkonzepte und die Reformdiskussion werden von pragma-tischen Vorgehensweisen bestimmt. Dieser praxisorientiert geprägte Reformverlauf lässt kreative Lösungen und flexibles Eingehen auf spezifische örtliche Situationen zu. Diesem Vorteil stehen aber Nach-teile gegenüber, die sich vor allem in nicht notwendigen Schwierig-keiten der Reform und in Rückschlägen zeigen. An Praxiserfahrun-gen gewonnene Konzepte für eine zweckmäßige Gestaltung des Reformprozesses besitzen daher trotz intensiver Diskussion der letz-ten Jahre große Aktualität.

5.2 Das strategische Handlungskonzept für die Reform

Am Anfang stehen Fragen. In welcher Situation sieht sich die politisch-administrative Führung der Kommune vor dem Hintergrund der von außen auf sie zukommenden Anforderungen? Welche zukünftige Ent-wicklung ist zu erwarten? Betrachtet wird dabei sinnvollerweise nicht nur die Entwicklung der Kommune insgesamt und die Verwaltung als Leis-tungserbringer, sondern auch das Zusammenspiel Politik/Verwaltung und die kommunalen Beteiligungen. Ist das derzeitige Leistungspotenzial den Anforderungen gewachsen? Welche Veränderungen sind erforderlich?

Die Situationsbeschreibung wird je nach Sichtweise der Beteiligten unter-schiedlich ausfallen. Diese Spannweite gilt es zu erfassen und für den Reformansatz nutzbar zu machen. Die Verwaltungsführung sollte die Initi-ative ergreifen und die Dinge anstoßen – aber warum soll Verwaltungsre-form nicht auch von der Politik ausgehen? Schließlich geht es darum, dass der Rat bzw. der Kreistag die Inhalte von Entscheidungsprozessen, die Verfahrensweisen und die Informationsverarbeitung überprüft und wirksamere Steuerung realisiert.

Überhaupt scheint das Spannungsfeld zwischen Politik und Verwaltung – bzw. richtiger: Verwaltungsführung – nicht immer hinreichend geklärt zu sein. Strategische Handlungskonzepte sind nur dann erfolgreich, wenn diejenigen handeln, welche für Strategie verantwortlich sind.

Beispiel:

In der politischen Wirklichkeit ist das oft der Verwaltungschef. Das ist aber nur dann ein „Erfolgsmodell", wenn es ihm gelingt, den Rat/Kreistag zumindest mit einzubeziehen. Trotzdem dürfte auch das nur die zweitbeste Lösung sein. Nach dem Selbstverständnis unserer Kommunalverfassungen geben die Räte bzw. Kreistage die strategischen Ziele vor, die Verwaltung setzt sie um. Deshalb kann es bei erfolgreichen Strategiemodellen in der Demokratie nicht darum gehen, die Politik einzubeziehen, sondern sie muss – gegebenenfalls unter Begleitung – lernen, selbst Ziele zu setzen. Nur wenn das gelingt, wird die Kommunalverfassung nicht nur formal beachtet, sondern inhaltlich mit Leben gefüllt. Das bedeutet allerdings auch ein bewusstes Wahrnehmen des Wählerauftrages durch die Politik und nicht der resignative Hinweis, als Feierabendpolitiker könne man sich halt nicht um alles kümmern.

 WICHTIG!

Kommunalpolitik und Verwaltung müssen den Weg der Reform wollen und gemeinsam beschreiten. Isolierte Aktivitäten haben begrenzte Wirkung und führen zu Enttäuschungen und verstärkt zu abwartenden Grundhaltungen der Akteure.

Nach etlichen Jahren Verwaltungsreform auf der Basis des Neuen Steuerungsmodells stehen viele Verwaltungen nicht mehr am Anfang der Reform. Auch für sie gilt, den Reformprozess ständig überprüfen und anpassen zu müssen. In der kommunalen Praxis finden sich mehrere Reformansätze, die nicht immer scharf voneinander getrennt werden können[1]. Bei stagnierendem Reformverlauf wird der Blick häufig auf andere Verwaltungen gerichtet. Davon erhoffen sich die Befürworter der Reform Unterstützung. Die daraus gewonnenen Impulse verlieren sich allerdings manchmal im Nebel unterschiedlicher Voraussetzungen. Hilfreicher ist, nach einem plausiblen Muster zu suchen, das den örtlichen Bedingungen angepasst wird.

Ein strategisches Handlungskonzept[2] als Rahmenkonzept eröffnet diese Möglichkeit. Durch ein solches Konzept werden die mittel- und langfristigen Ziele und die zu ihrer Erreichung notwendigen Maßnahmen und Ressourcen mit den notwendigen Detailzielen verknüpft. Es veranlasst die Akteure, ständig zu hinterfragen, ob Ziele und Maßnahmen stimmig sind

---

1) Vgl. den Überblick bei Bals, Hansjürgen, Hack, Hans, Die neue Kommunalverwaltung – Verwaltungsreform: Warum und wie? Leitfaden und Lexikon, 1. Aufl. München, Berlin 2000, S. 105 f.

2) Zum Inhalt eines strategischen Handlungskonzepts für die Reform vgl. bereits KGSt Bericht 8/1995, Das Neue Steuerungsmodell in kleineren und mittleren Gemeinden, S. 45 ff.

oder aber einer sich verändernden oder falsch eingeschätzten Wirklichkeit angepasst werden müssen.

Die Frage nach den sog. Lücken, wie sie von der KGSt beschrieben wurden[1], stehen am Anfang der Analyse; die Fragen sollten unter Berücksichtigung örtlicher Besonderheiten weiter differenziert werden[2]. Mit Hilfe eines Untersuchungsrasters auf der Basis der Fragen sollten Erhebungen erfolgen, dabei sind Rat/Kreistag bzw. Fraktionen, Verwaltungsführung, Leitung der kommunalen Beteiligungen, Führungskräfte und Mitarbeiterinnen einzubeziehen.

Auf der Grundlage der Analyse der Erhebungen sollte ein maßgeschneidertes Handlungskonzept entwickelt und beschlossen werden. Es enthält Reformziele, Erfolgsfaktoren und Rahmenbedingungen, Ansatzpunkte für die Umsetzung der Reform und Aussagen zu den erforderlichen Kapazitäten. Es ist sinnvoll, wenn der Rat bzw. der Kreistag den Beschluss fasst und die weitere Arbeit steuert. Dazu wird eine Steuerungs- oder Lenkungsgruppe gegründet, bestehend aus Rats-/Kreistagsmitgliedern und Mitgliedern der Verwaltungsführung, diese Gruppe hält den Fortgang der Reform in der Hand.

Projektmanagement und eine Projektorganisation[3] für die Bewältigung der Reform sind zweckmäßig. Erfahrungen zeigen, dass das Zusammenspiel der Reformelemente und Beteiligten ohne klare Projektstruktur nicht funktioniert.

Beispiel:

Projektorganisation bedeutet allerdings auch, von Anfang an klare Projektziele, Projektverantwortliche und Projektzeiten bzw. Termine für Ergebnisse zu benennen. Verwaltung(sleitung)en haben gelegentlich den Hang, einen Ihnen unbequem erscheinenden Auftrag durch Gründung eines Projekts zunächst abwartend-zögerlich umzusetzen. Manchmal verstärkt des Projektleitung diese Tendenz. Das merken auch die im Projekt engagierten Mitarbeiter mit der Folge, dass sie sukzessive ihren Einsatz den Erwartungen anpassen. Es kommt also darauf an, mit der so gern zitierten Ressource Mensch verantwortlich umzugehen und nicht die Mitarbeiter/innen einer Verwaltung in schnell zu erkennende Machtspiele hineinzuziehen.

---

1) Vgl. die Ausführungen in Kap. 1.
2) Vgl. die Liste der Phänomene bei Bals, Hansjürgen, Hack, Hans, Die neue Kommunalverwaltung – Verwaltungsreform: Warum und wie? Leitfaden und Lexikon, 1. Aufl. München, Berlin 2000, S. 5 f.
3) Vgl. Ewert, Wolfgang, u. a., Handbuch Projektmanagement öffentliche Dienste. Grundlagen, Praxisbeispiele und Handlungsanleitungen für die Verwaltungsreform durch Projektarbeit, Bremen 1996.

Im Projekt sind die Verknüpfungen der einzelnen Reformelemente zu klären und in eine sinnvolle Abstimmung zu bringen. Vorstellungen vom angestrebten Zustand und dessen Nutzen sind zu entwickeln. Teilprojekte werden definiert und bearbeitet. Dazu wird i. d. R. der Ausbau outputorientierter Steuerung mit Hilfe von Budgetierung, der Aufbau eines Produktplans[1] und Produktbeschreibungen genauso gehören wie der Aufbau von Controlling und die Einführung eines Berichtswesens und ein Verfahren zur Erarbeitung strategischer Schwerpunkte für die Verwaltungsleistungen der nächsten Jahre. Dieser Schwerpunktbildung sollte logisch ein Leitbild vorausgehen, das zunächst zu entwickeln ist.

Nicht immer passen die örtlichen Bedingungen genau zur eleganten Präsentation logisch-einsichtiger Konzepte. Pragmatische Reformwege müssen daher möglich sein. Ihnen sollte konzeptionelle Unterstützung nicht versagt werden. Pragmatische Unterstützung darf aber nicht dazu führen, einen Leitbildprozess und die Erarbeitung strategischer Schwerpunkte als überflüssig erscheinen zu lassen. Das Reformkonzept muss hinreichend pragmatisch sein und gleichzeitig den Einstieg in die Strategie nicht nur ermöglichen, sondern nahe legen.

Aus den Erfahrungen mit der Verwaltungsreform in der Anfangszeit hat sich eine sinnvolle Reihenfolge der Reformschritte ergeben, die für die örtliche Umsetzung herangezogen werden sollte. Diese Reihenfolge dürfte die Bedingungen für pragmatisches Vorgehen erfüllen, ohne zu sehr einzuengen oder zu technokratisch zu werden, aber auch ohne die strategische Komponente zu vernachlässigen.

5.3   Die Reihenfolge der Reformschritte

Der Einstieg in diese Reihenfolge von miteinander verknüpften Reformschritten setzt zunächst eine Auseinandersetzung mit den globalen Reformzielen und mit der Relevanz des Neuen Steuerungsmodells für die örtliche Entwicklung voraus.

 WICHTIG!

Ein strategisches Handlungskonzept ist für die Reform als übergreifendes Konzept nicht entbehrlich, sondern grundlegend.

Hier soll davon ausgegangen werden, dass das strategische Handlungskonzept die Reformelemente des Neuen Steuerungsmodells bestätigt und den Reformweg darauf ausrichtet.

Worin bestehen die Ansatzpunkte des Konzepts, wie werden sie miteinander verknüpft?

---

1) Auf überörtliche Konzepte kann dabei zurückgegriffen werden, z. B. Produktplan Baden-Württemberg oder Produktplan der KGSt.

Zunächst ein tabellarischer Überblick, alsdann werden die einzelnen Schritte erläutert:

Reformschritt/e	Bezeichnung	Stichworte zum Inhalt
1	Einstieg: Inputorientierte Budgetierung	Budgetierung, Flexibilisierung des Vollzugs
2	Servicebereiche im Wettbewerb und	Interne Leistungen erfassen, Servicebereiche einrichten, Interne Leistungsverrechnung einführen oder ausbauen und in die Budgetierung einbeziehen, Vergleiche intensivieren, Wettbewerb suchen;
	Neugliederung des Haushalts in Anlehnung an die Verwaltungsorganisation bzw. wechselseitige Abstimmung der Gliederung von Haushalt und Organisation	Verwaltungsorganisation und Haushaltsgliederung werden aneinander angepasst, Verantwortlichkeit wird im Haushalt und gleichzeitig in der Organisation transparent, Strukturveränderungen in der Verwaltung sollten – soweit bereits möglich – vorangestellt werden
3	Produkte mit Budgets verknüpfen	Produktpläne und Produktbeschreibungen erstellen, Haushaltsausgabe- und Haushaltseinnahmestellen den Produkten zuordnen
4	Produktorientierter Haushaltsplan	Produktbereiche und Produktgruppen und – je nach gewünschtem Detaillierungsgrad – Produkte werden im Haushaltsplan dargestellt, Kosten- und Leistungsrechnung in der jeweils zweckmäßigen Form bzw. in ausgewählten Bereichen auf- und ausbauen
5 bis 7	Produktorientierter Haushaltsplan auf dem Weg in das neue kommunale Rechnungswesen (sinnvoll untergliedert mit Zwischenschritten)	**Zusammenfassend:** **Komplettierung der Informationen im Haushalt, Aufbau des doppischen Rechnungswesens auf der Basis des Ressourcenverbrauchskonzepts mit dem Haushalt als Kernelement**

(Zeile links neben Spalte: Überschneidungen und Verknüpfungen)

Abb. 5.1: Reihenfolge der Reformschritte (Skizze) in Anlehnung an KGSt-Empfehlungen[1] (Teile des Reformschritts 2 wurden ergänzt).

Im Zentrum der Reform stehen eine veränderte politische Steuerung seitens Rat/Kreistag, die outputorientierte Steuerung in Verbindung mit der Integration von Fach- und Ressourcenverantwortung auf dezentraler

---

1) Vgl. KGSt-Bericht 9/1997, Steuerung kommunaler Haushalte: Budgetierung und Finanzcontrolling in der Praxis, S. 16–21.

Ebene, Personalentwicklung, Dezentralisierung in Verbindung mit „Steuerung auf Abstand", Controlling und Berichtswesen, Wettbewerb als Leistungsverstärker. Gleichzeitig verändern sich damit die Aufgaben und das Zusammenspiel der Beteiligten: vom Rat/Kreistag bis zur Mitarbeiterschaft.

Der Einstieg in die Reform beginnt mit der Budgetierung[1]. Erfahrungen der Kommunen haben gezeigt, dass Budgetierung das Verhalten der Verantwortlichen verändert. (Dezentrale) Budgetverantwortung führt zu einer überlegteren, stärker auf die jeweiligen Bedürfnisse abgestimmten Verwendung der Budgetmittel. Einzelne Faktoren wie z. B. Budgeteinschränkungen oder unterjährige Veränderungen des Budgets können diese Wirkung zwar mindern. Insgesamt ist aber die Integration der Fach- und der Finanzverantwortung auf dezentraler Ebene ein Impuls, der viele Beteiligte in die Reform einbezieht. Die Reform wird von den Beteiligten als praxisnah empfunden. Budgetierung einzuführen ist auch und gerade dann sinnvoll, wenn die Leistungsseite der Verwaltung (noch) nicht transparent ist, Produktbeschreibungen fehlen. Die Gestaltungsmöglichkeiten bei der Budgetverwendung führen „automatisch" zu der Frage, welche Leistung erreicht werden soll bzw. muss. Ein Zwang zur Entwicklung der outputorientierten Steuerung entsteht und ist aus Reformsicht erwünscht.

Auf eine Gefahr, welche die Einführung der Budgetierung in sich birgt, muss deutlich hingewiesen werden: Durch die Budgetierung wird, was gewünscht ist, die Eigenverantwortlichkeit der Organisationseinheiten gestärkt. Das kann latent zu einer ausgeprägten Autonomie der Einheiten führen, die so weit gehen kann, dass die Eigeninteressen im Verhältnis zu den Zielen und Interessen der Gesamtverwaltung dominieren.

Beispiel:

> Dies führte in mancher Verwaltung zu Verhaltensweisen, welche sich in Schreiben von Fachbereich zu Fachbereich mit Texten wie „Wie auch in Ihrem Hause bekannt sein dürfte ..." äußerten.

 WICHTIG!

Es ist deshalb unabdingbar, die Einführung von Budgetierungsmodellen konsequent mit einer zeitgleichen Implementierung von Berichtswesen und Controlling zu koppeln, um ein Auseinanderdriften der Verwaltung zu verhindern.

---

1) Zum Begriff vgl. Bals, Hansjürgen, Hack, Hans, a. a. O., S. 125.

Mit der Budgetierung beginnend entwickelt sich nun eine Reihenfolge der Reformschritte[1], die folgende Reformansätze verfolgt bzw. verstärkt:

▶ Dezentrale Verantwortung, dies bedeutet zunächst Budgetverantwortung – von der Verwaltungsführung bis zu den einzelnen Organisationseinheiten in gestaffelter Form,

▶ Integration der Leistungs- und Finanzziele und der Leistungs-, Ressourcen- und insbesondere Finanzsteuerung in einem ganzheitlichen Ansatz,

▶ Beschlüsse auf der Grundlage gewünschter Ergebnisse (präzise Ziele!) und erforderlicher Ressourcen,

▶ Transparenz mit Hilfe eines der Schrittfolge der Reform angepassten Berichtswesens,

▶ Veränderung der Informationen des Haushaltsplans, Komplettierung im Sinne der Steuerungsziele,

▶ Vorarbeit und Einstieg in ein neues kommunales Rechnungswesen.

Optimal ist es, an dieser Stelle einen Blick auf das bisherige Haushaltsrecht zu werfen. Die Gliederung des Haushaltsplans herkömmlicher Prägung hat sich mittlerweile weitestgehend von der Verwaltungswirklichkeit gelöst. Es bietet sich deshalb an, den Reformprozess zu einer Anpassung des Haushaltsplans an die Organisationsstruktur der Verwaltung zu nutzen („organische Haushaltsgliederung"). Die Aufnahme von Produkten ist dann wesentlich einfacher. Haushaltsstellen – oder besser meist ganze Unterabschnitte – werden dann nicht primär den Produkten zugeordnet, sondern den Budgets der Organisationseinheiten. So entsteht ein „Geschäftsplan" für die Kommune, über dessen Vollzug für alle nachvollziehbar berichtet werden kann, und zwar an die jeweils zuständigen Ausschüsse usw.[2]

Reformschritt 2 enthält folgerichtig zwei Reformaspekte: neben der Einrichtung von Serviceeinrichtungen die Neugliederung des Haushalts in Anlehnung an die Verwaltungsorganisation bzw. eine wechselseitige Abstimmung. Diese Neugliederung kann allerdings nicht trennscharf einem bestimmten Reformschritt in der Reihenfolge – und nur diesem – zugeordnet werden. Bereits im Anfangsstadium, beim ersten Reformschritt, stellt sich die Frage, ob eine Neugliederung der beginnenden Budgetierung vorangestellt werden sollte. Die Antwort hängt von örtli-

---

1) Vgl. zu den Einzelheiten KGSt Bericht 9/1997, a. a. O., S. 16 ff.
2) Vgl. Bals, Hansjürgen, Hack, Hans, a. a. O., S. 41 f, und Bals, Hansjürgen, Die Neugestaltung der kommunalen Haushaltspläne, in: Zeitschrift für Kommunalfinanzen, 1999, S. 242–251, insbes. S. 243.

chen Bedingungen ab, der Aufwand und die Möglichkeit, bereits im frühen Stadium der Reform ausreichend Interesse für diese Veränderung zu mobilisieren, spielen dabei eine große Rolle.

In Verbindung von einer alle Organisationseinheiten erfassenden Budgetierung, den damit eng verbundenen Strukturveränderungen im Haushalt und gleichzeitig in der Verwaltungsorganisation mit dem Ziel der Übereinstimmung und mit dem Ausbau interner Leistungsverrechnung stehen am Anfang der Reform zwei Reformelemente, die besonders ausgeprägte Verhaltensimpulse aufweisen. Diese Impulse verändern die Verhaltensweise der Beteiligten: Die zweckmäßige Mittelverwendung wird stärker als ohne Anwendung dieser Reformelemente beachtet. Mit den Servicebereichen, die im Rahmen von Auftraggeber-/Auftragnehmer-Verhältnissen einschl. interner Leistungsverrechnung gesteuert werden, erhält die Verwaltung eine neue organisatorische Komponente, die ebenfalls zu verändertem Verhalten führt. Vor allem Effizienzgewinne werden eingefahren.

Für Controlling und Berichtswesen beginnt mit der Budgetierung ein Entwicklungsprozess, der die neue Steuerungslogik unterstützen soll und die in Kap. 3 geschilderte idealtypische Steuerungsunterstützung erreichbar erscheinen lässt.

Der Ausbau dezentraler Verantwortung, die mit der Budgetierung beginnt, und die Einführung von Berichtspflichten gehören zusammen. Eigenständigkeit der Organisationseinheiten bedeutet im Gegenzug, dass die übergeordnete Ebene – je nach Standpunkt Fachbereichsleitung, Verwaltungsführung, Rat/Kreistag – systematisch und regelmäßig über die eingetretene und zu erwartende Entwicklung informiert werden muss. Bereits bei der anfänglichen Budgetierung, in der frühen Phase der Umsetzung von Verwaltungsreform, ist achtsam mit dieser Informationssymmetrie umzugehen. Nicht immer ist der Wert einer auf den Budgetvollzug ausgerichteten Berichterstattung in der Praxis bereits erkannt worden. Letztlich muss es darum gehen, die Vorteile einer ausgeprägten Dezentralisierung der Verantwortung mit den Vorteilen zentraler Steuerung zu verbinden: Der Überblick muss für Verwaltungsführung und Rat/ Kreistag nicht nur erhalten bleiben, sondern sukzessive verbessert werden.

 WICHTIG!

Dazu dient im Anfangsstadium der Reform die Finanzberichterstattung. Sie ist im Prinzip einfach: ein unterjähriger Plan-/Ist-Abgleich und eine Prognose zum Jahresende stellen die wesentlichen Informationen dar.

Der Verwaltungsführung, die derartig systematisch aufbereitete Informationen auch bisher – vor der Reform – schon erhielt, mag dieser erste Controlling-Ansatz trivial erscheinen. Gleichwohl ist diese Berichterstattung wichtig. Im Rahmen des Berichts werden Abweichungen erläutert, es wird über eingeleitete Maßnahmen berichtet bzw. Maßnahmen werden vorgeschlagen. Dem Charakter der dezentralen Ressourcenverantwortung entsprechend sehen die unterjährigen Budgetberichte auch zunehmend anders aus als die früheren Finanzberichte: Berichtet wird im Wesentlichen über das bisherige bzw. das zum Jahresende erwartete Budgetergebnis als Saldo von Einnahmen/Erträgen und Ausgaben/Aufwendungen. Einzelne Haushaltsstellen interessieren nur noch bei besonderem Gewicht und auffallender Sonderentwicklung. Die kommunale Praxis hat diese Art der Berichterstattung im Zusammenhang mit der Budgetierung häufig aufgegriffen und eingeführt.

Beispiel:

Eine 40 000-Einwohner-Stadt hat die Reform mit der Budgetierung begonnen und dieser eine Finanzberichterstattung angeschlossen. Empfänger der Berichterstattung sind Verwaltungsführung und Haupt- und Finanzausschuss des Rats. Die Organisationseinheiten als Budgetbereiche berichten der Verwaltungsführung quartalsweise[1] über Vollzug des Budgets und geben eine Prognose zum Ende des Haushaltsjahrs. Die Berichterstattung an den Haupt- und Finanzausschuss erfolgt ebenfalls quartalsweise. Es handelt sich um eine komprimierte Darstellung des Berichts gegenüber der Verwaltungsführung. Verwaltungsführung und Finanzausschuss stellten fest, dass sie einen besseren Überblick über die laufende Entwicklung gewinnen als in der Vergangenheit üblich. Der Haupt- und Finanzausschuss erfährt somit am praktischen Beispiel den konkreten Nutzen eines auf seine Bedürfnisse zugeschnittenen Berichtswesens. Gleichzeitig sehen sowohl Verwaltungsführung als auch Haupt- und Finanzausschuss die Berichterstattung als Anfang einer Berichterstattungspraxis in der Verwaltung und für den Rat insgesamt und als Durchgangsstadium für eine qualifiziertere Information unter Einschluss der Leistungsseite.

Mit dem Reformschritt „Servicebereiche im Wettbewerb" wird eine Aktivität eingeleitet, die viele Verwaltungen in einem Reformprozess über Jahre zu beschäftigen in der Lage ist. Die folgenden Ausführungen konzentrieren sich daher lediglich auf Controlling und Berichtswesen:

---

1) Hinweis: Der hier genannte Berichtstakt im Vierteljahresabstand wird nicht für unabdingbar gehalten. Ggf. kann ein sechsmonatiger Berichtszyklus für die Verwaltungsführung ausreichend sein. Wichtig ist, wie das gesamte Berichtswesen unter Einbeziehung aller Führungsebenen gestaltet ist, damit das Ziel, rechtzeitig eingreifen zu können, erreicht wird. Im vorgenannten Beispiel, das der kommunalen Praxis entnommen wurde, war jedoch ein Vierteljahrestakt vereinbart.

Die internen Serviceleistungen sind zwischen Auftraggebern und Auftragnehmer im Rahmen der Haushaltsplanung für das Planjahr zu vereinbaren. Aus der Sicht des verwaltungsinternen Auftraggebers ist die interne Serviceleistung eine Budgetposition. Sie wird in die Berichterstattung innerhalb der Auftraggeberorganisation aufgenommen wie andere Budgetpositionen auch: plangemäße Erfüllung und Prognose zum Jahresende als wesentliche Information, hinzu kommen Informationen zu den Leistungen. Dazu gehören in diesem Fall besonders Standard und Menge. Wenn sich hier Abweichungen ergeben, muss der Auftraggeber reagieren. Berichtswesen muss die Abweichung transparent machen.

Beispiel:

> Zwischen dem Grünflächenamt einer 80 000-Einwohner-Stadt und dem Baubetriebshof der Stadt wurde im Rahmen der Haushaltsplanung die Pflege einschl. Reinigung des größten Teils der Park- und Gartenanlagen vereinbart, ein kleinerer Teil wird vom Grünflächenamt extern vergeben. Die Vereinbarung zwischen Grünflächenamt und Baubetriebshof bezieht sich auf die vom Baubetriebshof zu erbringenden Leistungen. Dazu gehören die zu pflegenden Objekte, die Mengen und Standards und die Art und Höhe der internen Verrechnung. Das Berichtswesen im Grünflächenamt berücksichtigt die vereinbarte Leistung des Baubetriebshofs und nimmt Informationen bei wesentlichen Abweichungen auf. Zur Information gehört auch ein Vergleich der Kosten des Baubetriebshofs mit den durch externe Vergabe entstehenden Kosten.
>
> Der Baubetriebshof hat selbst ein Berichtswesen. Die Leitung wird regelmäßig über die Abwicklung der Servicevereinbarungen informiert. Wenn Budgetabweichungen erwartet werden, sind sie dem Auftraggeber mitzuteilen. Ggf. – je nach Größenordnung – ist auch eine Information der Verwaltungsführung erforderlich, die vom Auftraggeber ausgehen muss.
>
> Berichtswesen erfasst den jeweiligen Verantwortungsbereich der Führungskraft, die Perspektive der Leitung des Grünflächenamts ist eine andere als die der Baubetriebshofleitung.

Die Anfangsschritte der Reform mit Einführung der Budgetierung drängen dazu, den Steuerungsansatz zu komplettieren. Der Output der Verwaltung muss geklärt, erfasst, beschrieben werden.

Mit dem Reformschritt „Produkte mit Budgets verknüpfen" beginnt nun über die Servicebereiche der Verwaltung hinaus die flächendeckende Entwicklung von Produkten und die Zuordnung der Einnahmen und Ausgaben des Haushaltsplans. Dieser Reformschritt endet konsequent in der Entwicklung eines produktorientierten Haushaltsplans.

Dieser Schritt führt gleichsam automatisch zum Nächsten: Ziele werden klärungsbedürftig. Was soll mit einem Produkt erreicht werden? In diesem Stadium wird deutlicher als zuvor, dass die Ziele, die mit dem kommunalen Leistungsangebot verbunden sind, deutlich an Prägnanz gewinnen müssen[1]. Der Schritt zur Beschäftigung mit der strategischen Schwerpunktbildung ist damit vorbereitet.

Mit diesem Reformschritt erhält die Reform eine neue Plattform, die vor allem erweiterte Reformaspekte erfasst: Die Integration von Finanz- und Leistungszielen, von output- und finanzorientierter Steuerung beginnt und kann in den nächsten Schritten ausgebaut und sofern erforderlich verfeinert werden. Die Plattform dient auch dazu, weitere Reformelemente zu ergänzen und die Reform auszubauen. Dezentrale Verantwortung erfasst nun nicht mehr nur die Budgets, sondern auch die definierten Produkte und Leistungen.

Produktverantwortung wird auch personell umgesetzt. Der Bedarf an Personalentwicklung und Fortbildung kann fixiert und angepasst an den Reformstand in Maßnahmen umgesetzt werden. Fortbildungsaktivitäten können fundiert die Entwicklungen an den Arbeitsplätzen flankieren.

Mit der Erstellung der Produkte, den Produktbeschreibungen und ihrer Einbeziehung in die Budgetierung werden Produkte als Grundelement für Planung und Vollzug des Haushaltsplans genutzt. Die Planungsinstrumente können und müssen überprüft und verbessert werden.

Unklare Ziele – eine häufige Erkenntnis bei Durchsicht der Produktkataloge und der Produktbeschreibungen – sind nicht nur lästig oder ein Ärgernis, sondern zeigen ganz offensichtlich Klärungs- und Gestaltungsbedarf auf. Welche Zielgruppe soll (wirklich) erreicht werden? Welcher Standard muss mindestens erfüllt sein? Kann dieser Standard im nächsten Jahr finanziert werden? – Fragen, die sich nun stärker als zuvor bereits im Stadium der Haushaltsplanung aufdrängen.

Mit einer entwickelten outputorientierten Steuerung wird der Einstieg in eine strategisch ausgerichtete zielbezogene Budgetierung erleichtert. Der Eckwertebeschluss[2] wird inhaltlich durch Ergebnis- und Wirkungsziele „aufgeladen"[3].

Für Controlling und Berichtswesen bietet diese „Plattform" neue Grundlagen: Der erweiterte Steuerungsgesichtskreis muss in die Berichterstattung einfließen. Integrierte, finanz- und leistungsorientierte Informationen prägen die Berichte auf allen Berichtsebenen.

---

1) Vgl. dazu die Ausführungen in Kap. 2 und insbesondere 3.
2) Zum Begriff vgl. Bals, Hansjürgen, Hack, Hans, a. a. O., S. 135, und KGSt-Bericht 9/1997, a. a. O., S. 48.
3) Vgl. dazu im Einzelnen KGSt-Bericht 10/2000, Strategisches Management III: Zielbezogene Budgetierung.

Beispiel:

Eine 70 000-Einwohner-Stadt hat Budgetierung und produktorientierte Steuerung eingeführt und legt dem Rat einen neu gestalteten, produktorientierten Haushaltsplan zur Beratung und Beschlussfassung vor. Die Diskussion im Rat und in den Fachausschüssen wird auf der Basis dieses produktorientierten Haushaltsplans geführt. Das Berichtswesen ist ebenfalls darauf abgestellt. Der Haupt- und Finanzausschuss erhält quartalsweise einen Bericht zum Stand des Haushaltsplanvollzugs einschl. Prognose zum Jahresende. Die Berichterstattung besteht aus zwei Teilen: im ersten Teil wird zum Stand des gesamten Haushaltsplans berichtet, wesentliche Abweichungen werden benannt, die Berichterstattung umfasst nicht mehr als zwei DIN-A-4-Seiten. Im zweiten Teil werden wesentliche Abweichungen vertiefend dargestellt, eine Toleranzgrenze ist festgelegt. Diese wesentlichen Abweichungen werden produktbezogen mit knapper tabellarischer Darstellung und begleitender verbaler Kommentierung dargestellt. Auch dieser Teil der Berichterstattung ist sehr knapp gehalten. Vereinzelt noch fehlende Informationen aufgrund noch nicht vollständiger Informationssysteme auf der Leistungsseite werden in kauf genommen.

Die Berichterstattung dieser Beispiel-Verwaltung bietet gegenüber einer reinen Finanzberichterstattung einen klaren Mehrwert: Die Leistungsseite der Verwaltung wird systematisch in die Darstellung einbezogen. Die einer Berichterstattung notwendigerweise folgende Frage nach den zu ergreifenden Maßnahmen wird durch die Art der Informationsversorgung besser unterstützt. Die an Sach- und Finanzzielen ausgerichtete Kommunalpolitik findet das ihr eigene Interesse an Sachzielinformationen wieder.

Je höher die Ebene des Berichtsempfängers angesiedelt ist, desto stärker muss die Information komprimiert und selektiert werden. Dies gelingt umso besser, je mehr darauf geachtet wird, Berichtswesen zwar individuell für die jeweilige Führungskraft, aber über die Führungsebenen hinweg in abgestimmter Form zu entwickeln und die Klärung der Ziele einer Berichterstattung voranzustellen[1]. Für die Fachbereichsleitung ist wesentlich, welche Berichterstattung die Verwaltungsführung erhält und umgekehrt. Dies gilt in analoger Weise für die Verantwortlichkeiten innerhalb des Fachbereichs.

Eine Überfrachtung des Berichts für eine Ebene – z. B. die Dezernentenebene – nährt die Vermutung, dass dezentrale Verantwortung (noch) nicht umgesetzt wurde. Die Probleme tauchen vermeintlich im Controlling bzw. speziell in der Berichterstattung auf – Informationsüberflutung des Berichtsempfängers – sind aber einer nicht zweckmäßigen Reform an anderer Stelle zu „verdanken".

1) Vgl. Kap. 3.

TIPP!

„Überfrachtete" Berichte sollten immer zu einer Überprüfung der Verantwortung der beteiligten Führungsebenen genutzt werden.

Die weiteren Entwicklungsschritte für Controlling und Berichtswesen ergeben sich bei dem nun erreichten Stand „wie von selbst": In Kap. 3 wurden die Spezifika von Controlling und Berichtswesen unter der Voraussetzung einer strategiegeleiteten outputorientierten Haushaltsplanung geschildert. Wenn dieser Stand erreicht ist, wird das Berichtswesen vor allem auf den höheren Führungsebenen Verwaltungsführung und Fachausschüsse bzw. Rat/Kreistag die strategischen Schwerpunkte erfassen und im Hinblick auf den laufenden Vollzug des Haushaltsplans im Übrigen wichtige Abweichungen beinhalten, darüber hinaus mit Prognosen die nächsten Planungsperioden in den Blick nehmen.

6 Organisation von Controlling

6.1 Controlling: Funktion und Organisation

6.1.1 Der Unterstützungsbedarf von Führungskräften

In den vorausgegangenen Kapiteln haben wir unsere Aussagen verschiedentlich „personalisiert", indem wir unmittelbar von Controllerinnen und Controllern und deren Tätigkeitsspektrum gesprochen haben. Wir sind dabei allerdings nicht vertiefend auf die Stellung dieser Controllerinnen und Controller in der Organisation eingegangen. Controlling lässt sich zunächst am besten unter funktionalen Gesichtspunkten darstellen – so unsere Erklärung zu dieser Vorgehensweise[1]. Wer Controlling organisieren will, muss sich vorher Klarheit über die Funktion von Controlling verschaffen.

 WICHTIG!

Bei der Beschäftigung mit Controlling und Berichtswesen sollte zunächst die funktionale Sicht im Vordergrund stehen. Welche Funktion übernimmt Controlling, welche Leistungen hat Controlling zu erbringen, wer/welche Funktion benötigt diese Leistung?

Wie soll Controlling organisiert werden? – diese Frage steht nun im Vordergrund der Betrachtung. Bei Einführung und Aufbau von Controlling sollten die Bedürfnisse der örtlichen Praxis und der zu unterstützenden Gremien bzw. Führungskräfte eine maßgebliche Rolle spielen.

Mehrere Aspekte sind zu berücksichtigen:

▶ Die Koordination der Planungs-, Kontroll- und Informationsversorgungssysteme und die Informationsversorgung sind ohne die aktive Beteiligung der Führungskraft und der Führungskräfte in ihrer Gesamtheit nicht denkbar. Die Führungskraft bestimmt, was notwendig ist, um der übernommenen Verantwortung gerecht zu werden und setzt Handlungsschwerpunkte. Verkürzt: Die mit Controlling bezeichneten Leistungen der Koordination und Informationsversorgung sind grundsätzlich unmittelbar mit der Tätigkeit der Führungskraft verwoben.

▶ Je höher die Führungsebene bzw. je differenzierter und umfangreicher der Verantwortungsbereich der Führungskraft ist, desto stärker benötigt die Führungskraft in ihrem unmittelbaren Einflussbereich Unterstützung durch spezialisierte Fachkräfte. Controlling ist ein wichtiges

---

1) Vgl. die Ausführungen in Kap. 2.3.

Beispiel dafür[1]. Controlling bekommt in diesem Fall eine eigenständige personelle Komponente, wird durch Arbeitsteilung zwischen Führungskraft und Controlling-Fachkraft personell unterscheidbar und erkennbar. Gleichzeitig stellt sich die Organisationsfrage: organisatorische Zuordnung, Kompetenzen, notwendige personelle Kapazität in Quantität und Qualität. Daraus folgt die personalwirtschaftliche Frage: Anforderungsmerkmale, Personalgewinnung, Personalentwicklung.

▶ Controlling ist in der Koordinations- und Informations**versorgung**sfunktion auf die Führung bzw. eine bestimmte Führungskraft und deren Verantwortungsbereich ausgerichtet. In der Informations**bereitstellung** berührt Controlling jedoch die gesamte Organisationseinheit bzw. den gesamten Verantwortungsbereich einer Führungskraft. Informationsquellen sind dezentral angesiedelt. Trotz eindeutiger Zuordnung von Controllerinnen und Controllern zu „ihrer" Führungskraft ergeben sich aus dieser Rahmenbedingung für die Arbeit von Controlling eine Vielzahl notwendiger Kontakte und Arbeitsbeziehungen zu Teilbereichen der Organisation, zu einzelnen Fachkräften und zu einer Vielzahl von Mitarbeiterinnen und Mitarbeitern. Daraus ergeben sich besondere Anforderungen an Controllingpersonal im Hinblick auf Kommunikationsfähigkeiten.

Beispiel:

Falls die Erfassung der Arbeitszeit für bestimmte Kostenträger bzw. Leistungen als notwendig – weil steuerungsrelevant – angesehen wird, ergibt sich zwangsläufig, dass alle mit diesen Leistungen betrauten Mitarbeiter/innen davon betroffen sind. Arbeitszeiterfassung muss eingeführt, Mitarbeiterinnen und Mitarbeiter müssen von der Notwendigkeit überzeugt werden. Auch wenn dies zunächst Angelegenheit der verantwortlichen Führungskraft ist, ist Controllingpersonal zumeist beteiligt.

▶ Gegenwärtig befinden sich Controlling und Berichtswesen in vielen Verwaltungen in einem Einführungs- und Aufbaustadium. Die wichtige und notwendige Anforderung an Controlling, im Entwicklungsprozess der Verwaltungsreform mitzuwachsen, bringt ein zusätzliches dynamisches Element in die Aufbauarbeit. In dieser Einführungs- und Aufbauphase sind in der Regel aufwändigere Verfahren der Klärung von Anwendungsvoraussetzungen und der Erprobung einzelner Realisierungsschritte erforderlich als im routinierten (späteren) Controllingbetrieb. Daraus ergeben sich höhere Anforderungen an die bereitzustellende Kapazität.

---

1) Am Beispiel der Verwaltungsführung kann gezeigt werden, dass über Controlling hinaus weitere Unterstützungsleistungen erforderlich sind, z. B. Entwicklung und Pflege der Rahmenregelungen für Personal-, Organisations-, Finanz- und sonstige Fragen von übergreifender Bedeutung. Vgl. bereits KGSt-Bericht 5/1993, Das Neue Steuerungsmodell: Begründung – Konturen – Umsetzung, S. 19/20.

Bevor die wesentlichen Aspekte vertieft werden, soll auf ein Problem eingegangen werden, das sich bei pragmatischer Entwicklung von Controlling in der kommunalen Praxis offensichtlich immer wieder stellt. Die Praxiserfahrungen zeigen nämlich, dass die Frage, wie Controlling organisiert werden soll, von weiteren reformkritischen Aspekten berührt und teilweise überlagert wird:

Eine besondere Nähe zur Verwaltungsführung haben bislang die sog. Querschnittsämter, insbesondere Hauptamt, Personalamt, Kämmerei. Gleichwohl sind sie – in der traditionell organisierten Verwaltung – in die Ämterorganisation eingebunden und nicht als Stabsstellen der Verwaltungsführung zugeordnet. Sie haben vielfältige Aufgaben übernommen, dazu gehört vieles, das die Controllingleistung „Informationsversorgung" stützt, z. B. die Führung des Haushaltsplans. Dies gilt aber auch für die Instrumente wie z. B. Kosten- und Leistungsrechnung, Statistik, Kennzahlen, Organisationsuntersuchungen und vieles mehr. Diese werden zwar in Fachämtern angewandt und teilweise ausgebaut, häufig jedoch im Querschnittsbereich für Zwecke der gesamten Verwaltung gepflegt und weiterentwickelt. Manche Verwaltungen schließen aus dieser instrumentellen Verwandtschaft zwischen Controlling und der Aufgabenstellung der bisherigen Querschnittsämter, dass die Querschnittsämter bei unveränderter organisatorischer Stellung Controlling für die Verwaltungsführung übernehmen (sollten).

 WICHTIG!

Ein solche Regelung führt mit großer Wahrscheinlichkeit zu Problemen bei der Umsetzung von Controlling. Auch wenn die Nähe zur Führung durch organisatorische Maßnahmen sichergestellt werden kann, führt die Mischung der Funktionen

▶ *eines Querschnittsamts mit unmittelbarer Regelungsbefugnis und*

▶ *einer Controllingstelle mit Unterstützungsleistung ohne eigene Eingriffsmöglichkeit*

zu Unklarheiten im Umgang der Organisationseinheiten untereinander. Zumindest eine zögerliche Umsetzung von Controlling wird die Folge sein.

6.1.2   Zentrales und dezentrales Controlling

Führungsunterstützung muss führungsnah erfolgen, Controlling muss daher grundsätzlich zentral und dezentral erfolgen (vgl. Abb. 6.1):

▶ Die Verwaltungsführung wird durch ein organisatorisch unmittelbar zugeordnetes Controlling unterstützt.

▶ Auf Fachbereichsebene ist ebenfalls ein die Führung des Fachbereichs unterstützendes Verwaltungscontrolling erforderlich. Ob dies zusätzliche spezielle Personalkapazität erfordert, hängt vom Arbeitsumfang ab.

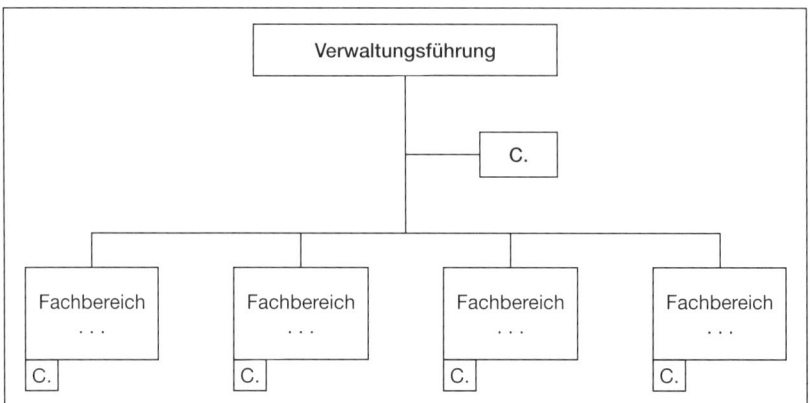

Abb. 6.1: Zuordnung von Controlling (C.). Skizze für eine Verwaltung mit vier Fachbereichen.

6.2 Einführung von Controlling: ein Projekt

Einführung und anwendungsreife Entwicklung von Controlling erfordern mehr Personalkapazität, als später nach Aufbau der Systeme und bei Beherrschung von Routine noch erforderlich ist. Es sollte geprüft werden, ob Controlling in der Einführungsphase als Projekt organisiert wird. Damit wird für die Beteiligten der Organisationseinheiten eine definierte Arbeitsgrundlage geschaffen, die Führung sollte wie nach den Regeln des Projektmanagements üblich Projektziele und Projektende benennen.

Dies kann beispielsweise wie folgt geschehen:

Projektziel ist die Einführung von Controlling. Ein Maßstab für das Ende des Projekts könnte die Vorlage oder die Verarbeitung der ersten Berichterstattung im Rahmen des zu entwickelnden Berichtswesens sein. Zweckmäßig kann aber auch sein, das Projekt über die erstmalige Vorlage eines Berichts hinaus fortzuführen, weil weiterer Klärungsbedarf besteht, z. B. Weiterentwicklung der Informationsgrundlagen im Rahmen eines Phasenkonzepts[1] der Reform.

---

1) Vg. die Ausführungen in Kap. 5.

Die Projektleitung kann von der für die Koordination der Verwaltungsreform verantwortlichen Stelle übernommen werden. Für die Projektleitungsfunktion eignet sich aber auch die Fachkraft, die nach Ende des Projekts das Controlling als Aufgabe übernimmt. Projektbeteiligte sind die Führungskraft als zukünftiger Anwender, Fachkräfte, die für die Informationsgrundlagen wie z. B. Leistungsstatistik, Kosten- und Leistungsrechnung, Kundenbefragungen etc. verantwortlich sind, aus allen daran beteiligten Ämtern und die zukünftigen Berichterstatter innerhalb des Verantwortungsbereichs der Führungskraft.

Im Projekt werden die Controllingziele und die einzelnen Schritte zum Aufbau von Controlling geklärt und festgelegt. Alsdann werden die Grundlagen geklärt: welche Informationen sind erforderlich, in welcher Form liegen diese bereits vor, welche Informationen müssen zusätzlich herangezogen, welche mit Hilfe neuer oder veränderter Informationssysteme neu eingerichtet bzw. bereitgestellt werden? Daraus ergeben sich einzelne Arbeitspakete, deren Bearbeitung im Projekt erfolgt.

Dabei nimmt die Gestaltung und die Erprobung des Berichtswesens einen wichtigen Platz ein. Mit dem Ergebnis der Erprobung kann die Entscheidung getroffen werden, ob die Führungskraft die Controllingarbeit selbst übernimmt, ob und in welchem Ausmaß unterstützende Leistung durch eine/n Controller/in erforderlich ist.

Ein Projekt trägt dazu bei, dass im Hinblick auf Ausbau und Neuaufbau von Informationssystemen Prioritäten gesetzt werden, die Auswertung der Informationen frühzeitig erprobt und die – nach bisheriger Erfahrung häufig allzu lange – Phase der Vorbereitung verkürzt wird. Anwendungsnähe der Controllingergebnisse oder -zwischenergebnisse für Führungskräfte steht dabei im Vordergrund des Bemühens.

Ein Projekt ist auch dann zweckmäßig, wenn von vornherein feststeht, dass Controlling in Arbeitsteilung organisiert wird und eine Fachkraft für Controlling den späteren laufenden Betrieb übernimmt. Die Vorteile der projektartig betriebenen Aufbauarbeit bleiben unverändert.

Für den späteren laufenden Betrieb muss entschieden werden,

▶ ob nach der Einführungsphase Controlling ohne weitere Personalkapazität direkt von den jeweiligen Führungskräften übernommen wird,

▶ ob eine Arbeitsteilung zwischen Führungskraft und einer Controlling wahrnehmenden Fachkraft zweckmäßig ist (Controlling wird personell herausgehoben, wird „erkennbar"),

▶ in welchem Umfang Arbeitskapazität bei der Fachkraft erforderlich ist und inwieweit die Controllingtätigkeit mit anderen Arbeitsinhalten kombiniert werden sollte,

▶ wie die Zusammenarbeit der mit Controlling befassten Fachkräfte in der gesamten Verwaltung geregelt werden soll.

Hierbei spielen die Größe einer Verwaltung, die Kompetenz der handelnden Personen und die bereits vorhandenen Informationsgrundlagen eine wesentliche Rolle. Auf jeden Fall sind auch die Verantwortlichkeiten zu klären, dies gilt besonders, wenn die Controllingfunktion durch einen Controller als Fachkraft wahrgenommen wird.

6.3 Führungskraft und Controlling in Personalunion

Die mit Controlling verbundenen Arbeitsinhalte und Leistungsergebnisse, die mit Führungsunterstützung durch Informationsversorgung und Koordination auf eine knappe Formel gebracht werden, legen vor allen weiteren organisatorischen Überlegungen die Frage nahe, ob und inwieweit die Führungskraft selbst sinnvollerweise die erforderlichen Controllingtätigkeiten übernimmt[1].

Die Integration in das Aufgabenspektrum der Führungskraft weist Vorteile auf, weil der Transformationsprozess entfällt. Erfüllt die Controllingstelle die Wünsche der Führungskraft, sind die Wünsche angemessen und klar formuliert? Derartige Fragen entfallen, die Führungskraft handelt nicht über Dritte, sondern selbst. Der Nachteil besteht in der Arbeitsbelastung. Daher ist diese Variante nur realistisch, sofern

▶ die Aufbauarbeit, die Einführung von Controlling nicht allein in den Händen der Führungskraft liegt, z. B. mittels Projekt eine Unterstützung in dieser Phase erreicht wird und

▶ es sich um einen vergleichsweise überschaubaren, i. d. R. kleinen Organisations- und Verantwortungsbereich der Führungskraft bzw. um eine kleine Verwaltung handelt.

Selbst bei Vorliegen dieser für Integration der Arbeitsinhalte sprechenden Voraussetzungen ist aber zu prüfen, ob die Führungskraft dauerhaft die Zeit aufbringen wird, die ein wirksames Controlling erfordert. Die Koordinations- und Analysetätigkeiten sind zum Teil zeitaufwändig und erfordern Arbeitsphasen, in denen längere Zeit eine Fragestellung ohne nennenswerte Unterbrechung verfolgt werden kann. Auch kann es für die Entwicklung von Maßnahmenpaketen, die sich aus der Analyse der Berichterstattung ergeben und mit den Berichterstattern vereinbart werden, sinnvoll sein, wenn nicht der Berichterstatter allein die weitere Klärung übernimmt, sondern dies unter der Mitwirkung von Controlling erfolgt.

---

1) Vgl. zum folgenden auch Beyer, Werner, Effizienz in der Kommunalverwaltung, Teil 2, Produkte und Controlling, Berlin 1998, S. 187–198.

6.4 Controlling durch Fachkräfte

Der häufigste Fall in der Praxis ist, Controlling mit Fachkräften wahrzunehmen – die personelle Komponente von Controlling. Aufgabenstellung und Zuordnung müssen geregelt werden.

Controlling ist Führungsunterstützung. Diese kann nur dann sinnvoll geleistet werden, wenn die Führungskraft Einwirkungsmöglichkeiten hat, Abstimmungen rasch und unaufwändig wahrnehmen kann. Führungsunterstützung muss führungsnah erfolgen. In einer reformierten Verwaltung, die aus der Verwaltungsführung und den Fach- bzw. Servicebereichen besteht, ist Controlling personell auf der Ebene der Verwaltungsführung und auf der Ebene der Fachbereichs- bzw. Servicebereichsleitungen anzusiedeln.

 WICHTIG!

Die Verwaltungsführung wird durch Controlling unterstützt, die Bereichsführung (Leitung der Fachbereiche bzw. Servicebereiche, Leitung von Betrieben usw.) wird durch Controlling unterstützt. Das impliziert aber auch, dass die Controlling-Fachkräfte den Verantwortlichen unmittelbar zugeordnet werden müssen und nicht etwa in der jeweiligen Linie anderen Entscheidungsträgern.

Controlling ist weisungsabhängig, die Verwaltungsführung, die Fachbereichs- bzw. Servicebereichsleitung und andere Führungskräfte sind gegenüber ihren Controllerinnen und Controllern weisungsbefugt. Mit der Weisungsbefugnis der Führungskraft wird klargestellt, dass Controlling in der Verantwortung der Führungskraft tätig wird. Die Führungskraft ist der nächsthöheren Ebene, z. B. der Verwaltungsführung für eine vereinbarungsgemäße Erbringung der Leistungen verantwortlich. Dies gilt auch für die Berichterstattung der Fachbereichsleitung gegenüber der Verwaltungsführung.

Es ist zweckmäßig, die Weisungsbefugnis und andere wichtige Konstanten der Controllingtätigkeit in Controlling-Richtlinien festzuschreiben, diese sollten zur Wahrung der Einheitlichkeit von der Verwaltungsführung nach Vorberatung mit den Controllerinnen und Controllern und den Führungskräften erlassen werden.

Im Einsatzbereich von Controlling ist zu klären, ob die Controllingtätigkeit mit anderen nahe stehenden Tätigkeitsfeldern kombiniert werden kann, z. B. betriebswirtschaftliche Sachbearbeitung, Wirtschaftlichkeitsuntersuchungen, Kennzahlenentwicklungen und -vergleich, Qualitätsmessungen usw.

Das dezentrale – dem Fachbereich bzw. Servicebereich bzw. sonstigen Bereichen zugeordnete – Controlling wird grundsätzlich mittels Anforderungsprofil gesteuert, im Detail mit Hilfe einzelner Arbeitsaufträge seitens der Fachbereichsleitung bzw. Führungskraft. Zu diesen Arbeitsaufträgen gehören z. B. einzelne Schwerpunktanalysen im Rahmen des Planungs- und Berichtzyklus.

Die KGSt hat folgende Stelleninhalte für Controllingstellen empfohlen[1]:

Controlling im Fachbereich:

▶ Mitwirkung und Koordination bei Zielfestlegung und periodenbezogener Produkt-Planung, Klärung der Anwendbarkeit von Planungs- und Kontrollinstrumenten, Einführung der Instrumente,

▶ Mitwirkung und Koordination im Budgetierungsverfahren,

▶ Mitwirkung und Koordination im Rahmen der mittelfristigen Planung,

▶ verantwortliche Einrichtung und Gestaltung eines aussagefähigen Berichtswesens,

▶ Terminkontrolle bei der Einhaltung der Berichterstattungspflichten,

▶ Kommentierung der Berichterstattung,

▶ Abweichungsanalysen, Diskussion der Analyseergebnisse mit den im Fachbereich Verantwortlichen, Erarbeitung von Alternativen, Vorschlag zu Gegensteuerungsmaßnahmen und Konsequenzen, Maßnahmenpläne,

▶ Initiativen und ggf. Anleitung bei Durchführung vertiefender Analysen, Wirtschaftlichkeitsuntersuchungen, Folgekostenermittlungen, Anwendung sonstiger Instrumente für die Unterstützung des Managements, Initiative zu und Mitwirkung bei (interkommunalen) Kennzahlen- und Indikatorenvergleichen,

▶ Förderung des produktorientierten Wettbewerbs,

▶ Förderung der Qualitätsverbesserung des Outputs,

▶ Zusammenarbeit mit dem zentralen bzw. dezentralen Controlling,

▶ Verbreitung betriebswirtschaftlichen Gedankenguts im Fachbereich durch Schulungsinitiativen,

▶ Mitwirkung bei der Auswahl von Software,

▶ gemeinsam mit der Fachbereichsleitung Moderation von fachbereichsbezogenen Planungsrunden und Konferenzen.

---

1) Vgl. KGSt-Bericht 15/1994, Verwaltungscontrolling im Neuen Steuerungsmodell, S. 101/102.

Die Controllingfunktion zur Unterstützung der Verwaltungsführung unterscheidet sich nicht in der Art der Tätigkeit, sondern vielmehr im Inhalt[1]:

▶ Klärung von Controlling-Standards,

▶ Entscheidungsreife Erarbeitung der Controlling-Richtlinien, Pflege und Aktualisierung der Richtlinien,

▶ Intensive Zusammenarbeit und Beratung der dezentral für Controlling Verantwortlichen,

▶ Mitwirkung bei Planung und Vollzug des Gesamthaushalts durch Gestaltung des Berichtswesens und Abweichungsanalysen,

▶ Koordination des Berichtswesens und der Berichterstattung an die Verwaltungsführung,

▶ Vorbereitung und Moderation von fachbereichsübergreifenden Planungskonferenzen unter Leitung der Verwaltungsführung.

Zentrales Controlling hat gegenüber dezentralem Controlling keine Weisungsbefugnis, d. h. es darf neben der Hierarchie der Linie keine parallele Controllinghierarchie geben! Die Verantwortung der jeweiligen Linienfunktionen sollte nicht durchbrochen werden oder auch nur unklar bleiben. Allerdings hat zentrales Controlling die Aufgabe, die für alle – auch die dezentralen Bereiche – geltenden Richtlinien und Standards für ein gesamtkommunales Controlling zu entwickeln. Diese werden von der Verwaltungsführung verbindlich vorgegeben.

Die Controlling-Richtlinien sollten schwerpunktartig zu folgenden Themen Regelungen enthalten:

▶ Controlling-Struktur, Berichtsempfänger, Berichterstatter,

▶ Stationen, Inhalte und Termine des jährlichen Planungs- und Berichtszyklus und die besondere Funktion von Controlling und Berichtswesen,

▶ Einheitlichkeit im Aufbau von Berichten und bei der Verwendung von Tabellen und Schaubildern,

▶ Berichtsturnus und Berichtsgespräch,

▶ Einheitlichkeit bei der Verwendung von Methoden (Beispiel: Diskontierungssatz bei der Anwendung von Wirtschaftlichkeitsuntersuchungen),

▶ Abstimmung bei der Anwendung informationstechnischer Unterstützung.

Zweckmäßig ist, dass zentrales und dezentrales Controlling regelmäßig einen Informations- und Erfahrungsaustausch durchführen. Die Einrichtung eines ständigen Arbeitskreises bietet sich an[2].

---

1) Vgl. KGSt-Bericht 15/1994, a. a. O., S. 102.
2) Vgl. hierzu auch die interessante Darstellung der JOHARI-Fenster bei Beyer, Werner, Effizienz in der Kommunalverwaltung, Teil 2, Produkte und Controlling, Berlin 1998, S. 195 f.

Insgesamt bleibt festzuhalten:

► Zentrales und dezentrales Controlling bilden keine hierarchische Struktur!

► Beide arbeiten der jeweiligen Führungsfunktion zu!

► Die Führungsebenen achten darauf, dass nicht latent eine informelle Steuerungsstruktur entsteht!

Bei Einführung und personeller Ausstattung von Controlling haben sich in der kommunalen Praxis immer wieder „Klippen" gezeigt, mit denen eine „Kollision" vermieden werden sollte. Diese Erfahrungen führen zu folgenden Leitsätzen:

► Controller sind keine Kostenrechner.

Beispiel:

Fehlende Analyse des Informationsbedarfs der Führungskraft und unklare Ziele verleiten häufig dazu, einzelne Informationsgrundlagen herauszugreifen und diese zu entwickeln, nicht aber das viel wichtigere Berichtswesen.

► Controller sollten – wenn eben möglich – keine anderen Aufgaben wahrnehmen.

Beispiel:

Die Mischung der Arbeitsinhalte mit anderen Aufgabenstellungen ist in kleineren Verwaltungen oder Organisationseinheiten nicht zu umgehen und kann auch sinnvoll sein, allerdings kommt es darauf an, die Prioritäten festzulegen. Besonders wenn noch keine Routine mit Controlling erworben wurde, sind andere Aufgabenstellungen hinderlich und mindern den Erfolg von Controlling.

► Die psychologischen Hemmnisse beim Aufbau von Controlling sind nicht zu unterschätzen.

Beispiel:

Controlling wird oft mit Kontrolle gleichgesetzt. Die Befürchtungen, die von einer größeren Transparenz der Leistungen, Kosten, Standards ausgehen, dürfen nicht vernachlässigt werden. Kommunikation und Verwaltungskultur müssen entwickelt werden.

► Controller dürfen sich nicht in zu großer Detailarbeit verlieren.

Beispiel:

Ein funktionierendes Berichtswesen mit Berichterstattung und Berichtsgespräch sollte klare Priorität gegenüber anderen Anforderungen an die Controllingtätigkeit haben. Die zahlreich vom Controlling heranzuziehenden Informationsgrundlagen und viele offene „Baustellen" verleiten dazu, sich in der Detailarbeit zu verlieren. Führungskräfte und Controlling sollten gemeinsam darauf achten, dass die Prioritäten verfolgt werden.

Verwaltungen laufen permanent Gefahr, dass sie auf Trends kurzfristig eingehen, aber bereits nach kurzer Zeit sich neuen Zielen zuwenden. Dies gilt es bei der Einrichtung eines Controllingsystems zu beachten. Controlling macht man nicht „mal eben", sondern seine Einrichtung erfordert eine sich wandelnde Verwaltungskultur. Controlling wirkt auch nicht von heute auf morgen, sondern erst dann, wenn es als permanenter Qualitätsverbesserungsprozess begriffen wird. Verbessert wird die Qualität der Führungsleistung.

7 Anforderungen an Politiker/innen, Verwaltungsführung, Führungskräfte und Controller/innen

7.1 Anforderungen an Politiker/innen

7.1.1 Ein Mandat – unterschiedliche Perspektiven

Rats- bzw. Kreistagsmitglieder **stellen** Anforderungen – an die Verwaltung, die Verwaltungsführung, die Führungskräfte. Der Widerspruch hervorrufende Terminus „Anforderungen **an** Politiker/innen ..." soll Aufmerksamkeit auf eine Tatsache lenken, die oftmals wenig wahrgenommen wird: Rats-/Kreistagsmitglieder nehmen mit und durch ihr Mandat unterschiedliche Funktionen wahr. Sie sind gleichzeitig

▶ gewählte Repräsentanten, dem öffentlichen Wohl verpflichtet, im Zusammenhang mit der Politik- und Verwaltungsreform wird manchmal vom ehrenamtlichen Management gesprochen,

▶ Fachpolitiker, in der Regel auf bestimmte kommunalpolitische Fachgebiete bzw. Handlungsfelder spezialisiert (Mitglied von Fachausschüssen des Rates/Kreistags),

▶ Ansprechpartner für Interessenträger und Lobbyisten,

▶ in der Regel Mitglieder einer Fraktion.

Rats-/Kreistagsmitglieder bündeln unterschiedliche Funktionen. Berichtswesen und Controlling greift die charakteristischen Merkmale zweier dieser Funktionen in besonderem Maße auf:

▶ der ehrenamtliche Manager/die ehrenamtliche Managerin, der kommunalen Gesamtentwicklung verpflichtet,

▶ der Fachpolitiker/die Fachpolitikerin, einer guten, vorausschauenden Leistung der Kommune in dem jeweiligen Spezialgebiet verpflichtet.

Für die Wahrnehmung dieser Funktionen ist Controlling in der Lage, einen Beitrag zu leisten. Dieser besteht vor allem in einer Informationsversorgung, die

▶ im Hinblick auf die Funktion als gewählter Repräsentant in erster Linie sehr komprimiert, ganzheitlich ausgerichtet sein und zukünftige Entwicklungen berücksichtigen muss,

▶ im Hinblick auf die kommunale Fachpolitik zusätzlich zu diesen grundsätzlichen Anforderungen die Besonderheiten des Fachgebietes erfassen muss.

Dabei ist zu berücksichtigen, dass die Informationsversorgung für Rat/ Kreistag und Fachausschüsse angesichts der Vielfalt kommunaler Leistungen auf einem sehr hohen Abstraktionsniveau ansetzt bzw. ansetzen muss, um Überschaubarkeit zu gewährleisten. Diese Tendenz zur Abstraktion in der Berichterstattung wird im Hinblick auf die fachpolitische Funktion der Mandatsträger etwas abgemildert, die Mandatsträger können aber auch hier nicht einer „Detailverliebtheit" freien Lauf lassen.

Details sind auf dieser Entscheidungsebene (Rat/Kreistag und Fachausschüsse) nur dann im Berichtswesen von Belang, wenn sie zuvor eine Hürde genommen haben: Sie müssen jetzt oder in Zukunft eine wesentliche Abweichung vom Geplanten oder Erwarteten beinhalten. Ist dies nicht der Fall, sind Details nicht berichtenswert. Was **wie geplant verläuft**, ist nur eine kleine Notiz wert – wenn überhaupt. Die Diskussion, **was geplant werden muss,** gehört an eine andere Stelle – in die Haushaltsplanung. Auch hierbei leistet Controlling Unterstützung für Rat/Kreistag und Fachausschüsse. Das Berichtswesen der aktuellen Periode gibt Aufschluss über wichtige aktuelle Entwicklungen im laufenden Jahr, für die Zukunft bedeutsame strategische Entscheidungen müssen mit Alternativen vorbereitet werden und werden durch strategisches Controlling unterstützt.

Aber auch im Planungsstadium des Haushalts verschließen sich die Details einer eingehenden Diskussion durch die Politik – es sein denn, im Einzelfall ergibt sich eine wesentliche, strategische Bedeutung oder es sei denn, die allseits beklagte Überlastung der ehrenamtlichen Politiker wird akzeptiert.

Diese Überlegung ist von Belang, weil das Phänomen des „klappernden Kanaldeckels" mancherorts Skepsis nährt, ob Rats- und Kreistagsmitglieder sich auf die Abstraktionsebene von komprimierten Controllingberichten einlassen werden. Details – der Sportverein, der sich bei seinem Ratsmitglied darüber beklagt, dass die aktiven Sportler regelmäßig zum Schluss des wöchentlichen Sportabends Schwierigkeiten mit dem Hausmeister der Schul-Sporthalle in der XY-Straße haben, weil dieser die Halle nach Auffassung der Sportler zu früh schließen will – erschließen sich kaum einem auf den Grundgedanken des Controllings aufbauenden Berichtswesen. Hier sind andere Wege zu gehen. Und für den klappernden Kanaldeckel sollte man womöglich über die Einführung eines Beschwerdemanagements[1] entscheiden.

---

1) Dazu ausführlich Broekmate, Loes, Dahrendorf, Katharina, Dunker, Klaus, Qualitätsmanagement in der öffentlichen Verwaltung, München 2001.

Indem Rats-/Kreistagsmitglieder die Funktion des ehrenamtlichen Managements und der Fachpolitiker/in bewusst und aufmerksam wahrnehmen, müssen sie bei weitem nicht die anderen Funktionen aufgeben. **Sie müssen aber, soll Controlling und Berichtswesen tatsächlich und auf Dauer den erhofften Steuerungsgewinn erbringen, diese gesamtkommunalpolitische und fachpolitische Management-Funktion wahrnehmen wollen.**

Eine Diskussion[1] zur zukünftigen Ausprägung dieser Funktionen der Mandatsträger wird vor Ort im Rahmen der Umsetzung des Neuen Steuerungsmodells hilfreich sein, die Diskussion muss nicht nur aus der Politik initiiert werden, sie kann auch von der Verwaltung angestoßen werden!

 WICHTIG!

Berichte und Berichterstattung können dazu beitragen, dass Rats-/ Kreistagsmitglieder einen Informations- bzw. Steuerungsgewinn erkennen. Übersichtlicher Berichtsinhalt, anschauliche Präsentation und politisch relevante Informationen sind das Erfolgsgeheimnis für eine Berichterstattung, die als hilfreich und unterstützend angesehen wird. Für betriebswirtschaftliche Details muss sich kein Rats-/Kreistagsmitglied interessieren, für Gesamtaussagen zur Finanzsituation und zur Leistungsfähigkeit eines Verwaltungsbereichs aber sehr wohl. Dies gilt nicht nur für die aktuelle Haushaltsperiode – das Haushaltsjahr –, sondern auch für Informationen mit mittelfristiger und/oder langfristiger Perspektive und damit strategischer Bedeutung.

7.1.2 Berichtswesen als Indikator für den Stand der Politik- und Verwaltungsreform

Nicht zuletzt ist die Aufmerksamkeit, mit der das gesamte Berichtswesen und die konkrete, einzelne Berichterstattung vom Rat/Kreistag und von den Ausschüssen wahrgenommen wird, Ausdruck der Relevanz und Akzeptanz von Verwaltungsreform:

▶ Wird Controlling und Berichtswesen als Beitrag zu größerer Transparenz erfahren? Von wem, von welcher Entscheidungs- bzw. Führungsebene besonders ausgeprägt, von welcher nicht?

---

1) Zur Effektivierung der Rats- und Fraktionsarbeit vgl. Osner, Andreas, Schlussfolgerungen aus der Konferenz und Ausblick auf die zukünftige Personalarbeit in der Politik, in: Bertelsmann Stiftung, Qualitätsfaktor Politische Steuerung, Gütersloh, 2001, S. 37–48.

▶ Werden durch Controlling und Berichtswesen Regelkreise geschaffen, die dem Rats-/Kreistagsmitglied präsent sind: Ausgehend von der Planung des Haushalts (strategische Vorstellungen entwickeln, Ziele setzen, konkrete Leistungen beschließen) wird im Vollzug des Haushalts die Abweichung registriert (berichtet) und dient als Informationsbasis für die Korrektur (Veränderungen beschließen), die wiederum im Regelkreis in die neue Planung eingeht?

▶ Wird die praktische Relevanz der Berichterstattung deutlich: Informationen über und notwendige Veränderungen bei Zielgruppen der kommunalen Leistungen, Wirkungen, Leistungen in Art und Standards, Kosten, Wirtschaftlichkeit und Finanzierung – und gleichzeitig damit die Notwendigkeit, neue (politische) Schwerpunkte zu setzen?

▶ Wird Controlling und Berichtswesen in ausreichendem Maße für einen Blick über den Tellerrand genutzt: Wie verfahren andere Kommunen, was hat der interkommunale Leistungsvergleich erbracht? Controlling und Berichtswesen eignen sich hervorragend für eine ausgeprägte Rundumsicht – Neugier ist erlaubt –, weil man mit dem Auf- und Ausbau von Controlling ermittelt hat, „worauf es ankommt", und dieses Wissen durch Controlling und Berichtswesen auch ständig aktualisiert.

▶ Wird das strategische Handlungskonzept der Reform wie geplant umgesetzt, ist ein Berichtswesen dabei bedeutsam?

Diese Fragen sollten zwischen Verwaltung und Rat/Kreistag bei Einführung und Ausbau von Berichtswesen und Controlling geklärt werden. Dabei sollte die gesamte Verwaltungsreform, in deren Rahmen Controlling einschl. Berichtswesen nur ein Teilthema darstellt, überprüft werden.

7.1.3 Überprüfung der Grundlagen einer systematischen Informationsbereitstellung

Überhaupt sei an dieser Stelle noch einmal darauf verwiesen, sich beim Aufbau von Controlling und Berichtswesens hinreichend strukturelle Gedanken zu machen. Nur allzu oft wird der Reformhebel nur an einer einzelnen Stelle angesetzt, die ganzheitliche Sicht unterbleibt. Aber gerade Reformschritte, die von den handelnden Akteuren eine hohe Veränderungsbereitschaft erfordern, sollten hinsichtlich ihrer Tiefe wohl durchdacht sein. Von daher bietet es sich geradezu an, die verschiedenen Stufen des Berichtswesens systemisch zu planen. Zwei Lösungswege sind besonders weiterführend:

Zum einen könnte die Informationsversorgung der Entscheider in Politik und Verwaltung von der operativen bis zur strategischen Ebene hierarchisch aufgebaut werden. Je nach Reformstatus einer Kommune stellen hierzu der Haushaltsplan, das „Haushaltsbuch"[1]) und in den nächsten Jahren das aus dem Ressourcenverbrauchskonzept und der daraus resultierenden Haushaltsrechtsreform (z. B. in Nordrhein-Westfalen: Neues Kommunales Finanzmanagement) zu entwickelnde Verfahren von Haushaltsplanung und -vollzug die Basis dar, aus der die weiteren Berichtsebenen aggregiert abzuleiten sind. Der Vorteil liegt in der Flexibilität des Berichtswesens. Der Rat/Kreistag wird in der Regel mit wenigen, aber relevanten Informationen versorgt, die unmittelbar am Haushalt anschließen. Für den Fall weiterer und vertiefter Informationsbedarfs, den z. B. der Rat/Kreistag selbst oder ein Fachausschuss formuliert, stehen Detailinformationen ohne große Schwierigkeiten zur Verfügung, weil ein Konstruktionsprinzip dieses Haushalts ist, dass die Informationen im Haushalt aus den in der Verwaltung und ihren Fachbereichen vorliegenden Detailinformationen gewonnen werden.

---

1) Sammelbegriff für Haushaltspläne, die Leistungsinformationen enthalten und ggf. auch in der Gliederung mit der Verwaltungsorganisation übereinstimmen. Zum Begriff vgl. Bals, Hansjürgen, Hack, Hans, a. a. O., S. 74 f.

7 Anforderungen an Politiker/innen, Verwaltungsführung, etc.

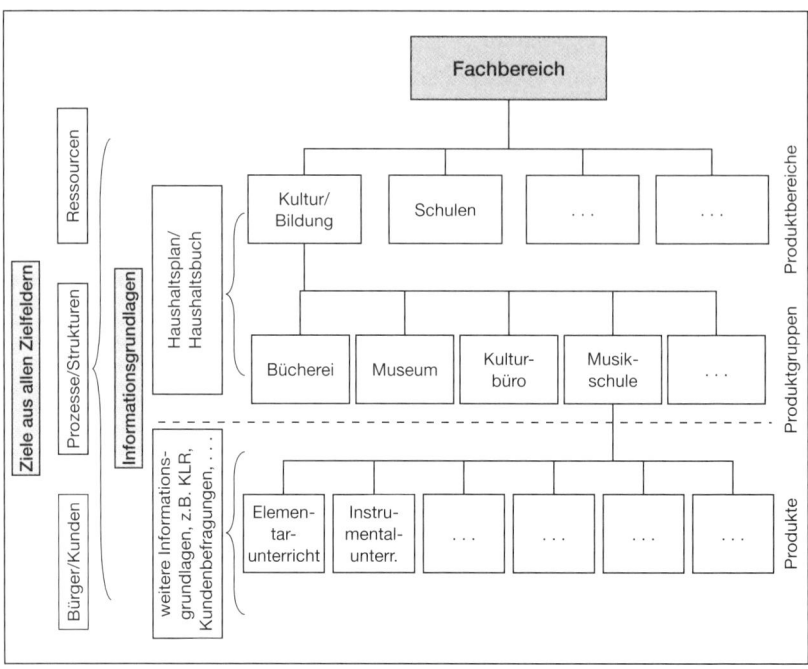

Abb. 7.1: Berichterstattung und Haushaltsbuch: Die Berichterstattung geht zunächst vom Haushaltsbuch als Informationsgrundlage aus und ergänzt den Bericht für einen genau bezeichneten Empfänger um Informationen aus anderen Informationsgrundlagen wie z. B. Kosten- und Leistungsrechnung, Kundenbefragungen etc., je nach den berichtsrelevanten Zielen. Damit haben alle Entscheidungsebenen eine gemeinsame Bezugsgrundlage: den Haushalt. Eine Berichterstattung als „Maßanzug" wird trotzdem ermöglicht.

Nachteilig kann jedenfalls zur Zeit noch sein, dass ein solches Verfahren eine ganzheitliche, komplexe und damit pflegeaufwendige Software-Lösung erfordert. Mittel- bis langfristig kann deshalb der Aufwand den Nutzen aufzehren. Denkbar wären aber IT-Lösungen, welche sich aus kompatiblen Bausteinen zusammensetzen, aber auch hier wird der oben genannte Nachteil nicht völlig aufgehoben.

Deshalb hat zum anderen durchaus auch die Trennung zwischen

▶ einem für die politisch-strategische Steuerung zu entwickelnden „Haushaltsbuch"

und

▶ einem darauf aufbauenden operativen Haushalt

ihren Reiz. Beide miteinander verknüpften Haushaltspläne bauen auf dem Ressourcenverbrauchskonzept auf.

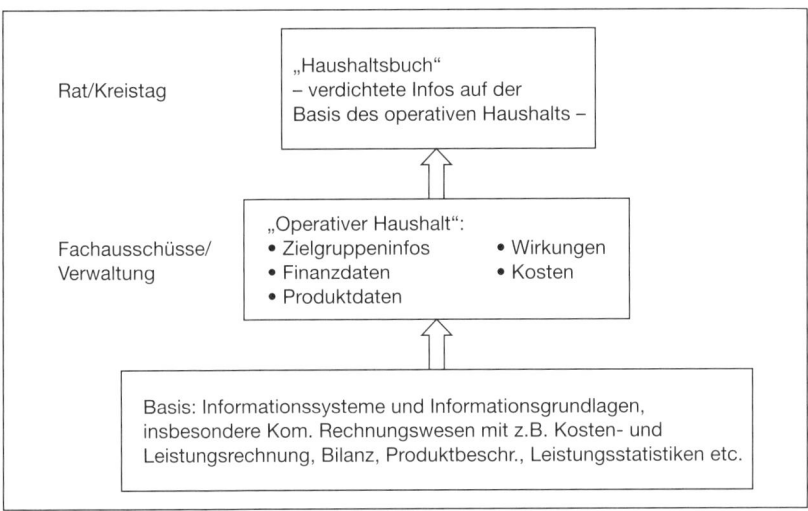

Abb. 7.2: Trennung zwischen „Haushaltsbuch" und „operativem Haushalt".

Bei diesem zweiten Lösungsweg stützt sich das Berichtswesen zunächst auf zwei miteinander verknüpften Haushaltsplänen mit unterschiedlichen Detaillierungsgraden.

Das „Haushaltsbuch" enthält wichtige politische Informationen in einer systematisch geschlossenen Form, z. B. Kennzahlen auch zu nicht-monetären Steuerungsgrößen, und dient der Beschlussfassung unter einer ganzheitlich ausgerichteten kommunalpolitischen Perspektive.

Der operative Haushalt enthält vertiefende Details, prinzipiell sind dabei Ziele aus allen Zielfeldern[1] bedeutsam. Im Gegenzug zu den Vor- und Nachteilen der ganzheitlichen Lösung ist hier auf die gedankliche Verknüpfung beider Systeme durch das Controlling zu achten, da ansonsten beide völlig losgelöst voneinander ein Eigenleben führen und so eine Bruchstelle zwischen der strategischen Steuerung der Kommune und der operativen Umsetzung entsteht. Gerade die Gesamtsteuerung der Kommune aus „einem Guss" muss aber sichergestellt werden, so schwierig sie auch ist. Ohne sie bleibt jedes Berichtswesen und Controlling lediglich Stückwerk und wird irgendwann wieder stillschweigend eingestellt.

---

1) Vgl. die Ausführungen zur Entwicklung der Ziele auf der Basis von Zielfeldern und Fragen in Kap. 3.

Deshalb ist es unter anderem Aufgabe von Politik und Verwaltungsleitung, die Nachhaltigkeit des Steuerungssystems sicherzustellen!

Berichtswesen baut empfängerorientiert auf beiden Haushaltsplanwerken auf und muss im Hinblick auf das spezielle Führungsinteresse um Informationen ergänzt werden, die auch in Zukunft nicht im Haushalt geführt werden. Am Beispiel des operativen Haushalts: Je tiefer die Führungsebene in der Verwaltung, die mit Berichtswesen unterstützt werden soll, je mehr sind auch hier – wie beim ersten Lösungsweg – über den operativen Haushalt hinaus ergänzende Informationsgrundlagen für das Berichtswesen heranzuziehen[1], z. B. Leistungsstatistiken im Detail, Ergebnisse der Kosten- und Leistungsrechnung mit entsprechenden Detailinformationen.

7.2 Anforderungen an Verwaltungsführung und Führungskräfte

Mit dem Schritt von der ehrenamtlichen Arbeit der Rats- bzw. Kreistagsmitglieder zur hauptamtlichen Arbeit von Verwaltungsführung und Führungskräften ist für Controlling und Berichtswesen eine wesentliche Wandlung verbunden: Hier, bezogen auf diese Berichtsempfänger, kann nicht nur, sondern muss von Anforderungen gesprochen werden. Die Anforderungen ergeben sich aus der Verantwortung, die von den Stelleninhabern wahrzunehmen ist. Zwei typische Führungssituationen ragen in ihrer Bedeutung für Controlling und Berichtswesen besonders heraus:

▶ die Klärung und Festlegung der Ziele kommunaler Leistungen im jeweiligen Verantwortungsbereich einer Führungskraft,

▶ der Umgang mit der Berichterstattung und insbesondere die Bedeutung, die einem Berichtsgespräch beigemessen wird.

Ziele werden mit Hilfe von Zielfeldern geklärt und operationalisiert. Bei dieser Vorgehensweise stellen sich immer wieder konkrete Fragen, die sich auf die jeweilige Situation, die Fachlichkeit und auf örtliche Rahmenbedingungen beziehen: Welche Ziele werden im Rahmen der einzelnen Zielfelder, z. B. Ergebnisse/Wirkungen oder z. B. Personal, verfolgt? Eine zu globale oder gar einseitige Zielbestimmung muss und kann mit Hilfe der Zielfeldsystematik vermieden werden. Dieser Weg der Klärung und Operationalisierung der Ziele kann auf jeder Führungsebene und von jeder Führungskraft initiiert und gemeinsam mit den nachgeordneten Organisationseinheiten und mit Unterstützung von Controlling erarbeitet werden. Es sollte dabei allerdings darauf geachtet werden, dass bei die-

---

1) Vgl. dazu die Ausführungen in Kap. 4.

ser Erarbeitung nicht nur die Ziele einer Führungsebene, sondern auch die der angrenzenden Führungsebenen geklärt werden. In der Betrachtung mehrerer Ebenen liegt ein erheblicher Vorteil, weil die unterschiedlich umfassende Verantwortung der beteiligten Ebenen deutlicher zutage tritt. Dies muss sich in den zu formulierenden Zielen wieder finden.

Eine aussagefähige Zielklärung ist die Grundlage für Controlling und Berichtswesen. Dies gilt für jedes Reformstadium. Auch im Anfangsstadium der Reform, im Stadium inputorientierter Budgetierung, gibt es Ziele: das Budget, die in der Regel tradierte Form des Leistungsangebots, bestimmte Detailziele wie z. B. bei Haushaltskonsolidierung Abbau der Personalkapazität bei Konstanz der Leistungen, Wirtschaftlichkeit der Leistungserstellung usw. Die Geschlossenheit der Ziele im Gesamtzusammenhang aller Zielfelder fehlt in diesem Stadium allerdings noch.

Anforderungen an Führungskräfte ergeben sich aus der jeweils örtlich zutreffenden Situationsanalyse, häufig sind die folgenden Initiativen erforderlich:

▶ Initiative zur Klärung und Präzisierung der Ziele, z. B. Durchführung von Planungsworkshops,

▶ Suche nach Gestaltungs- und Verbesserungsmöglichkeiten der Ziel-Diskussion, vor allem Bereitstellung methodischer Hilfsmittel, weil Zielklärungsprozesse zunächst für viele Beteiligte ungewohnt sind.

Diese Anforderungen sollten von Führungskräften nicht unterschätzt werden. Die traditionell normvollziehende Verwaltung hat prägende Kraft, Zielklärungen stehen dabei nicht an erster Stelle. Die Diskussion der Ziele und der Handlungsoptionen für Kommunalpolitik und -verwaltung geht von Gestaltungsmöglichkeiten öffentlicher Leistungserstellung aus, die sich im Einzelfall erweisen, aber auch im Bewusstsein der Führungskräfte verankert sein müssen.

Beispiel:

Die Fachbereichsleiter/innen und Betriebsleiter/innen einer 60 000-Einwohner-Stadt beraten gemeinsam mit der Verwaltungsführung in einem Workshop den Stand der Verwaltungsreform und die weiteren Entwicklungsmöglichkeiten und -ziele. Dabei werden auch die Produktbeschreibungen, die flächendeckend entwickelt wurden, kritisch reflektiert. Dem Verwaltungschef fällt auf, dass die Führungskräfte häufig zu erkennen geben, dass sie im Hinblick auf die Ziele kaum Gestaltungsmöglichkeiten sehen. Dabei sind die vorliegenden Zielformulierungen sehr global. Ist es nicht möglich, die Zielgruppen einzelner Leistungsangebote tatsächlich präzise zu beschreiben? Wen soll die (kleine) Stadtbibliothek tatsächlich erreichen? Haben wir uns – so fragt der Verwaltungschef – vor dem Hintergrund sehr knapper Mittel auf diese Zielgruppe genügend eingestellt? Wie sprechen wir die Mitglieder der Zielgruppe an? Wie viel Prozent erreichen wir? Worin liegt der Vorteil, für alle offen zu sein? Aus welchem Auftrag ergibt sich diese Unterschiedslosigkeit? Sehen wir uns als Leistungsanbieter, der Marketing nicht für ungeeignet im öffentlichen Bereich hält? Eine andere Frage: Warum setzen wir uns nicht ausdrücklich Kostenziele? Die bereits eingeführte Budgetierung könnte als Ausgangspunkt sehr gut genutzt, müsste aber vertieft werden.

Naive Fragen – vielleicht. Angesichts der Zwänge der Praxis drängen sich die Fragen geradezu auf. Ein in Teilen wegbrechendes kommunales Leistungsangebot, wie angesichts der finanziellen Lage in manchen Verwaltungen zwangsläufig, zwingt aber auch zu der Frage, ob tatsächlich schon alle Handlungsoptionen zur Optimierung genutzt wurden.

Das Berichtsgespräch erfordert von der Führungskraft in besonderer Weise kommunikative Kompetenz. Ein aussagefähiger Bericht enthält in komprimierter Form Informationen, die nicht nur problemlose Leistungserstellung und erwartungsgemäßes Verwaltungshandeln verkünden, sondern Abweichungen, die Ursachenermittlung und Handlungsbedarf nach sich ziehen müssen. Die Konfliktträchtigkeit derartiger Informationen ist geradezu zwangsläufig. Die Fähigkeit zur Führung von Gesprächen und zur Entwicklung konstruktiver Lösungen ist unabdingbar.

Zusammenfassend:

Führungskräfte müssen neben fachlicher Kompetenz die Bedeutung und die neuen Anforderungen aus einer dezentral organisierten, integrierten Steuerung erkennen und Managementfähigkeiten besitzen. Dazu gehören mehrere Kompetenzgebiete[1]:

▶ Methodenkompetenz, z. B. Projektmanagement, Kompetenz zum Gespräch und zum Abschluss über bzw. von Zielvereinbarungen im Rahmen eines Kontraktmanagements, Qualitätsmanagement,

▶ Fachkompetenz, z. B. betriebswirtschaftliche Grundkenntnisse, Kenntnisse im fachlich spezialisierten Leistungsspektrum der eigenen Organisationseinheit,

▶ Sozialkompetenz, z. B. die Fähigkeit, Prozesse zu steuern, Konfliktfähigkeit,

▶ Persönliche Kompetenz, z. B. ganzheitliches und konzeptionelles Denkvermögen, Verantwortungs- und Leistungsbereitschaft.

---

1) Vgl. im Einzelnen KGSt-Bericht 6/1996, Personalentwicklung im Neuen Steuerungsmodell. Anforderungen an vorrangige Zielgruppen, S. 12–15.

7.3 Anforderungen an Controller/innen

Die Herkunft von Controlling aus dem Fachgebiet Betriebswirtschaft legt nahe, Stellenbesetzungen mit betriebswirtschaftlich ausgebildetem Fachpersonal vorzunehmen. Führungskräfte sollten bei ihrer Auswahlentscheidung allerdings den speziellen Einarbeitungsbedarf dieses Personenkreises berücksichtigen, sofern Verwaltungskenntnis und -erfahrung nicht vorliegt. Wenn bei Arbeitsaufnahme der Controllerin/des Controllers diese Einarbeitung zielgerecht erfolgt, kann neues und dringend erforderliches Know-how für die Verwaltung verfügbar werden.

Betriebswirtschaftliche Kenntnisse sind für eine Controllingtätigkeit zwingend erforderlich. Das dominierend von den Erfahrungen der erwerbswirtschaftlichen Praxis bestimmte Berufsbild des Controllers verstärkt diese ohnehin bereits weit verbreitete Meinung. So kann allerdings auch der verbreitete und falsche Eindruck entstehen, Controlling in der öffentlichen Verwaltung sei lediglich ein Problem einer funktionierenden Kosten- und Leistungsrechnung. Eine konsequente Anwendung der konzeptionellen Grundidee von Controlling – Transparenz schaffen, Informationsversorgung erreichen, situationsgerechtes Handeln vorbereiten – auf die Besonderheiten der Kommunalverwaltung wird bei dieser verbreiteten Meinung nicht berücksichtigt. Bei der Einstellung von Controllingpersonal sind die Besonderheiten von vornherein mit zu berücksichtigen und in die Auswahlkriterien mit aufzunehmen.

Dies geschieht, indem sich die Führungskräfte über die verschiedenen Handlungsebenen von Controlling klar werden:

Während im operativen Führungsbereich Steuerungsfragen, die sich an den Ergebnissen des Rechnungswesens orientieren, dominieren (Ziele der Zielfelder Produkte/Leistungen in Verbindung mit Prozessen, Finanzen, Personal, Vermögen, Information), gilt dies nicht für alle operativen und noch weniger für strategische Fragen. Steuerungsgrößen wie Erreichung der Zielgruppen, Kundenzufriedenheit und besonders Wirkungen erfordern Fachkenntnisse aus anderen Fachgebieten. Hier können andere Qualifikationen wie die von Sozialwirten und Planern den betriebswirtschaftlichen Ansatz deutlich überlagern. Ideal ist eine Kombination dieser verschiedenen Fachkompetenzen, weil Controlling dann besonders effektiv umgesetzt werden kann.

Die Anforderungen an Controllerinnen und Controller sollen wie folgt zusammengefasst werden[1]:

---

1) Vgl. dazu KGSt Bericht 6/1996, Personalentwicklung im Neuen Steuerungsmodell. Anforderungen an vorrangige Zielgruppen, S. 16 f.; die KGSt bietet Controlling-Lehrgänge an.

▶ Methodenkompetenz: z. B. Projektmanagement, Präsentations- und Moderationsfähigkeit;

▶ Fachkompetenz: z. B. umfassende Fachkenntnisse der Betriebswirtschaftslehre öffentlicher Betriebe und Verwaltungen, insbesondere Controlling, Rechnungswesen, Wirtschaftlichkeitsermittlungen, Fachkenntnisse im jeweiligen kommunalen Einsatzbereich des Mitarbeiters/der Mitarbeiterin, Neues Steuerungsmodell, Grundkenntnisse New Public Management,

▶ Sozialkompetenz: z. B. Kommunikationsfähigkeit, Fähigkeit zur Zusammenarbeit mit anderen, Konfliktfähigkeit,

▶ Persönliche Kompetenz: z. B. konzeptionelle und analytische Fähigkeiten, Fähigkeit, die Perspektive zu wechseln (Führungssicht/Mitarbeitersicht), Flexibilität.

Die kommunale Praxis kennt zurzeit keinen klaren Berufsweg und -verlauf von Controllerinnen und Controllern. Die bisherigen Einsatzzeiten betragen in der Regel bei den allermeisten und insbesondere den kleineren Verwaltungen nicht mehr als wenige Jahre. Nur wenige Verwaltungen haben Einsatz-Erfahrungen, die ein Jahrzehnt oder länger umfassen. Heterogenität der Ausbildungshintergründe und Einsatzbedingungen prägt zur Zeit das Bild.

Zwei Grundorientierungen sind bei der Besetzung von Controllingstellen zur Zeit erkennbar:

▶ Mitarbeiterinnen und Mitarbeiter mit betriebswirtschaftlichem Studium, in der Regel Fachhochschulausbildung oder Hochschulausbildung.

▶ Mitarbeiterinnen und Mitarbeiter mit der Ausbildung zum gehobenen Verwaltungsdienst, teilweise auch mit ergänzenden Ausbildungen (z. B. Fernstudium Betriebswirtschaft).

Betriebswirtschaftlich ausgebildete Mitarbeiterinnen sollten erste Berufserfahrungen möglichst in der Verwaltung gesammelt haben, bevor sie eine Controllingfunktion übernehmen. Diese Erfahrungen erleichtern es ihnen, in ihrer Controllingfunktion Zusammenhänge in der Verwaltung zu beachten und Überblick zu behalten. Außerdem haben sie in diesem Fall die Perspektive einer qualifizierten Sachbearbeitung, z. B. im Rahmen der Kostenrechnung, der Organisation oder der Finanzverwaltung kennen gelernt.

Mitarbeiterinnen und Mitarbeiter mit der Ausbildung zum gehobenen Verwaltungsdienst benötigen in der Regel eine betriebswirtschaftliche Zusatzqualifikation, sofern diese nicht im Fachhochschulstudium erworben wurde.

Praxiserfahrungen zeigen, dass die unterschiedlichen Erfahrungen mit Controllerinnen und Controller im laufenden Einsatz derzeit kaum unmittelbar auf Ausbildungshintergrund oder sonstige Anforderungsmerkmale zurückzuführen sind, da die Reform in den Verwaltungen in nicht unerheblichem Maße konzeptionell ausgerichtete und konzentrierte Controllingarbeit hintanstellt, weil z. B. Controllerinnen und Controller eingesetzt werden, um grundlegende Informationssysteme aufzubauen, z. B. vorzugsweise die Kosten- und Leistungsrechnung. Eine konzentrierte Arbeit am Berichtswesen tritt insoweit häufig in den Hintergrund. Die Problematik dieser Vorgehensweise wurde bereits mehrfach angesprochen.

8 Zusammenfassung und Ausblick

8.1 Politik- und Verwaltungsreform

Verwaltungscontrolling und Berichtswesen sind wichtige und unverzichtbare Elemente der kommunalen Verwaltungsreform, die in Deutschland unter dem Oberbegriff Neues Steuerungsmodell seit Anfang der 90er Jahre große Resonanz gefunden hat und nach wie vor findet. Die Entwicklung der Verwaltungsreform hat zunehmend deutlich gemacht, dass ein umfassender Reformansatz nicht allein die Verwaltung betrifft, sondern vielmehr als Politik- und Verwaltungsreform größere Wirksamkeit entfaltet.

Die Politik- und Verwaltungsreform auf kommunaler Ebene verändert die Steuerungsinhalte aller kommunalen Führungsebenen – Verwaltungsführung, Fachbereichs- und Betriebsleitungen, Leitungen unterer Organisationseinheiten – und der politischen Gremien Rat/Kreistag und Ausschüsse: Outputorientierte Steuerung setzt Outputinformationen voraus, Produktbereiche, Produktgruppen, Produkte und Leistungen müssen definiert, aussagefähige Daten müssen erarbeitet und gepflegt werden. Outputorientierte Informationen müssen mit inputorientierten Informationen – insbesondere Finanzinformationen, aber auch Informationen über den Ressourcenverbrauch – verknüpft und als Entscheidungsgrundlage systematisch im Haushaltsplan geführt werden. Dies gilt für Planung und Vollzug des Haushalts. Dezentralisierung der Verantwortung weist den Führungsebenen spezifische Handlungsbereiche zu, die vor dem Hintergrund vorgegebener Ziele selbst gestaltet werden. Budgetierung ist ein besonders herausragender Aspekt dieser Handlungsoptionen: das Budget wird vereinbart, die Mittelbewirtschaftung liegt in der Verantwortung des/der Budgetverantwortlichen. Rahmenbedingungen sind einzuhalten. Optimierung ist die Führungsaufgabe, Informationsversorgung ist dafür zwingend erforderlich. Controlling und Berichtswesen sind notwendig.

Gegenwärtig sind die Maßnahmen und vor allem Ergebnisse der Politik- und Verwaltungsreform keineswegs bereits abgeschlossen. Weiterentwicklung der Reform und erste Reformerfahrungen bestimmen zurzeit gleichzeitig das Bild der kommunalen Praxis. Die Kommunen haben unterschiedliche Reformverläufe und Zwischenstände.

 WICHTIG!

Für die Weiterentwicklung der Reform sind zwei Schwerpunkte besonders wichtig:

Die Reform des kommunalen Rechnungswesens, der Weg vom Geldverbrauchskonzept bisheriger Prägung zum Ressourcenver-

brauchskonzept betrifft besonders den kommunalen Haushaltsplan als wesentlichem politischen Planungsinstrument.

Die Bedeutung nicht nur der kommunalen Produkte, sondern vor allem der Wirkungen, die mit ihnen erreicht werden sollen bzw. erreicht werden, wird zunehmend erkannt. Operative, aber vor allem auch strategische Fragen werden damit deutlicher als bisher gestellt.

8.2 Verwaltungscontrolling und Berichtswesen

Verwaltungscontrolling und Berichtswesen schaffen Transparenz, stärken die Möglichkeiten der Führung (grundsätzlich auf allen Führungsebenen), Verwaltungshandeln zu gestalten und zielorientiert zu steuern. Die Steuerung selbst erfolgt seitens Rat/Kreistag, Fachausschüsse, Verwaltungsführung, Führung der Organisationseinheiten der Verwaltung.

Controlling übernimmt die Informationsversorgung und die dazu notwendigen Koordinationstätigkeiten. Informationsversorgung manifestiert sich in einem auf die jeweiligen Belange der jeweiligen Führungsfunktion zugeschnittenen Berichtswesen und einer darauf im laufenden Betrieb aufbauenden Berichterstattung. Berichtswesen ist ein wesentlicher Bestandteil von Controlling.

Berichtet wird, was für die Führung (= Berichtsempfänger) relevant ist. Was verantwortet wird, ist relevant: Wirkungen, Leistungen, Geschäftsprozesse, Organisationsstrukturen, Finanzen, Personal, Vermögen, Information als Ressourcen. Die spezifische Verantwortung ist abhängig von der spezifischen Funktion der Führungskraft, ein unterstützendes Controlling muss auf dieser Basis konkretisiert werden. Berichtswesen muss für die jeweilige Führungsfunktion „maßgeschneidert" werden.

Controlling und Berichtswesen stellen sich zunächst funktional dar. Berichtet wird zwischen Linienfunktionen, Rat und Kreistag sind als kommunalpolitische Beschlussorgane in diese Berichtsarchitektur als oberste Instanzen eingebunden, ohne selbst Linienfunktion in der Verwaltung wahrzunehmen.

Controlling dient dazu, Berichtswesen zu gestalten, die Art, die Aufbereitung, den Turnus des Berichts vorzuschlagen und mit Berichtsempfänger und Berichterstatter abzustimmen. Die Inhalte eines Berichts, der materielle Gehalt der zu berichtenden Informationen, wird nicht von Controlling verantwortet. Dies ist Angelegenheit des Berichterstatters, in der Regel wie der Berichtsempfänger Inhaber/in einer Linienfunktion.

Controlling hat Transparenzverantwortung, die Führung – die Linienfunktion – hat Ergebnisverantwortung.

Die organisatorische Komponente von Controlling weist mehrere alternative Varianten auf:

Controlling und Berichtswesen sind zunächst unverzichtbare Aufgaben einer Führungskraft selbst, d. h. tägliche Praxis der Führungskraft. Die Informationen über bereits eingetretene und erwartete Entwicklungen kontinuierlich und systematisch zu sichten, einen Abgleich mit der Planung vorzunehmen, Abweichungen zu analysieren, Schlussfolgerungen zu ziehen, zusätzliche Informationen anzufordern, Maßnahmen einzuleiten – dies gehört zur Führungspraxis auf jeder Führungsebene. Sich dabei als Führungskraft des Controlling-Gedankenguts zu bedienen, bringt einen Mehrwert: Controlling hilft, Wichtiges von weniger Wichtigem zu trennen, hält in zeitlichen Abständen den erreichten Stand fest, gibt Ausblick und schafft Übersicht.

Erst wenn der mit Controlling verbundene Arbeitsumfang in Art und Umfang in Konflikt mit den übrigen Führungsaufgaben einer Führungskraft gerät, ist an eine Arbeitsteilung zu denken: Controlling wird personell von der Führungskraft getrennt. Die bzw. der Controller/in muss aber, um wirksame Führungsunterstützung anzubieten, führungsnah arbeiten. Eine Stabsfunktion bietet sich an.

Von dieser organisatorischen Lösung gibt es eine wichtige Ausnahme: bei Einführung von Controlling ist bis zur Inbetriebnahme erfahrungsgemäß der Aufwand für Klärung der notwendigen Informationen, Bereitstellung bzw. Veränderung der Informationsgrundlagen und Instrumente beachtlich. Die Durchführung eines Projekts „Einführung von Controlling" ist zweckmäßig. Im Projekt können die notwendigen Schritte und von anderen Organisationseinheiten einzubringenden (Aufbau-)Leistungen besser abgestimmt werden. Nach Projektende wird Controlling organisatorisch in eine der beiden o. g. Varianten übergeleitet.

Nach Abschluss der Aufbauarbeiten stellen sich neue Fragen:

Die Aussagefähigkeit und der Nutzen für die Führungskraft muss gesichert werden. Impulse dazu gehen von Führungskraft und Controllingpersonal aus. Werden die richtigen Informationen – d. h. die richtigen Informationskategorien – im Controlling behandelt? Deckt Controlling tatsächlich den Verantwortungsbereich der Führungskraft ab? Sind die Informationsgrundlagen ausreichend verfügbar und entwickelt?

Werden die im Bericht übermittelten Informationen genutzt? Was wird daraus gemacht?

Werden regelmäßig mit den Berichterstattern Gespräche auf der Basis des Berichts geführt?

Sind die Gespräche informativ, konstruktiv, innovativ, diskutieren die Beteiligten das Wesentliche?

Controlling hat viel mit einer Geisteshaltung zu tun: es gilt, das Wesentliche herauszufinden und durch systematische und kontinuierliche Informationsversorgung zu „beobachten".

8.3 Controlling und Berichtswesen im Kontext der Reform

Die Verwaltungsreform hat in Deutschland zunächst Finanzsteuerung, Kosten- und Leistungsrechnung und den Aufbau von Produktinformationen in den Mittelpunkt der Reformanstrengungen gestellt. Eine Auseinandersetzung mit den Zielen einer Verwaltung – den Wirkungs-, Leistungs-, Finanz- und sonstigen Zielen – fand in den ersten Jahren der Reform nur in geringem Maße statt. Der Schwerpunkt der Reform beginnt sich allerdings zu wandeln. Ziele erscheinen nun vielen an der Reform beteiligten Führungs- und Fachkräften und auch manchem Rats-/Kreistagsmitglied als besonders klärungsbedürftig. Damit wird die Aufmerksamkeit von den Instrumenten mehr auf die Entscheidungen gelenkt. Wer Ziele des gesamten kommunalen Leistungsangebots klärt, kann effektiver umsetzen und gestalten. Für Controlling und Berichtswesen stehen damit neue Chancen bereit. Der Nutzen eines zielorientierten Steuerungssystems wird deutlicher als bisher üblich.

Wenn dieser Stand von Controlling erreicht ist, sind mehrere Entwicklungslinien nahe liegend:

Das Berichtswesen wirft Fragen nach der Analyse und der Umsetzung der gewonnenen Erkenntnisse auf. Was kann verbessert werden, sind die eingeleiteten Maßnahmen erfolgreich, welche Ziele werden damit besser erfüllt? Welche Anreizmechanismen können die gewünschten Entwicklungen unterstützen?

Ein Berichtswesen mit aussagefähigen Berichten steigert die Möglichkeit, interkommunale Vergleiche durchzuführen. Verglichen werden ausgewählte, berichtsrelevante Informationen. Der individuelle Zuschnitt eines Berichts an die Führungsfunktion A in der Verwaltung B und die Informationen in diesem Bericht werden kaum mit den Informationen an die gleiche Führungskraft A in der Verwaltung C übereinstimmen. Unterschiede sind ein Informationsgewinn. Ein funktionierendes Berichtswesen kann interkommunale Vergleiche in erkennbarem Maße fördern und professionalisieren.

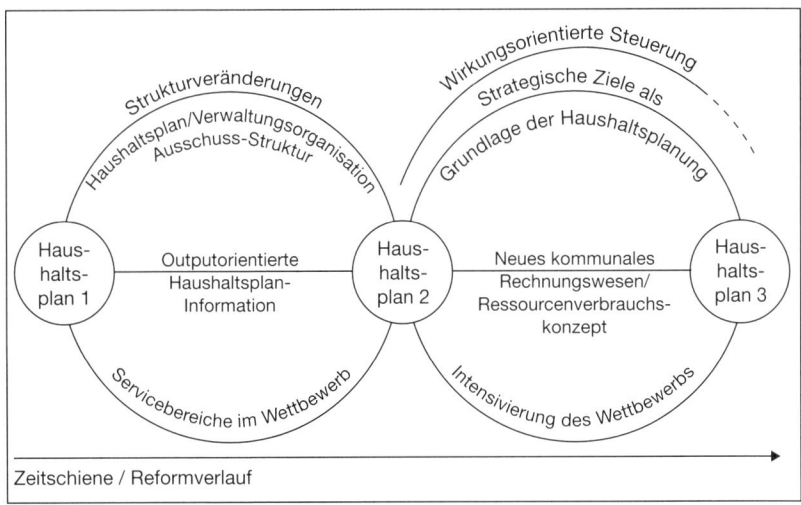

Abb. 8.1: Die Bedeutung des Haushalts im Reformverlauf. Nach Reformbeginn mit *der Budgetierung (Haushaltsplan 1) standen (und stehen) zunächst der Aufbau von produktorientierter Steuerung, Strukturveränderungen in der Verwaltung und die Bildung von Serviceeinrichtungen im Vordergrund der Reform. Ein outputorientierter Haushalt (Haushaltsplan 2) markiert einen Zwischenstand der Reform und bildet die Basis für die Neugestaltung des kommunalen Rechnungswesens, die begleitet wird/ werden sollte von strategischen Zielentscheidungen, Intensivierung des Wettbewerbs, wirkungsorientierter Steuerung. Der Haushaltsplan auf der Basis des Ressourcenverbrauchskonzepts (Haushaltsplan 3) ist das Ergebnis.*

Die Bildung kommunaler Handlungsschwerpunkte im Rahmen der Haushaltsplanung und im späteren Vollzug ist kommunalpolitisch wichtig. Strategische Orientierung muss allerdings auch gewollt sein. Für Controlling und Berichtswesen liefert die Schwerpunktsetzung ein wichtiges Kriterium für die Selektion der Informationen.

Der Haushalt wird in Zukunft eine noch größere Rolle für die kommunale Politik- und Verwaltungsreform einnehmen (s. Abb. 8.1).

Controlling muss sich mit der – manchmal leise – geäußerten Kritik auseinander setzen, zu kompliziert für eine Verwaltung zu sein.

Kompliziert ist der Einführungsprozess von Controlling, das zeigen inzwischen zahlreiche örtliche Beispiele. Viele haben ihre Erfahrungen bisher nur in diesem Anfangsstadium machen können. Aber auch im Einführungsprozess kann manches einfacher sein, als in der Praxis vorfindbar. Eine klare Strukturierung der Verwaltungsreform, das schrittweise Vorgehen und das Vermitteln dieser Absicht ist bereits ein erster Schritt zur Besserung. Aus Gesprächen mit Controllern wird immer wieder deutlich, dass sie sich von ihren Führungskräften zu wenig unterstützt sehen.

Im Übrigen aber muss die Frage lauten: Ist eine intransparente Verwaltung mit all ihren Leistungen nicht viel komplizierter? Wer hat etwas von dieser Kompliziertheit? Welche Interessen werden geschützt? Kann die Konzentration auf Wesentliches unwidersprochen als Kompliziertheit bezeichnet werden?

In einer finanziellen Situation, in der Leistungen der Verwaltung allein unter dem Sparzwang wegzubrechen drohen, ist Optimierung der Mittel vor dem Hintergrund der Ziele dringend erforderlich. Controlling kann einen Beitrag dazu leisten, kann Übersicht herstellen, Klarheit schaffen. Controlling ist aber kein „Allheilmittel".

Insgesamt kann Controlling allein sicher nicht die Verwaltung fit machen für die Zukunft. Dazu bedarf es weiterer Faktoren. Controlling kann aber einen wesentlichen Beitrag dazu leisten, die Sichtweise der Verwaltungen auf die Formulierung von Zielen und die zu ihrer Erreichung notwendigen Maßnahmen und Ressourcen zu lenken. Berichtswesen und Controlling eröffnen die Chance, durch Messen und Bewerten des Verwaltungshandelns für Bürger, Politiker und die Mitarbeiter der Verwaltung Nachvollziehbarkeit herzustellen. Damit leisten sie einen wichtigen Beitrag zur Stärkung des öffentlichen Sektors. Berichtswesen und Controlling sind nicht alles, ohne sie ist aber alles nichts!

Mit einem Blick nach vorn ist insbesondere festzustellen:

Ohne Berichtswesen und Controlling ist der Übergang von einer reinen Binnensicht und -steuerung der Verwaltung zu einer strategischen, am Begriff „Good local governance" orientierten Steuerung unter Einbeziehung von Politik und Bürgerschaft nicht leistbar.

Controlling und Berichtswesen unterstützen zwar zunächst (nur) den Rat/ Kreistag, die Verwaltungsführung und die Führungskräfte in der Verwaltung. Der mit Controlling und Berichtswesen eng verbundene Prozess der Klärung von Zielen, der Konzentration der Diskussion auf Wichtiges, der Reflexion des Erreichten kann aber als wichtige Voraussetzung für die bürgerschaftliche Diskussion und für eine Verbesserung der politischen Kultur auf kommunaler Ebene genutzt werden. Wenn die Bürger permanent Rechenschaft von Politik und Verwaltung einfordern werden – dies zeichnet sich in den beginnenden E-Government-Prozessen deutlich ab –, benötigen Rat/Kreistag, Fachausschüsse, Verwaltungsführung und Führungskräfte ein empfängerorientiertes Berichtswesen, mit dessen

Hilfe Wesentliches herausgearbeitet und die Entwicklung beobachtet wird. Von daher stellen Controlling und Berichtswesen einen wichtigen Schlüssel für eine zukunftsgerichtete Verwaltungs- und Kommunalpolitik dar. Es gilt, diesen Schlüssel zu nutzen!

Literaturverzeichnis

A) Politik- und Verwaltungsreform:

Bals Hansjürgen, Die Neugestaltung der kommunalen Haushaltspläne: Vom kameralen Finanzplan zum budgetierten Produkthaushalt, in: Zeitschrift für Kommunalfinanzen, 49. Jg., Nr. 1, Januar 1999, S. 242–251.

Bals Hansjürgen; Hans Hack, Die neue Kommunalverwaltung – Verwaltungsreform: Warum und wie?, Leitfaden und Lexikon, 1. Aufl., München, Berlin 2000.

Bals Hansjürgen; Christoph Reichard, Das neue kommunale Haushalts- und Rechnungswesen, in: Budäus, Dietrich; Küpper, Willi und Streitferdt, Lothar (Hrsg.), Neues öffentliches Rechnungswesen, Klaus Lüder zum 65. Geburtstag, Wiesbaden 2000, S. 203–233.

Banner Gerhard, Von der Ordnungskommune zur Dienstleistungs- und Bürgerkommune. Kommunale Verwaltungsmodernisierung zwischen Bürgerschaft, Markt und Staat, in: Der Bürger im Staat, Jg. 48, Heft 4/1998, S. 179–186.

Klages Helmut, Motive des Bürgerengagements – Trends für die Bundesrepublik Deutschland, in: KGSt Sonder-Info Nr. 01 S, 25. 1. 1998.

Beckhof Heiner; Manfred Pook, Gesamtstädtische Steuerung als Konzernsteuerung, in: Eichhorn, Peter; Wiechers, Matthias (Hrsg.), Strategisches Management für Kommunalverwaltungen, Baden-Baden 2001, S. 68–79.

Blankart Charles B., Öffentliche Finanzen in der Demokratie, 4., völlig überarbeitete Auflage, München 2001.

Brandel Rolf; Jürgen Reichert, Auswertung der kommunalpolitischen Recherche, in: Bertelsmann Stiftung, Qualitätsfaktor Politische Steuerung, Gütersloh 2001, S. 16–24.

Broekmate Loes; Katharina Dahrendorf; Klaus Dunker, Qualitätsmanagement in der öffentlichen Verwaltung, München 2001.

Budäus Dietrich; Peter Conrad; Georg Schreyögg (Hrsg.), New Public Management, Berlin, New York 1998.

Heinz Rainer, Kommunales Management, Überlegungen zu einem KGSt-Ansatz, Stuttgart 2000.

Hill Hermann, Über Binnenmodernisierung zu Good Governance. Aktivierung und Einbeziehung gesellschaftlicher Mitglieder als Staatsaufgabe, in: VOP, Verwaltung – Organisation – Personal, 22. Jg., Heft 12/2000, S. 9–12.

Hill Hermann; Helmut Klages, Good Governance und Qualitätsmanagement – Europäische und internationale Entwicklungen, Speyerer Arbeitshefte 132, Speyer 2000.

Innenministerium des Landes Nordrhein-Westfalen (Hrsg.), Neues kommunales Finanzmanagement – Eckpunkte der Reform, Düsseldorf 1999.

Grömig, Erko, Reform in Rathäusern. Ausgewählte Ergebnisse der 4. DST-Umfrage zum Stand der Verwaltungsmodernisierung in den Städten, Demokratische Gemeinde. Die Monatszeitschrift für Kommunalpolitik, 53. Jg., Heft 8/2001, S. 17.

KGSt, Das Neue Steuerungsmodell: Begründung – Konturen – Umsetzung. KGSt-Bericht 5/1993, Köln.

KGSt, Vom Geldverbrauchs- zum Ressourcenverbrauchskonzept: Leitlinien für ein neues kommunales Haushalts- und Rechnungsmodell auf doppischer Grundlage. KGSt-Bericht 1/1995, Köln.

KGSt, Qualitätsmanagement. KGSt-Bericht 6/1995, Köln.

KGSt, Personalentwicklung im Neuen Steuerungsmodell. Anforderungen an vorrangige Zielgruppen. KGSt-Bericht 6/1996, Köln.

KGSt, Auf dem Weg in das Ressourcenverbrauchskonzept: Die kommunale Bilanz. Erste Überlegungen und Empfehlungen. KGSt-Bericht 7/1997, Köln.

KGSt, Bürgerengagement – Chance für Kommunen. KGSt-Bericht 6/1999, Köln.

KGSt, Das Neue KGSt-Politikerhandbuch. KGSt 1999, Köln.

KGSt, Kommunale Gebäudewirtschaft: Die „Serviceeinheit Gebäudewirtschaft". KGSt-Bericht 7/2000, Köln.

KGSt, Kommunale Leistungen im Wettbewerb: Leistungsvergleich, Markttest und Vergabeverfahren. KGSt-Bericht 12/2000, Köln.

KGSt, Bürger sind zufriedener geworden – Zehn Jahre Verwaltungsreform in den Kommunen, in: KGSt Info 46. Jg., Nr. 18, 25. September 2001, S. 154/155.

Köcher Renate, Von der Behörde zum modernen Dienstleister. Erwartungen und Erfahrungen der Bürger in den Kommunen, Institut für Demoskopie Allensbach, Allensbacher Archiv, IfD-Umfragen 5057, 5080, 6094, August 2000.

Körner Horst, Neues Kommunales Rechnungs- und Steuerungssystem – Grundlagen der Entwicklung eines doppischen Rechnungs- und Haushaltswesens (Modellprojekt Hessen), Nürnberg 2000.

Lüder Klaus, Konzeptionelle Grundlagen des neuen kommunalen Rechnungswesens (Speyerer Verfahren), 2. Aufl., Stuttgart 1999, Heft 6 der Schriftenreihe des Innenministeriums Baden-Württemberg zum kommunalen Haushalts- und Rechnungswesens.

Modellprojekt zur Einführung eines doppischen Kommunalhaushalts in Nordrhein-Westfalen; in: www.Neues-Kommunales-Finanzmanagement.de

Müller-Stewens Günter; Christoph Lechner, Strategisches Management: wie strategische Initiativen zum Wandel führen; der St. Galler General-Management-Navigator, Stuttgart 2001.

Osner Andreas, Schlussfolgerungen aus der Konferenz und Ausblick auf die zukünftige Personalarbeit in der Politik, in: Bertelsmann Stiftung, Qualitätsfaktor Politische Steuerung,, Gütersloh, 2001, S. 37–48.

o. V., Eckpunkte für ein kommunales Haushaltsrecht zu einem doppischen Haushalts- und Rechnungssystem. Erarbeitet vom „Unterausschuss Reform des Gemeindehaushaltsrechts" des Arbeitskreis III „Kommunale Angelegenheiten" der Ständigen Konferenz der Innenminister und -senatoren der Länder – verabschiedet am 9./10. Oktober 2000, in: Zeitschrift für Kommunalfinanzen, 51. Jg., Nr. 4, April 2001, S. 74–81.

Reichard Christoph (Hrsg.), Kommunen am Markt: aktuelle Fragen der wirtschaftlichen Betätigung von Kommunen, Berlin 2001.

Tebbe Günter, Den Wettbewerb annehmen und Verbesserungspotenziale nutzen, in: Innovative Verwaltung, 1-2/2002, S. 15–17.

Tebbe Günter; Manfred Schürkamp, Herford – eine Verwaltung auf dem Weg nach vorn, in: Eildienst des Deutschen Städtetages, Heft 21/1995, S. 616–619.

Zimmermann Horst, Kommunalfinanzen: Eine Einführung in die finanzwissenschaftliche Analyse der kommunalen Finanzwirtschaft, 1. Aufl., Baden-Baden 1999.

B) Controlling allgemein, Verwaltungscontrolling und angrenzende Gebiete:

Beyer Werner, Effizienz in der Kommunalverwaltung. Teil 2, Produkte und Controlling, Berlin 1998.

Biel Alfred, Controllers Lust und Frust, in: krp-Kostenrechnungspraxis, 46. Jg., 2002, Heft 1, S. 27–32.

Brede Helmut, Grundzüge der Öffentlichen Betriebswirtschaftslehre, München, Wien 2001.

Budäus Dietrich; Klaus Buchholtz, Konzeptionelle Grundlagen des Controlling in öffentlichen Verwaltungen, in: Die Betriebswirtschaft, 57. Jg., 3/97, Mai/Juni, S. 322–337.

Ewert Wolfgang, u. a., Handbuch Projektmanagement Öffentliche Dienste. Grundlagen, Praxisbeispiele und Handlungsanleitungen für die Verwaltungsreform durch Projektarbeit, Bremen 1996.

Fischer Edmund; Jürgen Weber; Claus Hunold, Wie erfolgreich ist die Kostenrechnung in den Kommunen?, in: Innovative Verwaltung, 24. Jg., 1-2/2002, S. 50–54.

Fischer Marc; Andreas Fischer, Neue Konzepte für das Controlling der Zukunft, in: krp-Kostenrechnungspraxis, 45. Jg., 2001. Heft 1, S. 29–35.

Fogt Helmut, Städtestatistik: Basis für Planung und Entscheidung, in: der städtetag, 54. Jg., Heft 7-8/2001. S. 47–50.

Hahn Dietger, Unternehmungsziele im Wandel. Konsequenzen für das Controlling, in: Controlling. Zeitschrift für erfolgsorientierte Unternehmenssteuerung, 7. Jg., Heft 6, November/Dezember 1995, S. 328–339.

Hammer Michael; James Champy, Business Reengineering. Die Radikalkur für das Unternehmen. So erneuern Sie Ihre Firma, 6. Aufl. 1996.

Henß Pia; Herbert Mandelartz; Yves Michels, Controlling und Berichtswesen, Gütersloh 1996.

Horváth Péter; Thomas Reichmann, Vahlens Großes Controllinglexikon, München 1993.

Irrek Wolfgang, Controlling als Rationalitätssicherung der Unternehmensführung? Denkanstöße zur jüngsten Entwicklung der Controllingdiskussion, in: krp-Kostenrechnungspraxis, 46. Jg., 2002, Heft 1, S. 46–51.

Kaplan Robert S.; David P. Norton, Balanced Scorecard. Aus dem Amerikanischen von Péter Horváth, Beatrix Kuhn-Würfel, Claudia Vogelhuber, Stuttgart 1997.

KGSt, Verwaltungscontrolling im Neuen Steuerungsmodell. KGSt-Bericht 15/1994, Köln.

KGSt, Steuerung kommunaler Haushalte: Budgetierung und Finanzcontrolling in der Praxis. KGSt-Bericht 9/1997, Köln.

KGSt, Führungsunterstützung: Von betriebswirtschaftlichen Aufgabenstellungen zum Fortbildungsrahmenplan. KGSt-Bericht 1/1998, Köln.

KGSt, Kosten- und Leistungsrechnung in der Kommunalverwaltung. KGSt-Handbuch, 1999, Köln.

KGSt, Strategisches Management III: Zielbezogene Budgetierung. KGSt-Bericht 10/2000, Köln.

KGSt, Kommunales Qualitätsmanagement von Bildung, Erziehung und Betreuung in Tageseinrichtungen für Kinder. KGSt-Bericht 2/2001, Köln.

KGSt, Steuerung mit Zielen: Ziele entwickeln und präzisieren. KGSt-Bericht 3/2001, Köln.

KGSt, Arbeit mit Kennzahlen – Teil 1: Grundlagen. KGSt-Bericht 4/2001, Köln.

KGSt, Arbeit mit Kennzahlen – Teil 2: Empfehlungen für die Praxis. KGSt-Bericht 5/2001, Köln.

KGSt, Wissensmanagement in Kommunalverwaltungen. KGSt-Bericht 7/2001, Köln.

KGSt, Berichtswesen, (Veröffentlichung in Vorbereitung).

KGSt, Personalcontrolling und -kennzahlen (Veröffentlichung in Vorbereitung).

Klümper Bernd; Ewald Zimmermann, Die produktorientierte Kosten- und Leistungsrechnung, München 2002.

Kräkel Matthias, Internes Benchmarking und relative Leistungsturniere, in: Zeitschrift für betriebswirtschaftliche Forschung, 50, Heft 11/November 1998, S. 1010–1028.

Lingnau Volker, Geschichte des Controllings, in: Wirtschaftswissenschaftliches Studium, Heft 6, 27. Jg., Juni 1998, S. 274–281.

Männel Wolfgang; Jürgen Weber, Viel Zukunft für das Controlling, in: krp-Kostenrechnungsprax, 45. Jg., 2001, Heft 1, S. 1.

Mehrmann Elisabeth, Präsentation und Moderation, Düsseldorf 1993.

Meurer Erik; Günter Stephan, Rechnungswesen und Controlling in der öffentlichen Verwaltung, Loseblatt-Zeitschrift, Freiburg i. Br. 1999 ff.

Neuhäuser-Metternich Sylvia; Frank-Jürgen Witt, Kommunikation und Berichtswesen, 2., verbesserte und erweiterte Auflage, München 2000.

Nüchter Norbert P., Controlling, Konflikte, Konfliktbewältigung: moderne Verhaltensstrategien für Controller; Humankapital fördern; betriebliche Ziele neu erkennen und realisieren, Regensburg, Düsseldorf 1999.

Pfohl Hans-Christian; Wolfgang Stölzle, Planung und Kontrolle. Konzeption, Gestaltung, Implementierung, 2., neu bearbeitete Aufl., München 1997.

Picot Arnold; Markus Böhme, Controlling in dezentralen Unternehmensstrukturen, München 1999.

Pippke Wolfgang, Zielvereinbarungen, in: Verwaltung und Management, 3. Jg., 1997, Heft 5, S. 290–294.

Pook Manfred, Controlling – Verwaltungscontrolling im Neuen Steuerungsmodell, in: Adamaschek, Bernd; Grymer, Herbert; Meyer-Pries, Dierk (Hrsg.), Managementhandbuch Kommunalverwaltung, Ziffer 520, Heidelberg 1996.

Promberger Kurt, Controlling für Politik und öffentliche Verwaltung, Wien 1995.

Recker Engelbert, EU-Beihilfenpolitik, Wettbewerb und kommunale Aufgabenerfüllung, in: Zeitschrift für Kommunalfinanzen, 51. Jg., Nr. 7, Juli 2001, S. 146–152.

Reichmann Thomas, Controlling mit Kennzahlen und Managementberichten. Grundlagen einer systemgestützten Controlling-Konzeption, 6., überarbeitete und erweiterte Auflage, München 2001.

Rembor Ralph-Peter, Controlling in der Kommunalverwaltung: Koordination dezentraler Verantwortung, Wiesbaden 1997.

Schmalenbach-Gesellschaft, Controlling in der Kommunalverwaltung, in: Mann, Rudolf; Mayer, Elmar, Der Controlling-Berater. Mehr Sicherheit. Mehr Erfolg. Mehr Gewinn, Loseblatt-Handbuch für die Unternehmenspraxis, Freiburg 1987, Gruppe 10, S. 219–258.

Thome Rainer, Neue Generation von Führungsinformationssystemen, in: Controlling: Zeitschrift für erfolgsorientierte Unternehmenssteuerung, 14. Jg., Heft 2, Februar 2002, S. 73–77.

Tebbe Günter, Kernkennzahlen in der Kommunalverwaltung, in: VOP-Sonderheft 1/2001, S. 20–21.

Tebbe Günter; Andreas Huber, Kommunen im Vergleich, in: Kommune 21, 9/2001, S. 26–27.

Tietze Wolfgang; Käthe-Maria Schuster; Hans-Günther Roßbach, Kindergarten-Einschätz-Skala (KES). Deutsche Fassung der Early Childhood Environment Rating Scale von Thelma Harms & Richard M. Clifford, Neuwied, Kriftel, Berlin 1997.

Töpfer Armin, Benchmarking, in: Wirtschaftswissenschaftliches Studium, Heft 4, 26. Jg., April 1997, S. 202–205.

Vollmuth Hilmar J., Controlling-Instrumente von A-Z, 5., erw. Aufl., Planegg/München 2000.

Weber Jürgen, Einführung in das Controlling, 7. Aufl., Stuttgart 1998.

Weber Jürgen; Utz Schäffer, Controlling-Entwicklung im Spiegel von Stellenanzeigen 1990–1994, in: krp-Kostenrechnungspraxis, 42. Jg., 1998, Heft 4, S. 227–233.

Weber Jürgen; Utz Schäffer, Controller können von Consultants lernen, in: HARVARD BUSINESS manager 1/1999, S. 21–28.

Zielke Wolfgang, Frag Dich vorwärts: eine gute Frage ist die halbe Antwort, 2. Aufl., Landsberg am Lech 1985.

▶ **Internet:**

KGSt: http://www.kgst.de

Bertelsmann Stiftung: http://www.bertelsmann-stiftung.de

Herausgeber- und Autorenverzeichnis

Die Herausgeber:

Dr. rer. pol. Hansjürgen Bals, Stadtkämmerer a. D., ehemaliger Hauptgutachter bei der KGSt, hat sich in Praxis und Wissenschaft durch viele Gutachten, Aufsätze und Vorträge als Experte im kommunalen Haushalts- und Rechnungswesen ausgewiesen. Zur Zeit ist er als Berater und freier Mitarbeiter am Kommunalwissenschaftlichen Institut der Universität Potsdam tätig.

Dr. Hans Hack ist seit 1974 als Hauptgutachter bei der KGSt tätig. Seine Schwerpunkte liegen in den Bereichen Personalmanagement, Bürgernähe und Qualitätsmanagement. Zudem verfügt er über jahrelange Lehr- und Beratungstätigkeiten im In- und Ausland.

Prof. Dr. Christoph Reichard lehrt Public Management an der Universität Potsdam und leitet dort das Kommunalwissenschaftliche Institut. Er lehrt und forscht seit vielen Jahren vor allem auf dem Gebiet der Kommunalen Verwaltungsmodernisierung.

Die Autoren:

Manfred Pook, Diplom-Volkswirt, nach neunjähriger Tätigkeit als Fach- und Führungskraft in einer Kommunalverwaltung seit 1988 Hauptreferent bei der KGSt (Kommunale Gemeinschaftsstelle), bisherige Arbeitsschwerpunkte: Verwaltungsreform und Verwaltungscontrolling, Entwicklung von Zielen, Kennzahlen und interkommunale Leistungsvergleiche, Finanzmanagement, Vermögensmanagement, Servicekonzept, Wettbewerb, Kosten- und Leistungsrechnung.

Günter Tebbe, Jurist, von 1980 bis 2000 Beigeordneter der Stadt Herford, zuletzt Kämmerer und Allgemeiner Vertreter des Bürgermeisters, seitdem Projektleiter bei der Bertelsmann Stiftung. Dort zuständig für das Projekt „kik – Kernkennzahlen in der Kommunalverwaltung". Ziel des Projektes ist es, in der öffentlichen Verwaltung über Qualitätsvergleiche die Zielfelder Qualität der Auftragserfüllung, Kunden- und Mitarbeiterzufriedenheit und Wirtschaftlichkeit zu optimieren. Im Übrigen Lehrauftrag an der VWA Ostwestfalen-Lippe für Verwaltungslehre.

Stichwortverzeichnis

Die fetten Zahlen beziehen sich auf die Seiten.

Stichwortverzeichnis

Stichwortverzeichnis

Stichwortverzeichnis

In der Reihe

„Die neue Kommunalverwaltung"

sind bereits folgende Bände erschienen:

Band 1: Verwaltungsreform: Warum und wie
Leitfaden und Lexikon
Von Dr. Hansjürgen Bals und Dr. Hans Hack
ISBN 3-7825-0409-7
Bestell-Nr.: 54200

Band 2: Gebäudemanagement
Transparenz schaffen, Kosten optimieren
Von Reinhard Redmann
ISBN 3-7825-0414-3
Bestell-Nr.: 54201

Band 3: Führung und Organisation
Möglichkeiten erkennen, Strategien entwickeln und umsetzen
Von Prof. Dr. Johannes Fischer und Dr. Walter Unger
ISBN 3-7825-0419-4
Bestell-Nr.: 54202

Band 4: Qualitätsmanagement in der öffentlichen Verwaltung
Von Loes Broekmate, Katharina Dahrendorf und Prof. Klaus Dunker
ISBN 3-7825-0430-5
Bestell-Nr.: 54209

Band 5: Die produktorientierte Kosten- und Leistungsrechnung
Von Bernd Klümper und Ewald Zimmermann
ISBN 3-7825-0431-3
Bestell-Nr.: 54210